图书馆职业能力研究

盛小平　刘泳洁　著

WUHAN UNIVERSITY PRESS
武汉大学出版社

图书在版编目(CIP)数据

图书馆职业能力研究/盛小平,刘泳洁著.—武汉：武汉大学出版社,2020.10

ISBN 978-7-307-21665-5

Ⅰ.图…　Ⅱ.①盛…　②刘…　Ⅲ.图书馆工作—研究　Ⅳ.G25

中国版本图书馆 CIP 数据核字(2020)第 132901 号

责任编辑:黄　殊　　责任校对:李孟潇　　版式设计:马　佳

出版发行：**武汉大学出版社**　(430072　武昌　珞珈山)

(电子邮箱：cbs22@whu.edu.cn　网址：www.wdp.com.cn)

印刷:广东虎彩云印刷有限公司

开本:720×1000　1/16　印张:21.75　字数:302 千字　插页:2

版次:2020 年 10 月第 1 版　2020 年 10 月第 1 次印刷

ISBN 978-7-307-21665-5　定价:48.00 元

作者简介

盛小平，男，上海大学教授，图书馆学博士，情报学博士后，博士生导师，图书馆学学科带头人，国家社科基金、中国博士后科学基金、教育部人文社科基金通讯评委。研究方向为图书馆学理论、图书馆管理、知识管理、信息资源管理、竞争情报等。主持3项国家社会科学基金项目和多项省部级项目。出版著作6部，发表CSSCI论文160余篇。

刘泳洁，男，研究馆员，硕士生导师，吉首大学图书情报学科带头人，吉首大学信息资源研究所所长，中国图书馆学会第九届学术委员会少数民族专业委员会委员，湖南省图书馆学会学术委员会委员。国家社科基金通迅评委，湖南省社科基金评委。湖南省图书资料系列职称高评委专家成员。专业研究方向为数字图书馆、图书馆管理、信息资源管理等。主持2项国家社会科学基金项目和多项省部级项目，出版著作2部，公开发表学术论文50余篇。

前 言

图书馆事业是一门古老的职业，也是一门不断变化的职业，不管我们喜欢与否。1876年，著名图书馆学家杜威指出，图书馆工作成为专业化职业的时代到来了。图书馆职业是一种以信息和知识的创造、收集、组织、存储、传播与利用为核心的职业，也是以最大限度地促进人类知识的交流与利用为已任的职业。我国图书馆馆员在正规教育、专业知识、行业组织、交流合作和职业精神等方面都已经形成了一定的职业特征。职业化既是图书馆工作的命运，也是我国图书馆馆员未来发展的路径选择。

近几年来，图书馆职业化问题是国内图书馆界关注的焦点之一。国内外相关文献从图书馆职业、图书馆职业能力的内涵及相关概念(如图书馆核心竞争力、图书馆馆员能力)、图书馆职业能力标准、我国图书馆职业能力建设模式与影响因素、图书馆职业能力建设的机遇与挑战以及存在的问题与对策等方面进行了广泛探索，然而，如今图书馆职业面临图书馆转型和更大的竞争问题，出现了“去职业化”、职业倦怠、“职业高原”、人才流失、职业制度缺失和图书馆制度改革话语权缺失等严重问题。在图书馆管理与服务实践中，图书馆已经发生和正在发生巨大变革，包括领导风格、工作重心、工作方式、业务重心、服务理念、服务范围、服务手段等一系列范式转变。

面临图书馆变革与范式转变，图书馆界不得不思考如何应对各种挑战，比如，如何通过履行义务来证明和宣传图书馆作用，如何维护图书馆核心价值，如何维持图书馆专业教育地位，如何吸引优秀人才加入图书馆行业，如何处理好图书馆内专业人员与非专业人员的关系，如何在新时代更好地发挥图书馆的社会职能，如何实现图书馆职业的可持续发展等。事实上，“图书馆 2.0”、数字人文等新理念与新技术正在革新传统图书馆与图书馆职业，不仅可改善图书馆的品牌与形象，而且正在重塑图书馆的核心能力。

在此背景下，近几年国内图书馆界不断加强了图书馆职业相关项目研究。《基于制度建设的我国图书馆职业化问题研究》被立为 2012 年教育部人文社科项目；《我国图书馆馆员职业资格认证制度的建立与实施》《图书馆核心竞争力研究》《我国图书馆核心价值体系构建研究》《中美图书馆职业能力比较研究》分别被立为 2004 年、2009 年、2010 年、2015 年国家社科规划项目。

虽然国内外对图书馆职业能力问题进行了广泛的理论研究，且我国图书馆职业建设取得了辉煌成就，但是，我国图书馆职业化发展水平与美国等发达国家相比，仍存在显著差距，并没有真正实现“职业化”。目前鲜有文献深入探讨我国图书馆职业能力建设的深层次问题，比如我国图书馆馆员职业能力、图书馆职业教育能力、图书馆学科服务能力、图书馆危机管理能力到底是什么，如何建设这些能力等。

本书作为国内第一部专论图书馆职业能力的著作，旨在为我国图书馆职业能力建设理论研究抛砖引玉。全书共 6 章。

第一章——“图书馆职业能力概述”，论述了职业与图书馆职业的概念、国内外图书馆职业能力研究进展、我国图书馆职业能力发展概况与我国图书馆职业建设面临的问题。本章由盛小平、刘泳洁撰写。

第二章——“图书馆馆员职业能力研究”，论述了图书馆馆员职业能力概念与特征、美国图书馆馆员职业能力标准及其要素、我国图书馆馆员职业能力要素的理论与实证研究、我国图书馆馆员职业能力现状及其调查分析、提升我国图书馆馆员职业能力的对策。本章由盛小平、刘泳洁、陶倩撰写。

第三章——“需求驱动采购研究”，论述了网络环境下图书馆信息资源建设的特点，需求驱动采购(DDA)产生的背景、利益与问题、模式、运行机制、DDA对馆藏建设的影响以及提升我国图书馆DDA的对策。本章由盛小平撰写。

第四章——“图书馆职业教育能力研究”，论述了图书馆职业教育能力概念、我国图书馆职业教育机构与专业设置、培养目标、课程设置、图书馆职业教育能力评价指标体系以及提升我国图书馆职业教育能力的对策。本章由盛小平、喻楠清撰写。

第五章——“图书馆学科服务能力研究”，论述了图书馆学科服务能力概念、要素、我国高校图书馆学科服务能力现状、高校图书馆学科服务能力要素实证研究以及提升我国高校图书馆学科服务能力的对策。本章由盛小平、李瑾撰写。

第六章——“图书馆危机管理能力研究”，论述了图书馆危机管理能力的定义、图书馆危机管理理论、图书馆危机管理过程、图书馆危机管理能力评价指标体系的构建、我国图书馆危机管理能力的调查分析以及提升我国图书馆危机管理能力的对策。本章由朱贝、盛小平、刘泳洁撰写。

图书馆职业能力建设是图书馆职业化的核心问题，涉及图书馆职业建设理论与实践的方方面面。本书主要论述了其中5种职业能力，研究内容还不够周全，文中某些观点可能存在争议，恳请各位专家和同行批评指正。

盛小平　刘泳洁

2019年9月9日

目　录

第一章　图书馆职业能力概述

本章将从介绍职业与图书馆职业的概念入手，综述国内外图书馆职业能力研究的进展以及我国图书馆职业发展面临的问题。

第一节　职业与图书馆职业的概念

一、职业与职业化的定义

依据现代汉语词典上的定义，职业是个人在社会中所从事的、作为主要生活来源的工作①。衡量一种职业的6个标准是②：①存在一种知识体系，专业人员在把知识应用于职业实践中的某个知识领域方面是专家。②存在大量的专业文献，专业人员精通的知识通过文献体系被记录下来且是可利用的，这种文献体系使用该专业领域的术语，且能得到有效的组织、存储和检索。③成立了职业协会，该协会可以为该领域的知识交流和与实践相关的新知识传播提供各种论坛、出版专业新闻和杂志；实现专业人员之间的网络化，支持本地、州、地区、国家和国际会议，在会上提供呈现新实践、新研究和新问题的机会；利用各种委员会

---

① 中国社会科学院语言研究所词典编辑室．现代汉语词典 6th［M］．北京：商务印书馆，2012：1672.

② Greer R C, Grover R J, Fowler S G. Introduction to the Library and Information Professions［M］. Westport：Libraries Unlimited，2007：16-17.

来建立、实施和评估新政策和新程序。④建立了专业教育体系，该体系能传播职业知识与文化。⑤建立了权威的认证制度。⑥建立了职业成员履行其职业的伦理制度。

“职业化”是指一个行业转变成为一种职业的过程，这一过程中的某些机构或活动，使得这个行业获得了能成为职业的必要条件，这些条件包括全职工作、培训学校、职业协会、法律支持、伦理规范等①。

二、图书馆职业与图书馆职业能力及相关概念

图书馆职业是图书馆工作人员运用图书馆学与相关学科知识及技术设备，对人类社会实践活动产生的信息与知识进行收集、组织、开发、保存、传播与利用的一种职业②。虽然自古以来就有图书馆，也有图书馆工作者，但是并不意味着有图书馆或图书馆工作者就代表图书馆职业已经形成。按照通用的职业标准来看，我国图书馆行业至今并没有完全实现职业化。

在定义图书馆职业能力之前，有必要了解几个相关概念，即能力(ability 或 competencies)、专业能力(special ability 或 professional competencies)、个人能力(personal ability 或 personal competencies)、核心能力(core competencies)。能力是与外部绩效标准展现的有效行为存在因果关系的一个人总的知识、技能或态度③。尽管这一观点得到了许多人的赞同，但也有人认为，能力是个人、机构或组织所拥有的、以某种特殊方式发挥作用的才能、技能和知识④。显然，第二个定义比第一

① 林呈潢．图书馆专业人员认证研究[M]．台北：台湾图书馆，2011：13.

② 盛小平．图书馆职业发展与制度建设[M]．北京：科学出版社，2016：2-3.

③ Chaudhry A S, Yeen L S. Identification of Competencies for Professional Staff of Public Libraries[J]. Public Library Quarterly, 2001, 20(1): 17-43.

④ Mahmood K. A Comparison Between Needed Competencies of Academic Librarians and LIS Curricula in Pakistan[J]. The Electronic Library, 2003, 21(2): 99-109.

个定义更准确、全面。专业能力指在特定环境下完成工作或任务所需的专业知识与技能①。就图书馆职业而言，这种专业知识包括奠定专业实践基础的图书馆学与信息科学(LIS)和其他学科知识②。个人能力是在任何场合获得成功所需的个人特点、态度和行为。核心能力指有助于个人在特定环境下获得成功的技能、知识、态度、个人特征③④。

基于上述观点，可以这样认为：图书馆职业能力是图书馆职业赖以生存和发展，并能为社会提供服务的独特能力，是图书馆馆员职业能力与图书馆机构能力的综合体，主要包括图书馆馆员职业能力、图书馆信息资源建设能力、图书馆职业服务能力、图书馆职业管理能力、图书馆职业教育能力五个要素。

与图书馆职业能力相关的概念主要是图书馆馆员能力与图书馆机构能力。图书馆馆员能力也被称为“图书馆馆员职业能力”“图书馆馆员核心能力”“图书馆馆员竞争力”或“图书馆馆员关键能力”，是在完成图书馆工作目标中所具备的多种能力的总和⑤。

图书馆机构能力，也称为“图书馆核心能力”“图书馆核心竞争力”，是指在一定的管理机制作用下，围绕核心技术和资源所形成的，一种能够确保图书馆在竞争中获得竞争优势、不易被外界掌控、可持续发展的

① Fisher W. Core Competencies for the Acquisitions Librarian [J]. Library collections, acquisitions& technical services, 2001, 25(2): 179-190.

② Sharma J. Expectations Versus Reality: A Study of Professional Competencies in College Libraries In India[J]. Journal of Education for Library And Information Science, 2004, 45(4): 352-363.

③ Giesecke J, Mcneil B. Core Competencies and the Learning Organization[J]. Library Administration & Management, 1999, 13(3): 158-166.

④ Rutledge L, Lemire S, Hawks M, et al. Competency-based Talent Management: Three Perspectives in an Academic Library[J]. Journal of Library Administration, 2016, 56(3): 235-250.

⑤ 孙成江，马宇明，李冕斌．我国公共图书馆馆员职业能力建设研究[J]. 图书馆学研究，2017(1)：21-28，42.

独特能力①。

第二节　图书馆职业能力研究综述

近几年来，国内外对图书馆职业能力类型与要素、特殊岗位图书馆馆员职业能力、图书馆职业能力调查、图书馆职业能力标准、图书馆资源建设能力、图书馆职业服务能力、图书馆职业管理能力、图书馆职业能力教育等主题进行了广泛探讨②。

一、对图书馆职业能力类型与要素的研究

尽管学者们对图书馆职业能力类型有不同的认识(见表 1-1)，但是，总的来看图书馆职业能力从整体上可分为专业能力和个人能力两大类。

表 1-1　**图书馆职业能力类型及其观点**

图书馆职业能力类型	主要观点
二要素	专业能力、个人能力
三要素	个人能力、业务能力、知识能力
四要素	知识资源组织能力、技术利用能力、人员与资源管理能力、客户服务能力
五要素	存取能力、核心知识能力、营销能力、合作能力、资源与服务评价能力

① 卢家利．浅谈美国图书馆的核心竞争力[J]．学园，2013(5)：187-188.

② 盛小平．国外图书馆职业能力研究综述[J]．图书情报工作，2016，60(24)：6-13.

续表

图书馆职业能力类型	主要观点
六要素	哲学能力、技术能力、教育与个人能力、客户服务能力、管理与领导能力、信息素养技能
	基本知识和业务能力、相关学科知识、计算机运用能力、职业态度和服务精神、情绪适应能力、组织沟通能力①
	人际交流技能、管理技能、馆藏管理技能、信息素养技能、专业研究技能、信息技术技能②
七要素	领导与职业素养、客户群体知识能力、交流和营销与推广能力、管理能力、馆藏资料知识能力、信息获取能力、服务能力
八要素	职业基础能力、信息资源能力、知识和信息的组织能力、技术知识和技能、咨询和用户服务能力、研究能力、继续教育和终生学习能力、管理能力
十要素③	基本知识储备、复合学科知识储备、现代信息技术、业务技能、个人潜能、职业素质、动机、角色定位、自我认知、个人品质
十三要素④	图书馆馆员职业素养、组织管理能力、自我管理能力、信息服务能力、用户服务能力、馆藏管理能力、知识管理能力、学习能力、信息技术能力、合作能力、教学培训能力、学术交流能力、财产管理能力

① 耿骞，毛妮娜，王凤暄，等．公共图书馆馆员胜任力模型构建研究[J]．图书情报工作，2016，60(4)：25-33.

② 白莉娜，苗灵．研究型图书馆馆员核心能力的技能模型研究[J]．图书馆学研究，2012(7)：20-24.

③ 孙子清，黄丽霞．基于 Kano 理论的高校图书馆馆员胜任力体系构建——以哈尔滨地区高校图书馆为例[J]．图书情报工作，2016，60(2)：47-52，148.

④ 刘泳洁，陶倩．我国图书馆馆员职业能力要素实证分析[J]．图书情报工作，2017，61(14)：6-14.

1. 专业能力

图书馆馆员专业能力包含从事图书馆工作所需的各种专业知识与技能，主要包括6种能力类型及其要素(见表1-2)。

表1-2　　**专业能力类型及要素**

专业能力类型	能力要素
信息资源组织管理能力	知晓馆藏建设政策、规划、原则与实践，知晓馆藏生命周期的理论、原则与标准，知晓信息组织的理论、原则与技术，制定与调整信息资源管理战略，选择与利用图书馆资源共享网络或联盟，实施图书馆资源共享与知识共享，谈判和协商信息资源许可或采购价格与条件，应用馆藏评价工具，熟悉馆藏资源保存与保护的问题、标准、条件、趋势与最佳实践；制定和实施资料选择、采购、流通、保持和淘汰的政策与程序，选择合适的主题词和索书号；应用信息组织方法，如编目、分类、索引、文摘和元数据。进行数据库和网络化建设；制定信息资源预算，审计和规划信息与知识资产，管理和提供所有类型、媒体和格式的信息资源，开发定制的元数据模式、分类法和本体；开发与维护机构知识库；评估信息质量与适应性
信息机构管理能力	制定有效的图书馆战略规划；制定与图书馆任务和目标一致的政策与规章，知晓图书馆的任务、目标、规划与方案，知晓外部环境与文化对图书馆的影响；知晓并应用图书馆法律、规章、制度、标准与政策；创建一种促进变革的文化；识别内部与外部的利益相关者；致力于高水平的道德与职业标准；了解不同岗位的工作特性与价值；运用基于数据的决策和问题解决办法；熟悉项目管理和授权管理；懂得基本的营销原理；实施图书馆市场营销计划，应用客户关系管理原则；实施和促进团队合作；建立行业内外合作伙伴关系；制定、管理与评估预算，实施有效的财务管理和人力资源管理；评价图书馆产品、服务、项目与系统；评估图书馆的优势、劣势、机会与威胁

续表

专业能力类型	能力要素
信息服务能力	致力于以客户为中心的服务；识别、分析和评估用户信息与知识需求；开发与维持平等的信息服务政策；应用信息分析的原则与方法，实施参考咨询；提供最新资料通告；知晓信息查询行为并能促进用户信息检索；实施与促进知识共享，优化信息服务，倡导信息系统和流程的有效使用与管理；确保用户拥有访问信息的工具与能力，为用户提供教育与培训，进行教学服务的评估；支持和促进用户学习与研究；跟踪传统出版与数字出版趋势；提供多样的信息与娱乐服务；知晓图书馆服务评价原理与方法；有效评估用户服务
信息技术能力	知晓图书馆技术工具、趋势与实践；知晓个人计算机操作系统，熟悉计算机软件的使用，熟练使用办公软件和电子邮件，使用互联网进行编目与分类、馆际互借、文献传递与参考咨询，使用搜索引擎检索信息，使用绘图软件、网络出版软件、桌面出版软件，安装、维护和管理数据库；知晓影响信息存取与开放使用、用户隐私和技术发展的最新政策；制定、评估和实施计算机与互联网使用政策；懂得制作原始资料复制品的方法；选择和使用信息管理工具，如图书馆管理系统、内容管理系统、社会媒体平台、信息检索和分析工具；熟悉网页创建与维护；开发信息管理系统或用户接口，应用系统认证与认可规程；应用合适的资料保存方法与技术，选择和应用可视化方法与技术；评估信息系统与技术在图书馆工作中的应用
研究能力	知晓定量和定性研究的原理，知晓本领域内的主要研究成果；了解相关学科与跨学科的研究方法及研究过程；选择并应用科学研究方法，撰写、编辑或出版研究报告和学术论文，协调研究活动；评估研究和方法的有效性
职业发展能力	知晓图书馆职业发展趋势、新兴技术、问题和现有研究；区分图书馆专业协会的角色与任务，设计并评估图书馆专业协会的项目与服务；开发图书馆职业核心领导能力，规划个人成长与职业发展；提供职业教育与培训计划；评估图书馆教育与职业发展方案和程序

2. 个人能力

个人能力涉及个人的品质、特点、态度和行为，对图书馆馆员个人能力的要求有：知道图书馆的使命与角色；知晓图书馆与信息职业的伦理、价值观和基本原则；了解图书馆专业协会宣传的标准、道德、指南、趋势与最佳实践；倡导图书馆职业价值；诚信；心智敏捷，有责任感，工作热情，坚持不懈；灵活主动；规划、优先处理和聚焦重点工作，构建相互尊敬和信任的环境；进行创造性或批判性思维；具有创业精神；采用团队方法和开展团队工作；具有问题解决能力；进行有效交流，维持开放交流关系；防止、管理与解决冲突；进行有效协商，开展咨询和演讲；尊重、关怀与理解他人；感知和响应他人行为；指导他人；进行自我管理；参与继续教育，致力于终身学习；具备信息素养技能；拥有职业证书。

二、对特殊岗位图书馆馆员职业能力的研究

国外学者对资料采购、电子资源、元数据、参考咨询、数字图书馆等特殊岗位的图书馆馆员职业能力分别进行了研究。这些不同岗位的图书馆馆员职业能力的差异比较显著。

图书馆采购员需要具备如下4种核心能力：①采购能力，如多年的采购经验，馆藏建设与资料选择技能，与供应商合作技能，编目和书目加工技能；②技术能力，如熟悉图书馆自动化系统、电子出版等方面知识；③管理能力，如拥有预算、规划、政策制定、问题解决等方面的能力；④个人能力，如能进行有效交流、拥有第二个硕士学位等。

电子资源图书馆馆员最重要的能力主要包括：分析与解决问题的技能，管理和维护电子资源的经验，电子资源许可经验，连续出版物或电子资源采购经验与知识，编目技能，电子资源管理系统知识，与电子资源供应商打交道的经验，电子资源故障排除经验，联邦检索经验，图书馆数据库订阅经验等。

一位成功的参考咨询馆员必须具备如下职业能力：①存取能力，如

提供响应用户需求的服务，有效设计与组织咨询服务，进行批判性思维与分析；②基础知识能力，如熟悉基本的信息工具，熟悉主要用户的信息检索方式和行为，知晓用户交流原则，知晓版权和知识产权法，掌握了持续学习方法，能进行环境扫描、知识应用、知识传播、主动学习等；③营销与报告能力；④合作能力；⑤资源和服务评价能力。

元数据馆员的重要能力是：知晓编目与分类标准、元数据标准以及目前与今后的发展趋势，拥有合作与交流技能、电子资源管理和一般管理技能。

数字图书馆馆员既须拥有传统图书馆馆员必需的知识与技能，也须了解数字图书馆技术，具备创建和管理数字信息的知识和经验，还须掌握元数据，懂得数字图书馆领域的国家标准并能监控其实践，具备管理技能、人际交流技能、团队工作技能。

三、对图书馆职业能力调查的研究

现有文献分别对美国、印度、巴基斯坦、泰国、伊朗、澳大利亚、新西兰、克罗地亚、加拿大、新加坡等国的图书馆职业能力做了调查分析。从 2013 年 3 月至 7 月美国图书馆 133 份招聘广告数据来看，大学图书馆馆员的职业技能是：具备 LIS 学位，特别是 ALA 认可的机构所授予的 LIS 学位；拥有广阔的图书馆学核心知识、计算机技能和 Web 知识、人际沟通技能与管理技能、灵活性和独立性；多数情况下要求雇员已拥有相关的工作经验。

对印度大学图书馆馆员职业能力的调查发现，预期掌握的知识与实际拥有的知识在咨询或信息源知识、计算机系统、人力资源管理技术、时间管理等方面差距较大；预期技能与实际技能在口头交流、图书馆馆藏评估、库存核实、服务评价、检索技术应用等方面有较大差距；预期员工态度与实际员工态度在礼貌性、提升图书馆服务、视图书馆为学校一部分、工作准确性、团队精神、积极的工作态度、为短期利益牺牲长期目标、尽最大能力进行工作、严守时间等方面也有较大差距。另外一项对新德里高校图书馆馆员的调查显示，当前和今后图书馆馆员需要掌握的技能分别是沟通技能、信息通信技术、管理技能、组织技能、研究技能、培训技能、营销技能和协商技能。

巴基斯坦大学图书馆馆员要求拥有75种职业能力，其中，最重要的10种能力是：①使用相关信息技术，如电子邮件、互联网、内联网、多媒体、镜像、全文数据库等；②把与编目、流通、采购和连续出版物相关的功能从手工向自动模式转化；③规划图书馆自动化，包括评估需求、系统规格和资源采购；④用自动化系统培训员工和用户；⑤领导技能；⑥理解信息技术对图书馆的影响；⑦管理自动化系统；⑧展示良好的人际技能和有效的语言与写作技能；⑨建设丰富的参考源；⑩设计和开发网上使用的资料。

泰国大学图书馆馆员核心能力主要包括8种知识能力(专业知识基础、信息资源、信息与知识管理、信息技术、图书馆与信息服务、组织管理、研究与用户分析、继续教育和终身学习)、11种技能(客户服务技能、信息资源管理技能、信息技术技能、营销技能、知识管理技能、语言与交流技能、团队工作技能、分析和解决问题技能及决策技能、规划与管理技能、教育与培训技能、概念思维技能)和7种个人特性(领导、服务态度、职业道德、成就动机、责任性、自我管理、适应性)。

伊朗图书馆与信息专业人员能力主要包括如下7个方面：①具备馆藏与相关资源、自动化、编目、流通、采购、连续出版物等方面知识，以及计算机和其他信息技术在图书馆中的应用、团队工作和资料组织技能；②富有责任心、进取心，对职业忠诚，主动学习，有耐心；③掌握编目原理、原则、工具、技术、方法，熟悉书目设备与产品的使用；④知晓馆藏管理、存取服务、馆际互借方法和系统与工具；⑤掌握用户社区及其信息服务、用户主题领域信息资源、检索策略、信息系统、检索工具等方面的知识，了解用户教育计划以及信息服务理念、范围、内容、策略与图书馆的优先事项等；⑥知晓采购工具和方法、书目信息源、用户及其特征与信息需求和行为；⑦要求掌握连续出版物管理技能。

澳大利亚图书馆馆员能力覆盖 5 个领域：①传统图书馆技能，如知晓编目、杜威分类法、索引、馆际互借、元数据、集成图书馆管理系统、许可与协议、学术交流与版权、馆藏管理等；②工作技能，如保持健康平衡的工作生活，知晓工作要求与绩效标准，能在不同的环境中工作；③个人或人际技能，如知晓个人与职业发展，具备交流技能，可进行团队工作；④技术技能，如懂得信息技术及其使用；⑤领导与管理技能。

此外，新西兰高校图书馆参考咨询馆员既需要掌握传统的参考技能，也需要拥有客户服务、技术支持、培训、交流、适应性和灵活性、软件故障排除等方面技能；克罗地亚高校参考咨询馆员最重要的技能是检索、信息技术技能、网络维护和口头沟通技能；加拿大公共图书馆馆员核心能力主要是交流、人际技能、客户服务、分析技能、可靠性、适应性、技术能力、规划、组织知识、创造力/创新、领导能力等；新加坡公共图书馆馆员最被看重的能力依次是：图书馆政策与程序等方面的知识、图书馆服务知识、团队合作、客户服务、职业化水平等。

四、对图书馆职业能力标准的研究

国外特别是美国先后制定并颁布、实施了多项图书馆职业能力标准（见表 1-3）。尽管已有一些文献或多或少地介绍了上述职业能力标准，但是鲜有文献对这些能力标准的实施效果进行系统评价。

表 1-3　**美国图书馆职业能力标准汇总**

颁布时间	颁布者	能力标准名称
1981 年	美国青年图书馆服务协会（YALSA）	《YALSA 图书馆馆员能力标准》

续表

颁布时间	颁布者	能力标准名称
1989 年	儿童图书馆服务协会(ALSC)	《公共图书馆儿童图书馆馆员能力》
1997 年	美国专业图书馆协会(SLA)	《21 世纪专业图书馆馆员能力》(2016 年修订并更名为《信息专业人员能力》)
2000 年	东亚研究图书馆协会(ASERL)	《ASERL 研究图书馆馆员能力》
2002 年	美国音乐图书馆协会	《核心能力与音乐图书馆馆员》
2003 年	美国参考与用户服务协会(RUSA)	《咨询与用户服务图书馆馆员职业能力》
2003 年	美国法律图书馆协会(AALL)	《法律图书馆馆员职业能力》
2003 年	爱荷华州立图书馆	《公共图书馆馆长/员工能力》
2005 年	加州图书馆协会	《加州图书馆工作者技术核心能力》
2007 年	美国大学与研究图书馆协会(ACRL)	《教学图书馆馆员与协调员能力标准》
2007 年	美国医学图书馆协会(MLA)	《终身学习与职业成功能力》
2007 年	北卡罗莱纳州立图书馆	《北卡罗莱纳州立图书馆技术能力》
2008 年	美国大学与研究图书馆协会(ACRL)	《特色馆藏专业人员能力指南》
2008 年	ALA 地图与地理圆桌教育委员会(MAGERT)	《地图、地理信息系统与编目/元数据图书馆馆员核心能力》
2008 年	联邦图书馆与信息中心委员会(FLICC)	《FLICC 联邦图书馆馆员职业能力》
2008 年	俄亥俄图书馆委员会	《俄亥俄公共图书馆核心能力》
2009 年	美国图书馆协会(ALA)	《ALA 图书馆馆员核心能力》
2010 年	全美教师教育认证委员会(NCATE)	《ALA/AASL 学校图书馆馆员初步准备标准》

续表

颁布时间	颁布者	能力标准名称
2010 年	北美艺术图书馆协会(ARLIS/NA)	《艺术信息专业人员核心能力》
2011 年	视觉科学图书馆馆员协会(AVSL)	《视觉图书馆馆员核心能力》
2013 年	北美连续出版物兴趣组(NASIG)执行委员会	《电子资源图书馆馆员核心能力》
2015 年	北美连续出版物兴趣组(NASIG)执行委员会	《印刷型连续出版物管理核心能力》

五、对图书馆资源建设能力的研究

图书馆资源建设能力研究涉及图书馆资源建设模式、现状、策略等。图书馆资源建设模式有读者决策采购(PDA)模式①、数字资源共建共享模式②等。但从总体上看，国内图书馆资源建设模式与机制还不能适应当前发展的需要，信息资源保障乏力，信息服务能力受到制约，用户的需求常常得不到满足，图书馆的作用和影响力受到一定限制③。

从国内图书馆资源建设现状调查来看，国内高校图书馆馆藏的重要组成部分是以中文图书和报刊为主的纸质文献资源④，尽管馆藏数字资

① 沈敏芳．读者决策采购(PDA)——图书馆电子资源建设新模式[J]．图书馆理论与实践，2013(04)：11-13.

② 李晓明，姜晓曦．数字图书馆推广工程数字资源共建共享模式探析[J]．国家图书馆学刊，2012(5)：20-26.

③ 龙净林，唐海芳．数据驱动的馆藏资源建设发展趋势及国外经验[J]．图书馆，2017(4)：87-90.

④ 胡秀梅，何雪梅，李睦，等．“211 工程”院校图书馆纸质文献资源建设区域性对比研究[J]．大学图书馆学报，2013，31(5)：18-22.

源如电子图书和多媒体资源在不断增加①，但也存在多种问题，如缺乏整体规划、栏目设置与分类混乱、资源与服务功能不分、自建特色资源数量少且利用率低、东西部数字资源建设不均衡、资源重复建设、职业教育类数据库较少、图书馆之间缺乏协调和互补机制等问题②③。

在图书馆资源建设策略方面，图书馆应该科学规划数字资源的建设与发展；以需求为导向建设数字资源体系④；完善文献采访机制，坚持纸本资源与数字资源并重，构建多层次重点学科文献信息资源保障体系，建立完善的文献保障制度⑤；优化馆藏结构，加强纸质资源电子化建设⑥；建立省级储存书库，加入异地数字联盟⑦；开展 PDA，让读者参与资源建设⑧。

六、对图书馆职业服务能力的研究

图书馆职业服务能力研究集中于图书馆职业服务能力要素、影响因

① 程艾军，张兆忠，马路．从连续三年中美高校图书馆电子资源建设经费统计数据看馆藏电子资源建设发展趋势[J]．大学图书馆学报，2012，30(1)：55-58.

② 徐畅，孙振领，兰宇琳．应用技术大学联盟高校图书馆数字资源建设的调查研究[J]. 图书馆学研究，2015(8)：86-91.

③ 蒋岩波，陈香珠．国内高等财经院校图书馆数字资源建设问题研究——基于国内 45 所财经院校图书馆的调查分析[J]．图书情报工作，2015，59(8)：65-71.

④ 刘磊，付玲玲，林小娟，何琳．社会网络环境下用户参与图书馆数字资源建设的需求调查——以部分沿海高校为例[J]．大学图书馆学报，2012，30(05)：94-100.

⑤ 程焕文，黄梦琪．在“纸张崇拜”与“数字拥戴”之间——高校图书馆信息资源建设的困境与出路[J]．图书馆论坛，2015(4)：1-8.

⑥ 程艾军，张兆忠，马路．从连续三年中美高校图书馆电子资源建设经费统计数据看馆藏电子资源建设发展趋势[J]．大学图书馆学报，2012，30(1)：55-58.

⑦ 戴广珠．知识服务：省级公共图书馆信息资源建设新走向[J]．图书馆杂志，2016，35(02)：35-41，110.

⑧ 刘华．以读者为主导的文献资源建设——美国学术图书馆读者决策采购(PDA)研究[J]．图书情报工作，2012，56(5)：89-93.

素、存在的问题、评价、提升策略等方面①。图书馆职业服务能力的组成要素包括图书馆理念、图书馆资源、服务过程能力、服务保障四个方面。一般来说，图书馆职业服务能力的影响因素主要包括资源因素、社会责任因素、人的因素。特定图书馆服务能力往往有其独特的影响因素，如图书馆学科服务能力的影响因素包括图书馆自身、政府资金投入、社会力量认可和协助、学科专家和顾问等人才的参与、各级学(协)会组织的关注和支持、学校政策方针的眷顾等。不同类型图书馆服务能力的影响因素往往不同。比如，公共图书馆服务能力的影响因素可分为外部因素和内部因素，外部因素包括政治、经济、文化、技术和用户等因素，内部因素包括关于服务质量管理的共同愿景、服务的交互过程、质量型服务团队等因素。

我国图书馆在公共文化服务能力、学科服务能力和知识服务能力等特定类型的服务方面也存在一些问题。在公共文化服务能力方面，存在职能转变不到位、服务提供主体单一、资源服务能力不足、设施资源能力发展不均衡等问题；在学科服务能力方面，学科馆员的个人能力成为制约学科服务化、纵深化发展的主要瓶颈；在知识服务能力方面，还存在读者个性化服务与馆员独立性地位相矛盾、忽视馆员隐性知识的作用及读者对隐性知识的需求、仍以静态化的视角理解知识管理和知识服务等问题。

图书馆职业服务能力评价研究主要涉及评价方法和评价指标体系。如今涌现了多种图书馆职业能力评价方法，包括层次分析法、模糊数学法、多元统计法、坎特法、DEA 方法、LIBQUAL+法、探索性分析方法、德尔菲法、结构方程、主成分分析法、因子分析与聚类分析和熵值法相结合的方法、熵权 TOPSIS 法与基尼系数相结合的方法等。

不同类型图书馆可采取不同的服务能力提升策略。对于高校图书馆

① 李瑾，盛小平．我国图书馆职业服务能力研究综述[J]．图书馆，2017(7)：67-72.

而言，可采取变革图书馆基础业务、深化学科馆员资质标准、引入和加强创新服务内容、营造多元空间设施与空间创新服务、培养馆员良好的精神风貌、构筑全面分层的服务梯队、借助专业阅读与学术研究等来提升教学服务能力，并通过重塑公共服务精神、明确服务本校和社会的双重职能定位、优化人力资源结构、拓展公共服务领域、完善公共服务体系、引入项目管理的相关方法等来提升公共服务能力，此外还要通过加强数字资源建设、提升创新服务能力，注重信息人才培养、利用图书馆新型在线服务体系开展好用户关系管理等来提升数字资源综合服务能力。对于公共图书馆而言，可从法律规范、规划统筹、科学决策、考核评价、经费保障、资源建设、人才保障、服务创新和用户激励等方面来提升公共文化服务能力。

七、对图书馆职业管理能力的研究

国内图书馆职业管理能力研究主要集中于图书馆管理中存在的问题与发展策略两方面。从存在的问题来看，在危机管理能力方面，国内图书馆危机管理研究在总体上仍处于不成熟状态，国内图书馆危机管理研究起步较晚，目前尚处于初步发展阶段①；在图书馆管理系统方面，存在系统整合相对生硬、过度强调“价值”和“技术”、缺乏管理理念的有效融入、设计时没有更好地融入图书馆管理所涉及的相关理念和方法、缺乏技术架构的整体创新等问题②；在图书馆人力资源管理方面，国内图书馆存在着馆员的学历结构、知识结构、职称结构极不合理、馆员素质较难适应用户的需求等问题③；在职业资格认证方面，目前国内尚未

① 王景文，刘梅申．我国图书馆危机管理领域研究热点的战略坐标分析[J]．图书馆工作与研究，2014，(2)：21-25.

② 朱明，胥伟岚．2003—2012 年国外图书馆管理系统研究述评[J]．图书情报工作，2013，57(9)：129-134.

③ 黄孝群．转型变革期高校图书馆馆员能力建设策略[J]．图书情报工作，2014，58(09)：51-56.

建立统一、严格、切实可行的职业资格认证制度①。

为提升国内图书馆职业管理能力，必须采取引进和培养并举的措施，加快图书馆馆员自身职业素质与能力的提高②；需要建立一整套标准化、规范化的信息技术管理体系以推进信息技术的应用和发展，并保证图书馆各项业务活动的开展能够得到充分的信息技术支持③；应重视客户关系管理，加强客户知识管理系统建设④；综合考虑图书馆专业岗位因素，针对不同的岗位制定不同的专业馆员职业资格认证制度⑤。

八、对图书馆职业教育能力的研究

国内图书馆职业教育能力研究主要集中于图书馆职业教学模式与方法、课程、标准与制度建设、调查与评估、国外实践等几个方面。首先，从教学模式与方法来看，近几年来，图书馆职业教育出现了一些新模式，如基于 MOOC 课程的教学模式⑥、嵌入式教学模式⑦、协商式教学模式⑧、工作室教学法⑨等。

---

① 魏春梅，盛小平．美国图书馆职业资格认证标准与实施制度分析[J]．图书情报工作，2013，57(2)：17-23.

② 黄孝群．转型变革期高校图书馆馆员能力建设策略[J]．图书情报工作，2014，58(09)：51-56

③ 施纳．基于治理体系和治理能力的图书馆信息技术治理[J]．图书馆工作与研究，2016(12)：25-30.

④ 张庆来，苏云．基于 SECI 模型的图书馆客户知识管理研究[J]．图书与情报，2013(4)：44-48.

⑤ 鄂丽君，王启云．高校图书馆专业馆员职业能力认识与需求调查研究[J]．图书与情报，2016(5)：97-104.

⑥ 李金芳，刘娜，王莲，等．基于 xMOOC 课程模式的高校图书馆信息素养教育研究[J]．图书情报工作，2015，59(21)：56-62.

⑦ 薛调，刘云，刘彦庆．高校图书馆嵌入式教学实施的影响因素研究[J]．图书情报工作，2013，57(15)：83- 87，107.

⑧ 李金芳，刘霞．高校图书馆信息素养教育协商课程模式建构[J]．情报资料工作，2014(3)：99-112.

⑨ 王平．基于工作室教学法的图书馆学专业本科教学实践改革[J]．图书情报工作，2015，59(20)：73-76.

在课程设置方面，国内有8所高校开设的图书馆学本科课程涵盖图书馆学科基础、信息管理学基础、信息技术、信息经济和政策与价值观、工具、文献知识、专业领域资源服务、图书馆管理等相关领域①。随着图书馆、博物馆和档案馆合作开展数字服务融合项目的不断增多，数字化协作的开展显得日益迫切，这时课程设置应以数字对象生命周期管理为主线，建立以文化管理、生态管理、馆藏管理、技术管理为主要内容的课程体系②。我国图书馆学专业研究生课程往往分为专业必修课和专业选修课，前者除了公共基础课(政治和英语)以外，还包括图书馆学理论研究、图书馆管理研究、图书馆学研究方法论、数字图书馆研究、信息资源管理、信息检索与利用研究、知识管理研究、知识产权研究、现代信息技术专题、信息组织、网络资源管理、竞争情报、参考咨询研究、信息政策与法规、信息计量学等课程；后者主要包括信息系统分析与设计、信息经济学、文献学、信息分析与决策、数据库与数据挖掘、元数据组织与应用研究、图书馆学情报学前沿、多媒体信息处理与检索、信息法学、政府信息管理、电子出版物研究、现代目录学研究、书目情报需求与服务、比较图书馆学等课程③。所有课程设置应该本着以增强学生职业竞争力为导向④。

在教学标准与制度建设方面，国际图联(IFLA)发布的《专业图书馆/信息教育培养计划指南》、美国图书馆协会推出的《图书馆与信息学硕士培养计划认证标准》是目前国际图书馆与信息科学领域两份主要的

---

① 杨清，洪秋兰．国内八所高校图书馆学本科课程设置合理性分析[J]．国家图书馆学刊，2013，22(4)：33-43.

② 肖希明，唐义．图书馆学博物馆学档案学课程体系整合初探[J]．中国图书馆学报，2014(3)：4-12.

③ 盛小平．图书馆职业发展与制度建设[M]．北京：科学出版社，2016：266.

④ 肖希明．图书馆学教育要以增强学生职业竞争力为导向[J]．国家图书馆学刊，2007(1)：38-41.

硕士教育标准①。《学科基准声明·图书馆学和信息管理专业》是英国大学图书馆与情报学院(系)遵循的基本教学标准②。《关于俄联邦高等专业教育国家标准（图书情报工作）的构想》是俄罗斯图书馆学情报学高等专业教育国家标准③。国外图书馆行业组织制定的 LIS 教育认证标准基本包含项目使命和培养目标、学生学习结果、课程内容、课程设计和提供方式、教师队伍、学生、行政管理和经费、支持资源、系统规划和评估等要素④。我国应该加强图书馆学专业教学质量标准、图书馆学教育认可制度与图书馆职业培训制度的建设⑤。

从图书馆职业能力教育实践来看，ALA 认可的教学计划与 ALA 要求的核心能力是一致的。在 ALA 认可的 58 个 LIS 培养计划中，有 33 个设置了相关课程来处理 ALA 颁布的 8 种核心能力，有 45 个涉及技术能力。美国 49 所 LIS 学院开设的 LIS 课程强调培养学员的 58 种技能，其中最重要的前 16 种技能是：馆藏建设管理、图书馆管理、数字馆藏、数据库与元数据、主题知识、LIS 建设、网页设计、信息通信技术开发、置标语言、用户教育、网络与自动化系统、营销、程序设计、数字化、沟通技能、项目管理与领导力。

在教学调查与评估方面，目前我国 LIS 学科专业教育正在由知识本位的职业能力教育向岗位本位和能力本位进行迁移，体现为在课程中安排实践环节或设置专门的实验课程、组织学生参与相关社会实践

---

① 张靖．国际图书馆与信息学硕士教育标准指标体系解析与比较[J]．图书馆杂志，2012，31(12)：80-89.

② 王铮．英国高等教育质量评估体系中的图书馆与情报学教育[J]．图书情报知识，2014(6)：26-32.

③ 王前．俄罗斯图书馆学情报学高等专业教育：国家标准与发展方向[J]．图书情报工作，2012，56(15)：116-121.

④ 王素芳，刘杰，黎娇．国外图书馆行业组织 LIS 教育认证标准及其质量控制要素研究[J]．图书情报知识，2014(6)：12-25.

⑤ 盛小平．图书馆职业发展与制度建设[M]．北京：科学出版社，2016：254-275.

活动、专业实习、科研活动等①。然而，我国LIS教育在课程体系、教学内容、培养机制等方面滞后于学科发展，且缺乏理论与实践的结合，致使毕业生不能适应新的信息职业的要求；图书馆学与情报学(信息管理与信息系统)专业无论是招生、培养目标，还是课程设置、教学内容，都自成体系，学科融合特点并不明显②；同时还存在学科整合的机构数不多、学科整合力度不够强以及整合范围不够广、传统信息素养课程开课率低、信息素养教育与需求严重脱节、缺少开展信息素养教育的专业化师资队伍、学生的信息素养水平不容乐观等问题③④。就目前而言，可以运用院校设置能力、培养模式能力、教学方法能力、远程教学能力、师资力量、专业设置能力、学位授予能力、课程设置能力、教育认可(或评估)能力、学生就业能力等指标来评估图书馆职业教育能力⑤。

第三节　我国图书馆职业能力发展概况

中国图书馆职业能力发展概况可以从图书馆馆员职业能力、图书馆信息资源建设能力、图书馆职业服务能力、图书馆职业管理能力、图书馆职业教育能力5个方面来得到初步反映。

---

①　肖希明，田蓉．我国LIS教育中实践教学的调查分析[J]．图书情报知识，2014(01)：18-25.

②　李硕，肖希明．我国LIS专业毕业生就业情况的调查分析[J]．图书情报知识，2014(01)：26-33.

③　唐义．我国图情档教育中学科整合现状的调查分析[J]．图书馆杂志，2014，33(03)：18-23，51

④　洪跃，付瑶，杜辉，等．国内高校图书馆信息素养教育现状调研分析[J]．大学图书馆学报，2016，34(06)：90-99.

⑤　盛小平，喻楠清．图书馆职业教育能力评价指标体系的构建[J]．图书情报工作，2017，61(14)：21-28.

一、我国图书馆馆员职业能力简况

在此主要从图书馆馆员数量、职称、学历三方面来说明我国图书馆馆员职业能力概况。首先，从我国图书馆专业人员的数量与职称来看，据《中国图书馆年鉴 2017》提供的数据显示(后同)，2016 年，国家图书馆在编人员总数为 1529 人，包括专业技术人员 1415 人，其中正副高级专业技术人员 463 人、中级专业技术人员 717 人、初级专业技术人员 235 人，还有离退休人员 1077 人①；公共图书馆在编人员总数为 57208 人，专业技术人员总共 41099 人，其中，正高级专业技术人员 812 人，副高级专业技术人员 5341 人，中级专业技术人员 18699 人②；2016 年，860 所高校图书馆在编员工总人数为 33246 人，馆均约为 38.7 人(2015 年为 37.7 人)③。

其次，从我国图书馆专业人员学历来看，2016 年，国家图书馆在编人员学历结构为：博士 86 人，硕士 741 人，本科 492 人，大专 109 人，大专以下学历 101 人，整体趋势是高学历员工比例越来越高④。同样，从整体上看，高校图书馆的人力资源结构正在向高学历化、多学科化和专业化的方向发展；本科学历员工仍是高校图书馆的主力，但其所占比例正在减小；硕士学历员工正成为高校图书馆人才招聘的主要对象和开展知识服务的生力军(见表 1-4)⑤。

---

① 中国图书馆学会，国家图书馆．中国图书馆年鉴 2017[M]．北京：国家图书馆出版社，2018：559.

② 中国图书馆学会，国家图书馆．中国图书馆年鉴 2017[M]．北京：国家图书馆出版社，2018：436.

③ 中国图书馆学会，国家图书馆．中国图书馆年鉴 2017[M]．北京：国家图书馆出版社，2018：199.

④ 中国图书馆学会，国家图书馆．中国图书馆年鉴 2017[M]．北京：国家图书馆出版社，2018：559.

⑤ 中国图书馆学会，国家图书馆．中国图书馆年鉴 2017[M]．北京：国家图书馆出版社，2018：199-200.

表 1-4　　　　2016 年高校图书馆馆员学历占比情况

	拥有该学位员工的图书馆数量/提交该学位员工信息的高校图书馆数量	拥有该学位员工总数/提交该学位员工信息的高校图书馆数量	没有该学位员工的图书馆比例
博士学位员工	285/858	834/858	66.8%
硕士学位员工	757/859	8687/859	11.9%
本科学历员工	856/856	16101/856	0
大专学历员工	762/856	5386/856	11.0%
大专学历以下员工	505/855	1881/855	41%

二、我国图书馆信息资源建设能力简况

信息资源建设是人类对处于无序状态的各种媒介信息进行收集、整理、开发、组织，并使之有序化和方便利用的过程与活动。图书馆信息资源建设不仅包括传统的文献资源建设，还包括数字信息资源建设、网络(或虚拟)信息资源建设以及数字图书馆建设等。图书馆信息资源建设能力是一种重要的图书馆职业能力。进入 21 世纪，无论是国家图书馆、公共图书馆，还是高校图书馆、专业图书馆，都在不断地加强信息资源建设，跨入新阶段。

2016 年，我国国家图书馆信息资源建设取得了巨大成就：①国家图书馆文献信息资源规模持续扩大。全馆文献总量达 3646 万册/件(2015 年为 3518.15 万册/件[①]、2014 年为 3377.85 万册/件[②])，中文文献总量 2460.17 万册/件，外文文献总量为 1185.83 万册/件，善本古籍总量为 340198 册/件，普通古籍总量为 1658656 册/件，善本特藏(不含

① 中国图书馆学会，国家图书馆．中国图书馆年鉴 2016[M]．北京：国家图书馆出版社，2017：538.

② 中国图书馆学会，国家图书馆．中国图书馆年鉴 2015[M]．北京：国家图书馆出版社，2016：57.

古籍)总量为911784册/件。②数字资源建设不断推进。依托自建、外购、征集等途径，2016年数字资源总量达1323.35TB(2015年为1160.98TB、2014年为1024.45TB)，其中网络资源为114.73TB，自建资源达1059.69TB；外购数据库共253个，其中中文数据库126个，外文数据库127个[①]。③数字图书馆推广工程服务成效显著：2016年通过专网向全国各级公共馆共享数字资源超过140TB，向少数民族地区推送民族语言资源180GB，向贫困地区图书馆推送定制化数字资源1.8TB[②]。④稳步开展文献缴送工作：2016年国家图书馆图书全品种缴送率74.1%，中文期刊、报纸缴送率分别为95.8%和70.6%，外文期刊、报纸缴送率分别为96.8%和100%，音像制品和电子出版物缴送率分别为53.4%和98.7%，全年采访各类古籍及特藏文献17094种，共30869册，续订119个中外文数据库，完成59966种文献、981小时视频资源的数字化加工，缩微文献数字化转换393万页，采集37.45TB网络信息资源，采集东北抗日联军、中国远征军、当代重要学者等约251小时口述资源，补藏文献7632种。⑤不断拓展文献信息资源整合与揭示：制定了《数字馆藏元数据加工规范》，初步建立了"中国记忆"项目资源建设与揭示标准体系，制作书目数据74.47万余条，累计保存元数据2.5亿条；推进特色资源库建设，开展民国报纸史料、民国图片资源库建设，完成8000个古籍动漫素材资源制作；通过"文津搜索系统"实现元数据整合3亿条；实现40万条已发布的馆藏自建数字资源与ALEPH系统中纸质文献的关联和整合、揭示。⑥稳步提升文献信息资源保存保护水平。2016年修复完成各类纸质文献2635册(件)，完成125.3TB数字资源长期保存；全面推进中华古籍保护计划，完成全国1218家古籍收藏单位的普查登记工作，普查登记数据达200余万条，

① 中国图书馆学会，国家图书馆．中国图书馆年鉴2017[M]．北京：国家图书馆出版社，2018：559.

② 中国图书馆学会，国家图书馆．中国图书馆年鉴2017[M]．北京：国家图书馆出版社，2018：56.

出版《全国古籍普查登记目录》9 部 10 册，更新“全国古籍普查登记基本数据库”数据 13 万余条，新增 42 家单位普查数据 7 万余条等①。

2016 年，我国公共图书馆信息资源建设成绩斐然：①全国共有公共图书馆 3153 个，比 2015 年增加 14 个，所有公共图书馆财政拨款 1415668 万元，比 2015 年多 145314 万元②。所有公共图书馆图书总藏量 90163 万册，比 2015 年增长 7.5%，其中图书 69785.59 万册，古籍 2701.16 万册，报刊 8769.02 万册，视听文献 1604.83 万册，缩微制品 1476.07 万册③。②电子图书 88798 万册，比 2015 年增长 6.9%；供读者使用的电子阅览终端 13.49 万台，比 2015 年增长 6.5%。③全国人均图书藏量 0.65 册，比 2015 年增长增加 0.04 册；2016 年全国人均购书费 1.56 元，比 2015 年增加 0.13 元④。④2016 年全国公共图书馆新购藏量 6275.24 万册，新增电子图书 11043.17 万册；2016 年购买 1117762 种报刊资料，从其他机构免费共享资料 24218.05 万册⑤。⑤全国公共图书馆系统共有 211574 台计算机，其中供读者使用电子阅览室终端数为 134888 台⑥。⑥数字图书馆推广工程在公共图书馆系统稳步发展。全国共有 40 家省级图书馆和 483 家地市级图书馆开展数字图书馆推广工程建设，取得良好的社会反响，比如：建成“北京市文化信息资源共享工程信息内容传输服务平台”、“文化上海云”于 3 月正式上

① 中国图书馆学会，国家图书馆．中国图书馆年鉴 2017[M]．北京：国家图书馆出版社，2018：53-55.

② 中国图书馆学会，国家图书馆．中国图书馆年鉴 2017[M]．北京：国家图书馆出版社，2018：420.

③ 中国图书馆学会，国家图书馆．中国图书馆年鉴 2017[M]．北京：国家图书馆出版社，2018：437.

④ 中国图书馆学会，国家图书馆．中国图书馆年鉴 2017[M]．北京：国家图书馆出版社，2018：67.

⑤ 中国图书馆学会，国家图书馆．中国图书馆年鉴 2017[M]．北京：国家图书馆出版社，2018：437.

⑥ 中国图书馆学会，国家图书馆．中国图书馆年鉴 2017[M]．北京：国家图书馆出版社，2018：446.

线、“江苏省少儿数字图书馆”项目全面实施等①。

2016年，我国高校图书馆信息资源建设成绩显著：①我国高校图书馆信息资源建设经费持续增长。从830所(2015年为771所)在“教育部高校图书馆事实数据库”中填报了数据的高校图书馆来看，年度总经费的平均值约为610.4万元，比2015年多42.7万元。其中，文献资源购置费的平均值约为529.5万元(2015年为490.2万元)，明显高于往年，延续2008年以来的持续增长②。这些年尽管受到电子资源的冲击，但是高校图书馆纸质文献资源购置费并没有普遍减少，反而是呈微涨之势。有830所高校图书馆提交了有效的2016年度纸质文献资源购置费，总数约为21.95亿元，均值约为264.1万元，比2015年的252万元有小幅上升，但明显低于2006年纸质文献购置费的平均值③。共有762所高校图书馆提交了有效的电子资源采购费，电子资源的总采购费用约为21.98亿元，电子资源采购费的平均值约为288.1万元，比2015年增长36.7万元，约占馆均文献资源购置费的54.4%(比2015年高约3.1个百分点)，且平均值逐年升高，延续2006年以来的持续增长趋势。然而，不同高校图书馆的电子资源采购费用差距显著，最小值仅为7641元，最大值为4169.1万元，两者相差5456.3倍④。②馆藏数字化仍在不断推进。共有358所高校图书馆扫描加工文献总量约为16040万页，馆均约为44.8万页，分别比2015年的总量2144.6万页、馆均6.3万页高了许多⑤。③文献传递效

① 中国图书馆学会，国家图书馆．中国图书馆年鉴2017[M]．北京：国家图书馆出版社，2018：68-69.

② 中国图书馆学会，国家图书馆．中国图书馆年鉴2017[M]．北京：国家图书馆出版社，2018：196-197.

③ 中国图书馆学会，国家图书馆．中国图书馆年鉴2017[M]．北京：国家图书馆出版社，2018：197.

④ 中国图书馆学会，国家图书馆．中国图书馆年鉴2017[M]．北京：国家图书馆出版社，2018：197-198.

⑤ 中国图书馆学会，国家图书馆．中国图书馆年鉴2017[M]．北京：国家图书馆出版社，2018：200-201.

益显著。826所高校图书馆向外传递文献约207.3万篇，但各馆向外传递文献的数量差别很大，其中，4.7%的高校图书馆向外传递文献超过1万篇，6.9%的高校图书馆向外传递文献在1000篇到1万篇之间①；CALIS联机编目用户的馆数增长到1237家，编目书目数据年增量为32.85万条，月均下载量增长到约130万次，并全面实施RDA编目②；中国高校人文社会科学中心(CASHL)二次文献库数量持续增长，全年新增北京大学、华东师范大学、北京师范大学、南开大学、中山大学5所高校图书馆新加工纸本期刊目次12万余条，新增其他渠道期刊目次104万余条，期刊目次总数达4000余万条；新增期刊1500余种，期刊总量达26400余种；新增文科专款图书联合编目数据4万余条，图书总量达200余万种；新增大型特藏目次23种。截至2016年年底，CASHL拥有41.7万电子书，CASHL经费所购电子书2016年下载量20.167万余次，累计达277万余次；CASHL经费所购电子期刊全年下载量达209.6万余次，累计下载次数达2154万余次③。

近年来，我国图书馆信息资源共享能力不断提升，如今国内形成了以中国高等教育文献保障系统(CALIS)、中国高校人文社会科学文献中心(CASHL)和国家科技图书文献中心(NSTL)为中心节点的三大图书馆网络。它们能提供包括馆际互借与文献传递、书目资源共享、图书馆业务共享等在内的多种服务④。特别是在网络环境下，读者可以通过网络检索另一图书馆的书目信息，然后通过网络传输的方式获取文献的电子

---

① 中国图书馆学会，国家图书馆．中国图书馆年鉴2017[M]．北京：国家图书馆出版社，2018：201.

② 中国图书馆学会，国家图书馆．中国图书馆年鉴2017[M]．北京：国家图书馆出版社，2018：203.

③ 中国图书馆学会，国家图书馆．中国图书馆年鉴2017[M]．北京：国家图书馆出版社，2018：204-205.

④ 杨坚红．CALIS CASHL NSTL系统文献传递服务比较[J]．情报科学，2009(1)：83-88.

版。这种文献获取方式成本低廉、高效，降低了时空对文献实体共享的限制①。当前，随着资源共享建设不断拓展和深入，CALIS 和 CASHL 在资源建设、平台再造、服务提升、管理优化、协同创新等方面已成为支撑和保障中国高校教学科研的重要的信息基础设施，同时涌现了许多区域性图书馆联盟，如首都图书馆联盟、吉林省数字阅读联盟、天津高校图书馆联盟、珠江三角洲数字图书馆联盟、全国师范院校图书馆联盟等②。

此外，数字图书馆建设极大地拓展了我国图书馆信息资源建设能力。从 2000 年开始，文化部在全国倡导实施中国数字图书馆工程，旨在通过资源建设工作的组织与实施，建成超大规模的、高质量的分布式中文数字资源库群并提供多种网上服务；联合引进若干国内需要的国外专题资源库并实现共享；实现全国大部分地区图书馆文献资源的联合目录系统。2005 年 10 月 11 日，《国家数字图书馆工程初步设计方案》通过国家发展和改革委员会审批，正式进入实施阶段。目前，我国绝大部分高校、省市公共图书馆和专业图书馆均已建立各自的数字图书馆，开展数字信息资源的共享服务。

三、我国图书馆职业服务能力简况

图书馆职业服务能力是图书馆机构和图书馆馆员为用户提供各种服务所具备的整体能力。从我国国家图书馆服务能力来看，2016 年，国家图书馆一方面充分发挥国家典籍博物馆职能，推动中华优秀传统文化传承弘扬，包括：①举办中国共产党成立九十五周年及红军长征胜利八十周年系列纪念活动，精心策划举办“红色记忆——纪念中国共产党成立九十五周年馆藏文献展”“传承红色基因弘扬长征精神——长征途经

① 张新鹤，肖希明．中国图书馆信息资源共享机制现状调查与分析［J］．中国图书馆学报，2011，(3)：66-78.

② 中国图书馆学会．中国图书馆年鉴 2015［M］．北京：国家图书馆出版社，2016：20-21.

省份文化系统老干部书画作品展”等线上线下专题文献展览；②不断凸显国家典籍博物馆服务效益，比如，举办“民族记忆精神家园——国家珍贵古籍特展”“永远的怀念——任继愈100周年诞辰纪念展”“启蒙与批判——清末民国新闻漫画展”“赤子的世界——纪念傅雷夫妇逝世五十周年展”等专题展览；让“甲骨文记忆展”走出国门；③推动传统文化典籍整理出版与传播，比如：启动《中华优秀传统文化百部经典》编纂工作；编辑出版《中国珍贵典籍史话丛书》《古本戏曲丛刊六集》《中国社会科学院近代史研究所藏“满铁剪报”类编：第一辑》等。另一方面，国家图书馆充分发挥国家级公共文化服务阵地作用，持续扩大服务品牌影响力，包括：①显著增强面向国家立法与决策的服务能力，比如：2016年共举办部级领导干部历史文化讲座14场；组织编制“两会”专题资料、“两会”专题文献信息专报；出版《南海诸岛图籍录》3卷，较为全面地呈现了文献所载南海诸岛情况；依托国家图书馆人民法院分馆，协助最高人民法院建设“中国法院数字图书馆”；②不断深入面向世界科技强国建设的服务实践，比如：筹备建设国家图书馆科学评估中心；组织编制《京津冀协同创新分析报告》；举办“开启未来新形态——图书馆创客研习营”；③稳步提升面向社会公众的服务效益，包括继续拓展到馆服务，全年办理读者证卡50.76万张；接待到馆读者563.99万人次，比2015年增长10%；文献流通近2475.61万册次，比2015年增长7.3%；举办展览、讲座、培训、艺术普及等社会教育活动4395场，接待参观2592批次，惠及公众共计173.43万人次①。

从我国公共图书馆服务能力来看，2016年，一方面，我国公共图书馆不断完善公共图书馆服务体系顶层设计，进一步提升服务效能与服务水平。2016年12月25日，《中华人民共和国公共文化服务保障法》的颁布有力地推动了公共图书馆法制化、标准化建设进程；建立了《省

① 中国图书馆学会，国家图书馆．中国图书馆年鉴2017[M]．北京：国家图书馆出版社，2018：54-55.

级(副省级)图书馆等级必备条件和评估标准》《地市级图书馆等级必备条件和评估标准》《县级图书馆等级必备条件和评估标准》《省级(副省级)少年儿童图书馆等级必备条件和评估标准》《地市级少年儿童图书馆等级必备条件和评估标准》《县级少年儿童图书馆等级必备条件和评估标准》二类三级六套评估标准；完成制定各级公共图书馆业务规范，如《社区图书馆服务规范》(WH/T 73—2016)、《公共图书馆服务规范》(DB33/T 2011—2016)、《广州市公共图书馆服务规范》等。2016 年，全国公共图书馆发放借书证 5593 万个，总流通人次 66037 万，增长 12.1%；书刊文献外借册次 54725 万，增长 7.5%；全年举办各种读者活动 14 万次，增长 22.3%。另一方面，我国公共图书馆切实推进县级图书馆总分馆制建设，不断完善公共图书馆服务网络建设，提升公共文化服务效能。比如，上海市中心图书馆总分馆体系机构成员达到 273 家，服务点达到 308 个，“一卡通”有效读者证达到 390 万张，文献流通量 6600 万余册次，成为全球城市图书馆最大的单一集群系统。同时，我国公共图书馆积极推进国家重点文化工程建设，努力实现公共数字文化精准服务与有效服务，发布数字资源云目录 15603 条，接入文化应用 211 个，累计服务 5439 万人次；全国共有 40 家省级图书馆和 483 家地市级图书馆开展数字图书馆推广工程建设，并取得良好的社会反响；全国各级公共图书馆积极推进国家重点文化工程建设，进一步推广数字化服务，比如：“北京市文化信息资源共享工程信息内容传输服务平台”“文化上海云”等。此外，我国公共图书馆扎实推进全民阅读国家战略，发布了《全民阅读“十三五”时期发展规划》，全国各级公共图书馆不断创新全民阅读服务方式，广泛开展丰富多彩的阅读活动①。

从高校图书馆服务能力来看，教育部高等学校图书情报工作指导委员会、中国图书馆学会高等学校图书馆分会积极发挥研究、咨询、协调

① 中国图书馆学会，国家图书馆．中国图书馆年鉴 2017[M]．北京：国家图书馆出版社，2018：67-69.

和指导作用，大力推动高校图书馆合作共建、协同创新①。2016 年，826 所高校图书馆向外传递文献 207. 3 万篇，平均每馆传递 0. 25 万篇，有 4. 7%的高校图书馆向外传递文献超过 1 万篇。高校图书馆的文献传出量大，表明高校图书馆之间的文献资源共享能力强，对文献资源的需求量大。同时，825 所高校图书馆传入文献 1354. 27 万篇。平均每馆传入 1. 64 万篇，标准差为 11. 5 万篇，表明各馆传入文献的数量差别很大，资源需求惊人，传出文献明显少于传入文献，说明高校图书馆通过非高校图书馆的资源平台获取了大量文献②。

此外，图书馆服务理念不断创新，从二十世纪五六十年代图书馆提倡的“千方百计为读者”、“一切为了读者”、“最大限度地满足读者的借阅要求”等，到八九十年代的“读者至上、服务第一”、“读者工作是图书馆工作的出发点和归宿”等，再到如今的“以人为本”、“用户至上，服务第一”、“和谐服务”、“主动服务，创造读者，提高效率”等③，反映了国内图书馆服务理念伴随着时代的进步和社会的发展而不断创新与发展。另一方面，国内图书馆能够为用户提供多种服务方式，比如文献借阅、文献传递、文献共享、馆际互借、读者培训、辅助教学、情报研究、参考咨询、阅读推广以及其他特色服务。

四、我国图书馆职业管理能力概况

图书馆职业管理能力是提升图书馆管理水平与推进图书馆事业发展的重要因素之一。图书馆职业管理涉及图书馆战略管理、行政管理、业务管理、人力资源管理、设备与资产管理、财务管理、风险管理等诸多

---

① 中国图书馆学会，国家图书馆．中国图书馆年鉴 2015[M]．北京：国家图书馆出版社，2016：185-186.

② 中国图书馆学会，国家图书馆．中国图书馆年鉴 2017[M]．北京：国家图书馆出版社，2018：201.

③ 陈小勉，刘宏锦．创造读者：图书馆服务理念的提升[J]．情报理论与实践，2004，27(2)：173-175.

方面。从整体上看，我国图书馆职业管理能力还比较薄弱，对图书馆战略管理、人力资源管理、危机管理等方面没有充分重视。比如，我国图书馆在人力资源管理方面的诸多环节中还存在一些问题：①在人才招聘上，我国图书馆招聘存在招聘启事针对性不强、目标不够明确、部门职责界定不够清晰、文本缺乏统一规范等问题，也反映了对应聘者专业背景和专业能力需求存在含糊不清的现象①。在公共图书馆招聘中，需求最多的是与读者服务相关的岗位，包括书刊管理、参考咨询等，其次是与计算机、网络相关的岗位。与公共图书馆招聘类似，高校图书馆招聘岗位中需求最多的也是直接面向读者服务的岗位，信息技术岗位比公共图书馆计算机网络岗位还要多，但是高校图书馆的研究性岗位并不多。大多数图书馆在招聘图书馆学专业人才的同时，也表现出对其他专业人才的强烈需求，尤其是计算机网络专业、英语和日语专业。大部分公共图书馆都要求应聘者具有本科以上学历，大多数高校图书馆招聘要求应聘者具有硕士学位。②在绩效考核方面，目前，我国高校图书馆普遍采用基于百分制的绩效考核方法，一般由高校人事部门统一印发《考核登记表》并进行年终考核，考评内容包括德、能、勤、绩四个方面。这种考核机制存在考核内容缺乏针对性、考核标准缺乏科学性、考核方式缺乏合理性、考核目的缺乏正确性、考核结果缺乏导向性的问题②；公共图书馆绩效考核也存在政府部门缺乏规范的公共图书馆绩效考核标准、工作人员对实施绩效工资制度缺乏足够的认识、考核内容不明确等问题③。③在管理激励方面，薪资或奖金的物质性激励方式是最有效的激励措施，但营造积极的图书馆文化也是一种有效方法，而表扬、晋升、授权等方式的非物质性激励在图书馆中的普及度不高，效果一般；工作

① 黄永勤，姚欣林．基于招聘数据的我国图书馆去职业化研究［J］．图书情报工作，2013，57(14)：82-86.

② 杨经铭，蒋鸿标．基于积分制的图书馆绩效考核体系设计与实现——以广东海洋大学图书馆为例［J］．图书馆建设，2011(5)：73-76.

③ 王以俭．公共图书馆绩效考核工作研究［J］．图书馆建设，2010(5)：80-83.

时间短的馆员往往对物质的追求要高于对精神上的追求，而老员工更关注自身的职业发展①。当前，我国图书馆激励机制还存在手段相对单一、不够科学等问题，没有充分考虑馆员的需要，效果不显著，而相对完善的激励机制应该包括目标激励、工作激励、培训激励、参与激励、信任激励、荣誉激励、物质激励等方面②。④在教育与培训方面，我国图书馆职业培训主要包括函授教育、业余教育、训练班、进修班、研究班或专题研讨班等。近年来，国家图书馆、上海图书馆、广东省立图书馆等机构非常重视图书馆专业人员的继续教育，开展了各种层次的岗位、专业、学历的继续教育活动③。⑤在职业资格认证方面，目前，我国尚未建立图书馆职业资格认证制度。劳动和社会保障部及文化部于2004年7月颁发的《国家职业标准・图书资料馆员(试行)》，对于界定我国图书馆馆员职业能力有一定的参考价值。

五、我国图书馆职业教育能力概况

图书馆职业教育是图书馆职业化的一项重要活动。我国图书馆学教育始于20世纪初，进入21世纪，我国图书馆教育又迎来了新的改革发展时期。目前我国已经形成了从专科到本科、硕士、博士的多层次LIS教育体系，并开展了多种方式的职业培训，但是图书馆职业教育制度体系并不完善，并成为制约我国图书馆职业化发展的因素之一④。我国LIS教育机构开设最多的专业是图书馆学、情报学和档案学，其次是信息资源管理、管理科学与工程、编辑出版、电子商务等专业。LIS课程

① 李伟东. 高校图书馆激励机制调查研究[J]. 河南图书馆学刊, 2013(9): 33-35.

② 迟伟凡, 吴瑾, 朱凡. 论高校图书馆激励机制的建立与完善[J]. 图书馆学刊, 2006, 28(3): 43-45.

③ 盛小平. 图书馆职业发展与制度建设[M]. 北京: 科学出版社, 2016: 269-270.

④ 盛小平. 图书馆职业发展与制度建设[M]. 北京: 科学出版社, 2016: 249-252.

大致分为专业课和公共基础课，二者均包含必修课和选修课。2009 年，《教育部高等学校图书馆学本科指导性专业规范》确定了图书馆学专业核心课程为图书馆学基础、信息资源建设、信息与知识组织、信息描述、信息服务、信息检索。据调查，国内开设图书馆学本科的学校课程主要包括信息检索、信息资源建设、目录学、数字图书馆、图书馆学基础、文献编目等课程，基本涵盖了图书馆学专业的核心内容，说明我国大多数学校对图书馆学专业核心课程设置存在共识。而国内图书馆学硕士课程主要包括图书馆学基础理论、信息检索、数字图书馆、信息资源管理、信息组织等。虽然图书馆学硕士教育机构根据各自的研究方向设置并开设了各具特色的课程，但是就核心课程来看，大多数学校是相同的①。

我国 LIS 专业毕业生就业领域主要是图书情报档案机构，以及通信、互联网行业等在内的信息产业、行政机关与事业单位等。从全国第四次 MLIS 教育发展状况调查来看，2016 届的 512 名毕业生中，有 233 人进入政府机构和事业单位，占 45.51%；205 人任职于企业，占 40.01%；46 人攻读博士学、出国或暂未就业，占 8.98%。从事信息管理类岗位的有 317 人，占总数的 61.9%②。LIS 本科毕业生一般情况下进入企业的就业人数远高于信息产业、图书情报档案机构的就业人数，就业单位多为以电力、制造业、金融、商企、其他服务行业为主的公司企业；LIS 专业硕士毕业生的就业领域主要集中在图书情报档案机构，其中图书馆学专业毕业生主要进入各种类型的图书馆工作，情报学专业毕业生则大部分进行信息行业，档案学专业毕业生除了小部分进入档案馆之外，大部分到各类型的公司企业就业；LIS 专业的博士毕业生的就业特点较为单一，除了极少数人进入图书情报档案机构工作之外，其他

① 唐义，李金芮．我国 LIS 教育人才培养模式研究[J]．图书情报知识，2014(01)：11-17，25.

② 段宇锋，赵佳慧．图书情报硕士专业学位(MLIS)教育发展状况调查报告(2016)[J]．图书情报知识，2017(04)：47-58.

大部分进入各个高校从事教学和研究工作或者通过公务员考试、事业单位考试进入行政机关和事业单位工作①。

第四节 我国图书馆职业能力建设面临的问题

21世纪以来，我国图书馆事业获得了快速、稳健、显著的发展，取得了巨大的成就，主要体现在如下几个方面②：①图书馆规模不断扩大。近些年来，无论是国家图书馆、公共图书馆，还是高校图书馆、专业图书馆，都在不断新建或扩建图书馆馆舍或馆藏规模。②我国各类图书馆的财政拨款逐年增加。③从业人员规模、结构与素质逐步提高，各类型图书馆从业人员结构与素质得到优化。④公共文化服务体系建设成效显著。公共图书馆组织活动规模不断扩大，社会影响力不断提高。⑤图书馆法律制度建设取得一定成绩。21世纪以来，国家先后制定与颁布了许多影响图书馆职业化建设的法规与政策文件，特别是《中华人民共和国公共图书馆法》(后简称《公共图书馆法》)的实施，使我国图书馆法制化建设有了显著提高。然而，在我国图书馆职业建设取得辉煌成就的同时，还面临如下一些主要问题。

第一，我国图书馆职业化整体发展水平不高。这主要体现在：①中国图书馆与国外发达国家的图书馆相比，数量较少。截至2017年10月22日，美国约9082个公共图书馆③(2019年为9058个④)。而我国

① 李硕，肖希明．我国LIS专业毕业生就业情况的调查分析[J]．图书情报知识，2014(1)：26-33.

② 盛小平．图书馆职业发展与制度建设[M]．北京：科学出版社，2016：32-36.

③ ALA. Number of Libraries in the United States [EB/OL]. [2017-10-22]. http://www.ala.org/tools/libfactsheets/alalibraryfactsheet01.

④ ALA. Number of Libraries in the United States: home[EB/OL]. [2019-08-28]. https://libguides.ala.org/numberoflibraries.

2016年公共图书馆的数量为3153[①]所，差距较大。按照国际标准，平均2万人应该有一所公共图书馆，而2007年，我国平均47万人才拥有一所公共图书馆，而早在20世纪80年代中期，美苏平均两千人就拥有一所公共图书馆，波兰、德国、丹麦、法国、日本分别是0.16万、0.5万、23.5万、5万和9万人就拥有一所公共图书馆[②]。②中国人均藏书量较少。国际图联规定，公共图书馆人均馆藏量为1.5~2册，而2016年我国人均拥有公共图书馆藏量约为0.65[③]册，远低于这一水平。而其他发达国家如芬兰在2007年就达到人均8册的水平[④]。与发达国家相比，我国图书馆发展的整体水平存在较大差距。

第二，公共图书馆事业发展不平衡。我国图书馆事业在城市与农村之间、发达地区与欠发达地区之间、系统之间、层次之间发展不平衡。从城市与农村比较来看，城市较发达，图书馆信息资源建设远远好于农村。据统计数据显示，2016年全国县、市、区公共图书馆2744所，占公共图书馆数量的87.03%[⑤]，其文献馆藏、实际使用公用房屋建筑面积和阅览席位方面，分别占全国数量的46.85%，56.09%，65.35%[⑥]，这与图书馆数量比例严重不协调，由此说明基层图书馆还存在馆藏文献不丰富、建筑面积小、阅览席位少等问题[⑦]。从地区分布来看，经济发达地区与欠发达地区的公共图书馆事业发展差距很大。以2016年的统

---

① 中国图书馆学会，国家图书馆．中国图书馆年鉴2017[M]．北京：国家图书馆出版社，2018：67.

② 盛小平．图书馆职业发展与制度建设[M]．北京：科学出版社，2016：37.

③ 中国图书馆学会，国家图书馆．中国图书馆年鉴2017[M]．北京：国家图书馆出版社，2018：425.

④ 冯云，杨玉麟．近十年来中国公共图书馆事业发展的特征及存在问题[J]．图书与情报，2010(2)：41-44.

⑤ 中国图书馆学会，国家图书馆．中国图书馆年鉴2017[M]．北京：国家图书馆出版社，2018：436.

⑥ 中国图书馆学会，国家图书馆．中国图书馆年鉴2017[M]．北京：国家图书馆出版社，2018：437，440-441.

⑦ 盛小平．图书馆职业发展与制度建设[M]．北京：科学出版社，2016：37.

计数据为例，在人均馆藏量方面，上海、浙江、北京、天津人均拥有公共图书馆藏量分别为 3.17、1.25 册、1.19 册、1.16 册，而安徽、河北、河南人均拥有公共图书馆藏量仅为 0.35 册、0.31 册、0.28 册①；在财政拨款方面，广东、浙江、上海公共图书馆财政拨款达 156204 万元、106823 万元、100740 万元，而青海、宁夏、西藏分别只有 12580 万元、10483(2015 年为 12731)万元、6095(2015 年为 6932)万元②。

第三，图书馆经费短缺。由于缺少图书馆经费的法律保障，我国图书馆经费短缺问题长期存在。虽然近些年来，随着我国经济的发展，国家对图书馆的投入有所增加，但是图书馆经费的增长赶不上国家经济增长和物价上涨的速度，从而使得一些图书馆特别是县市级以下的公共图书馆经费紧张，影响了图书馆的正常发展。

第四，LIS 专业人员在整个图书馆从业人员中的比例不高。这主要是因为：①开设 LIS 教育的高校数量有限，尤其是研究生及以上水平的高等教育资源稀少，合格的图书馆学与信息科学专业毕业生的输出渠道有限。②图书馆学与信息科学专业人员转专业就业。在有限的专业人员培养系统中，确实存在着合格毕业生转专业就业的情况，图书馆馆员的工作对于合格毕业生的吸引力有限，这也是人才流失的原因之一。③由于目前大多数图书馆都已经提高了入职门槛，致使本科毕业生很难进入高校图书馆工作，而许多不发达地区的公共图书馆的经济待遇相对不高，导致很难招聘急需的 LIS 专业人员。

第五，图书馆职业能力标准并不完善。《国家职业标准·图书资料馆员(试行)》虽然初步确立了不同等级的图书馆馆员职责，但并没有建立一套有效的图书馆馆员职业能力标准，致使图书馆馆员的能力提升没有方向感，在具体业务中就没有足够强烈的目标导向性与全局观，甚至

① 中国图书馆学会，国家图书馆．中国图书馆年鉴 2017[M]．北京：国家图书馆出版社，2018：425.

② 中国图书馆学会，国家图书馆．中国图书馆年鉴 2017[M]．北京：国家图书馆出版社，2018：428.

不清楚自身的职业能力处于什么样的水平。

第六，图书馆法律制度体系不健全。我国虽然已经颁布《公共图书馆法》，但并未建立健全图书馆法律制度体系，缺少与《公共图书馆法》配套且同样重要的《高校图书馆法》《国家图书馆法》《专业图书馆法》等；业已建立的地方性图书馆法规或条例效力低，对图书馆事业发展支持力度有限；许多图书馆行业标准与规范只起到指导性、参照性的作用，不具有法律上的约束力和强制力①。

① 盛小平．图书馆职业发展与制度建设[M]．北京：科学出版社，2016：36-39.

第二章　图书馆馆员职业能力研究

图书馆馆员职业能力是构成图书馆职业能力的核心要素。本章主要论述图书馆馆员职业能力概念与特征，美国图书馆馆员职业能力标准及其要素分析、我国图书馆馆员职业能力要素的理论与实证分析，我国图书馆馆员职业能力现状调查，以及提升我国图书馆馆员职业能力的对策。

第一节　图书馆馆员职业能力的概念与特征

一、图书馆馆员职业能力的概念

目前，对图书馆馆员职业能力的定义有如下几种观点：①图书馆馆员职业能力是指从事图书馆专业的人员所必须具备的能够胜任图书馆某项工作任务的能力[①]。②图书馆馆员职业能力是对图书馆及其组织、个人表现以及职业发展至关重要的技能、知识与行为的联合体[②]。③图书

① 秦峰，杨小华．学科馆员核心能力理想模型研究[J]．图书馆学研究，2013(6)：99-101.

② Marshall J，Fisher B，Moulton L，et al. Competencies for Special Librarians of the 21st Century[S]. Washington DC：Special Libraries Association，1996.

馆馆员职业能力是专业能力与个人能力的结合体①。④图书馆馆员职业能力是可以明确并促成图书馆绩效的知识、技巧与才能②。

总之，图书馆馆员职业能力是图书馆馆员履行职业责任、完成职业工作任务所需的各方面品质、知识与技能的集合，也是图书馆馆员经过专业学习与实践工作逐步积累和形成的个人素养与能力的综合。

二、图书馆馆员职业能力的特征

图书馆馆员职业能力的特征包括综合性、层次性、动态性、差异性③。

(一)综合性

图书馆馆员职业能力的综合性也可称为复杂性④，它指图书馆馆员职业能力涉及图书馆馆员从个人品质到专业技能的各个方面，内容比较广泛，除了图书馆馆员的专业技能以外，待人接物的能力、沟通交流的能力、事物判断的能力、动手动脑的能力等都是图书馆馆员必须具备的基本能力⑤。如今，图书馆的职能不断拓展，图书馆馆员的角色也在发生着转化，图书馆馆员需要具备更强的综合能力才能够更好地发挥图书馆在其社区中的职能作用，因此，图书馆馆员职业能力的综合性只会越

---

① Abels E, Jones R, Latham J, et al. Competencies for Information Professionals of the 21st Century Revised Edition, June 2003[EB/OL]. [2019-09-06]. http://www.sla.org/about-sla/competencies/.

② FLICC. FLICC Competencies for Federal Librarian 2011[EB/OL]. [2019-09-06]. http://www.loc.gov/flicc/publications/Lib_Compt/2011/2011Competencies.pdf.

③ Thanuskodi S. Professional Competencies and Skills for Library and Information Professionals: A Present-day Scenario. [EB/OL]. [2019-09-06]. http://www.consalxvi.org/sites/default/files/10-S.%20Thanuskodi.pdf.

④ Shabir A G. Library & Information Science Profession and Professional Competencies[J]. Total Records and Information Management, 2005(1): 38-42.

⑤ 韩莉君. 图书馆馆员的职业能力培养探究[J]. 管理观察, 2013(4): 121-123.

发突出。

(二)层次性

图书馆馆员职业能力的层次性有如下两层含义：①从图书馆馆员职业能力的范围来看，图书馆馆员职业能力可以划分为个体层和集体层两种层次。个体层是每个图书馆馆员所具备的图书馆馆员职业能力，集体层是一个机构、一个地区或一个国家的图书馆馆员所具备的图书馆馆员职业能力，两者具有紧密的联系。②从图书馆馆员职业能力的水平来看，图书馆馆员职业能力的层次性表现在具体能力水平的高低不同。每一项图书馆馆员职业能力都可以细分为由低到高的能力等级，这些等级对应的具体工作也由易到难，图书馆馆员职业能力不一定要达到所有能力的最高等级，但这样的层次性也为图书馆馆员提升职业能力提供了很好的指导方向，如2011年版本的《联邦图书馆与信息中心委员会联邦图书馆馆员职业能力》将每项业务能力分为基础、进阶与专家三个级别。

(三)动态性

图书馆馆员职业能力的动态性表现在图书馆馆员职业能力是会随着多种因素变化发展的。随着图书馆的职能拓展，图书馆馆员职业能力也在发生拓展。影响图书馆馆员职业能力变化的因素有许多，特别是信息技术对当前图书馆馆员职业能力的影响尤为突出。如今一些重要的技能，在20年前还不重要，甚至还不存在，将来其他技能也会以新的方式变得重要，因此，图书馆馆员要跟上职业变化并走在未来变革的最前端①。这需要图书馆学教育者对图书馆馆员职业能力有更宽泛的思考，以培养能够适应更广泛、更专业工作要求的人员和具有更好的灵活性与

① Mary W J. Competencies for Public Library Managers：Diversity in Practice[J]. Library Management，2015(7)：462-475.

适应性的毕业生①。

(四)差异性

图书馆馆员职业能力的差异性表现在图书馆馆员职业能力在不同类型的图书馆、在不同的图书馆岗位上都存在很大的差异。因为图书馆馆员职业能力是与图书馆馆员的业务工作直接挂钩的，而图书馆馆员的业务工作多种多样，因此图书馆馆员职业能力存在内容与层次上的差异是十分显然的。比如，《参考咨询与用户服务图书馆馆员职业能力》规定了参考咨询和用户服务图书馆馆员应该具备以下 5 个方面的能力②：存取、知识基础、营销/意识/通知、合作、资源与服务评估。而《地图、地理信息系统与编目/元数据图书馆馆员核心能力》要求图书馆馆员除了掌握地图、地图目录/元数据、地理信息系统等特殊数据资源的知识外，还需要掌握相关技术知识，如全球定位系统技术等③。

第二节 美国图书馆馆员职业能力标准及其要素分析

由于美国图书馆馆员职业能力建设走在世界前列，而美国图书馆馆员职业能力标准是了解美国图书馆馆员职业能力建设的一个重要窗口，所以有必要解析美国通用的、专业的和专门的三类图书馆馆员职业能力标准，然后归纳出美国图书馆馆员职业能力要素，以便为国内图书馆馆

① Sandr A, Hirsh B. Preparing Future Professionals through Broad Competency Planning[J]. Information Outlook, 2012 (1): 11-12.

② RUSA Task Force on Professional Competencies. Professional Competencies for Reference and User Services Librarians[EB/OL]. [2019-09-06]. http://www.ala.org/rusa/resources/guidelines/professional.

③ MAGERT Education Committee. Map, GIS and Cataloging/Metadata Librarian Core Competencies [EB/OL]. [2019-09-06]. http://www.ala.org/magirt/sites/ala.org.magirt/files/content/publicationsab/MAGERTCoreComp2008_rev2012.pdf.

员职业能力建设提供参考。

一、美国通用图书馆馆员职业能力标准简介

美国通用图书馆馆员职业能力标准见于美国图书馆协会(ALA)于2009年1月27日颁布的《ALA图书馆馆员核心能力》(后简称ALA-C)。它定义了所有从美国图书馆协会认可的图书馆与信息研究硕士培养计划毕业的人员需要掌握的基本知识。在学校、高校、专业和政府图书馆以及其他部门工作的图书馆馆员还需具备另外的专业知识。每个毕业于经美国图书馆协会认可的LIS专业硕士课程的人都应该掌握并能够在适当情况下运用下列知识①：①职业基础知识，包括图书馆与信息职业的伦理、价值观和基本原则；图书馆与信息职业在促进民主原则与知识自由中的作用；图书馆与图书馆学史；人类交流史及其对图书馆的影响；当前图书馆类型(学校、公共、学术、专业图书馆等)和与其密切相关的信息机构；对图书馆与信息职业很重要的国内外社会、公共、信息、经济、文化政策和趋势；图书馆与信息机构运行的法律框架；有效宣传图书馆、图书馆馆员及其他图书馆工作者和服务的重要性；用于分析复杂问题和解决相应问题的技术；有效的交流技巧；专门领域的职业证书和/或许可证。②信息资源知识，包括与记录型知识和信息生命周期相关的概念和问题；与获取和配置资源相关的概念、问题和方法；与各种馆藏管理相关的概念、问题和方法；与馆藏维护相关的概念、问题和方法。③记录型知识和信息的组织，包括记录型知识与信息组织和描述的原则；组织记录型知识与信息资源所需的开发、描述与评价技能；组织知识与信息所需要的编目、元数据、索引和分类标准体系。④技术知识和技能，包括影响资源、服务传递、图书馆与其他信息机构利用相关的信息技术、交流技术、残疾人辅助技术和其他相关技术；与职业伦理、

① ALA. ALA's Core Competences of Librarianship [EB/OL]. [2019-09-06]. http://www.ala.org/ala/educationcareers/careers/corecomp/corecompetences/finalcorecompstat09.pdf.

主流服务规范和应用一致的信息、交流、辅助和相关技术与工具的应用；评价技术型产品和服务的规格、功效和成本效率的方法；鉴别和分析新兴技术与创新所需的原理和技巧。⑤咨询与用户服务知识，包括为所有人和群体提供相关或准确的记录型知识，以及与信息利用相关的咨询与用户服务的概念、原理和技术；用来检索、评价和综合来自所有人和群体中不同个人信息的技术；与所有人和群体中的个体成功配合的技巧，以便在他们对记录型知识和信息的利用中提供咨询、中介和指导；培养信息素养或信息能力的技术与方法；用于特定用户以促进和解释某些概念与服务的宣传原则和方法；评估与响应用户需求与偏好的原则；用于评估当前和新情况或环境对适当服务或资源建设设计与实施的影响的原则与方法。⑥研究型知识，包括定量和定性研究方法的原理；本领域内的主要研究发现和研究文献；用于评估新研究的实际与潜在价值的原则和方法。⑦继续教育和终身学习知识，包括图书馆与其他信息机构实践者持续职业发展的必要性；图书馆在用户终身学习中的作用；学习理论、指导方法和绩效测评及其在图书馆和其他信息机构中的应用；用于搜集、评价和使用记录型知识与信息的相关教学概念、过程与技巧的原理。⑧管理知识，包括图书馆与其他信息机构计划与预算原理；有效的人员实践和人力资源开发的原理；评估图书馆服务及其结果的概念及方法；与所有利益相关者和所服务的团体建立伙伴关系、合作、网络和其他结构的概念及方法；变革型领导的概念、相关问题、方法和原则。

二、美国专业图书馆馆员职业能力标准解析

美国专业图书馆馆员职业能力标准指美国各种类型的专业图书馆协会制定的图书馆馆员职业能力标准，主要包括美国专业图书馆协会的《信息专业人员能力》(后简称为 SLA-C)、联邦图书馆与信息中心委员会的《FLICC 联邦图书馆馆员职业能力》(后简称为 FLICC-C)、全美教师教育认证委员会的《ALA/AASL 学校图书馆馆员初步准备标准》(后简称为 ALA/AASL-S)、美国法律图书馆协会的《法律图书馆馆员职业能

力》(后简称为 AALL-C)、音乐图书馆协会的《核心能力与音乐图书馆馆员》(后简称为 MLA-C)、医学图书馆协会的《健康科学图书馆馆员职业能力》(后简称 HSL-C)等①。

(一)美国专业图书馆馆员职业能力标准简介

1.《信息专业人员能力》标准简介

美国专业图书馆协会(Special Libraries Association，SLA)于 2016 年 4 月 13 日公布了第 3 次修订且更名为《信息专业人员能力》(简称为 SLA-C)的职业能力标准，将信息专业人员能力划分为核心能力与促进能力两大类。核心能力包括信息与知识服务能力、信息与知识系统和技术能力、信息与知识资源能力、信息与数据检索和分析能力、数据和信息及知识资产的组织能力、信息伦理能力 6 个要素；促进能力包括如下 9 种：①批判性思维，包括定性与定量推理；②具有主动性、适应性、灵活性、创造力、创新和问题解决方面的品质；③进行有效的口头和书面交流，包括影响能力；④关系构建、网络与合作，包括促进不同个体之间的尊重、包容和沟通的能力；⑤营销；⑥领导、管理和项目管理；⑦终身学习；⑧指导设计和开发、教学和辅导；⑨业务道德。

2.《联邦图书馆与信息中心委员会联邦图书馆馆员职业能力》标准简介

最新版本的《联邦图书馆与信息中心委员会联邦图书馆馆员职业能力》(简称 FLICC-C)是建立在 2008 年版本之上的，代表联邦图书馆与信息中心委员会持续致力于定期评估和更新职业能力。该标准全面、详细地描述了联邦图书馆馆员所需的知识、技能与能力，分为基础能力与业务能力两部分。其中，基础能力包括认知分析、交流、情商、领导力、专业知识和技术应用 6 个方面；业务能力包括机构与组织知识、馆藏管

---

① 陶倩，盛小平．美国专业图书馆馆员职业能力标准的内容分析[J]．图书情报工作，2016，60(24)：20-25.

理、内容组织与结构、知识管理、图书馆领导与倡议、图书馆技术管理、参考咨询与研究、专业知识技能与能力8个方面。在业务能力中，机构与组织知识指对图书馆内外背景及相关法律法规的了解、应用与建议能力；馆藏管理指对图书馆资源的存取、采购、组织、保存以及相关政策的了解、应用以及建议的能力；内容组织与结构是对图书馆内容的管理与组织，如受控词表、分类词表、主题词表与本体论等；知识管理指对知识管理原则和方法的理解与应用；图书馆领导与倡议主要指图书馆的组织管理、职业发展管理、项目规划、营销推广、人力与经费管理等；图书馆技术管理指理解、应用和评估图书馆技术的能力；参考咨询与研究指理解、应用和评估反馈信息分析、参考咨询等方法与技术以引导和满足用户信息需求的能力；专业知识技能与能力主要指图书馆馆员应掌握的专业学科知识与语言。

3.《ALA/AASL学校图书馆馆员初步准备标准》简介

《ALA/AASL学校图书馆馆员初步准备标准》(简称ALA/AASL-S)于2010年10月24日被全美教师教育认证委员会(National Council for the Accreditation of Teacher Education)下设的专业领域研究董事会(Specialty Areas Studies Board)批准采用，适用于准备在K-12前期教育中从事图书馆和信息服务工作的所有硕士培养计划。该标准由为学习而教、识字与阅读、信息与知识、倡导力与领导力、计划管理5个方面组成，其中，为学习而教强调学校图书馆馆员应了解学生用户群体、自身拥有广博的知识、能够合作并应用新的技能与标准，是设计并实施指导，激发学生兴趣，启发学生询问、辩证思考、获取并分享知识的能力；识字与阅读是利用各种策略来加强课堂阅读教学以处理所有读者的不同需求与兴趣的能力；信息与知识是图书馆馆员示范和促进对实体、数字和虚拟馆藏资源的符合道德的平等访问与利用，展现出对支持不同学习社区需求的各种信息资源与服务的了解，并能使用各种研究策略来生产知识以改进实践的能力；倡导力与领导力是图书馆馆员通过与教师、管理者、其他图书馆馆员和社区的合作和联系，倡导动态学校图书馆计划以营造积极的学习环境，并致力于持续学习与职业发展以及领导其他教育者的职业发展活动；计划管理是根据图书馆科学、教育、管理和监管的原理和道德规范，图书馆馆员规划、开发、实施和评价学校图书馆计划、资源与服务以支持学校图书馆计划与使命的能力。

4.《法律图书馆馆员职业能力》标准简介

美国法律图书馆协会(American Association of Law Libraries，AALL)于2003年6月公布了修订的《法律图书馆馆员职业能力：核心属性及其测评》(简称《法律图书馆馆员职业能力》，AALL-C)，将美国法律图书馆馆员的职业能力分为功能性技能、领导关系、交流能力、职业洞察力、个人特征与品质5个要素。其中，功能性技能包括心智敏捷、问题解决、注意细节3个方面；领导关系包括信誉、协商、想象、风险承担、评判性分析5个方面；交流能力包括口头交流、写作技能、听力技能、社会交往、咨询、演讲技巧、维持开放关系7个方面；职业洞察力包括理解人、团队工作、社区洞察力、可靠性/诚信、同情、机智性、道德7个方面；个人特征与品质包括责任感、适应性/灵活性、客户焦点、坚持不懈、热情、自我管理6个方面。该职业能力标准把上述每种能力划分为初级、中级与高级3个层次，并详细描述了每一层次应该达到的能力水平。

5.《核心能力与音乐图书馆馆员》规范简介

美国音乐图书馆协会于2002年4月颁布了《核心能力与音乐图书馆馆员》(简称MLA-C)，从职业意识、训练与教育、参考咨询与研究、馆藏建设、馆藏组织、图书馆管理、信息与音频技术和系统、教学8个方面确立了音乐图书馆馆员能力。其中，职业意识指音乐图书馆馆员在工作中应该具有各种能动性，且积极有效地提供服务；训练与教育强调音乐图书馆馆员的知识积累，包括图书馆与信息科学的硕士教育和相关音乐知识；参考咨询与研究要求音乐图书馆馆员精通任何格式的信息资源内容的获取，能够有效引导和帮助读者以满足其对音乐信息的需求；馆藏建设与馆藏组织要求馆员熟悉各种形式的馆藏需求，及时更新、丰富馆藏并合理组织、开发、利用馆藏资源，确保用户能够获取适当的目录数据或相关资料；图书馆管理包含人力、物资等方面的规划管理以及在组织内外建立合作关系等；信息与音频技术和系统要求馆员熟悉硬件、软件、计算机网络的发展以及系统与媒体的集成，能够推荐、规划、使用与评估相关信息和音频技术与系统的安装，并使用信息和音频技术来提升服务与信息传递；教学要求馆员通过各种适当的方法、利用有效的技术对用户进行培训与引导。

6.《健康科学图书馆馆员职业能力》标准简介

《健康科学图书馆馆员职业能力》(简称 HSL-C)是由美国医学图书馆协会对原来的《终身学习与职业成功能力》修订而成的，它为健康科学图书馆馆员实现职业成功定义了如下 7 种能力：①了解健康科学与卫生保健的环境以及影响这些环境的政策、问题和趋势；②知晓并理解领导力、财务、交流与管理理论和技术的应用；③了解与提供信息服务来满足用户需求相关的原则和实践；④有能力管理各种形式的健康信息资源；⑤了解并使用技术和系统来管理所有形式的信息；⑥了解课程设计和教学，有能力教育他人如何访问、组织和使用信息；⑦了解科学研究方法，有能力从许多相关学科中批判性地检查与筛选研究文献。

(二)美国专业图书馆馆员职业能力标准要素的比较分析

通过对上述 6 个能力标准的内容分析，根据各要素出现的频次及其在各标准文献中受到强调的程度进行统计，可以发现它们主要包含如下 14 个核心要素：职业素养、领导与倡议、评估能力、专业学科知识、信息机构/组织管理、信息资源管理、信息技术管理、计划管理、教学能力、参考咨询与研究、交流能力、信息服务、阅读推广、知识管理。这些要素可被归纳为基础能力、管理能力和服务能力 3 类(见表 2-1)。

表 2-1 **美国专业图书馆馆员职业能力标准要素的比较**

能力要素		SLA-C	FLICC-C	ALA/AASL-S	AALL-C	MLA-C	HSL-C	出现频次
基础能力	职业素养	✓	✓	✓	✓	✓	✓	6
	交流能力	✓	✓		✓			3
	专业学科知识	✓	✓	✓		✓	✓	5
管理能力	领导与倡议	✓	✓	✓	✓	✓	✓	6
	评估能力	✓	✓	✓	✓	✓	✓	6
	信息机构/组织管理	✓	✓	✓		✓	✓	5
	信息资源管理	✓	✓	✓		✓	✓	5
	信息技术管理	✓	✓	✓		✓	✓	5
	计划管理	✓	✓	✓		✓	✓	5
	知识管理		✓					1
服务能力	教学能力	✓	✓	✓		✓	✓	5
	信息服务	✓		✓			✓	3
	参考咨询与研究	✓	✓		✓	✓		4
	阅读推广		✓	✓				2

从表 2-1 可以看出，至少在 3 个或 3 个以上标准中出现的要素是：职业素养、交流能力、专业学科知识、领导与倡议、评估能力、信息机构/组织管理、信息资源管理、信息技术管理、计划管理、教学能力、信息服务、参考咨询与研究，由此说明，专业图书馆特别重视上述能力，尤其是职业素养、领导与倡议、评估能力在 6 个标准中都出现了，更说明其重要性。然而，也有一些要素只出现在一两个标准中，如阅读推广和知识管理，这也体现了个别专业图书馆馆员在能力要求上的独特性。

需要加以重视的是，专业图书馆对知识管理能力的要求可能成为一种趋势。在美国专业图书馆专业人员职业能力标准中，明确对知识管理能力提出详细要求的只有 FLICC-C，但是在美国专业图书馆协会的 SLA-C 从 2003 年到 2016 年的版本更新中可以发现，管理与服务的对象从信息变为了信息与知识，并开始强调图书馆馆员应具备促进知识分享的能力等。因此，知识管理能力将成为专业图书馆馆员职业能力要求的一种趋势。

(三)美国专业图书馆馆员职业能力要素条款的内容分析

对于上面归纳出来的 14 种能力要素，可进一步解析其核心条款内容，以便更深入了解各种职业能力的内涵。

1. 基础能力

美国专业图书馆馆员的基础能力包括职业素养、交流能力、专业学科知识 3 个要素。其中，职业素养是人类在社会活动中需要遵守的行为规范，是职业内在的要求，是一个人在职业过程中表现出来的综合品质，包含职业道德、职业意识、职业行为、职业技能等方面。职业素养条款主要包括：①批判性思维，包括定性与定量推理(SLA-C)；②适应性与灵活性(SLA-C)；③创造力(SLA-C；ALA/AASL-S)；④追求卓越的进取意识与主动态度，努力促进组织目标的实现(MLA-C)；⑤履行职业道德准则，如理解并运用图书馆与信息专业的道德观、价值观和基本原则(FLICC-C)；⑥信誉，具有可靠性(FLICC-C；ALA/AASL-S)；⑦抗压能力(AALL-C)；⑧塑造合乎道德的信息行为，识别与信息处理相关的伦理问题，包括但不限于隐私和保密性、信息安全、知识产权和版权、知识自由(SLA-C)；⑨优秀的学习能力与终身学习意识(SLA-C)；⑩自我管理，展现主动性，履行职责行为(FLICC-C)；⑪注重细节，保持准确的记录，工作无误(AALL-C)；⑫能够识别问题和选择合适的方法来解决问题(FLICC-C)。

交流能力是图书馆馆员与同事、同行、用户等进行有效沟通，从而促进实现组织目标的能力，主要体现在：①进行有效的口头和书面交流，准确传达与解释信息(SLA-C；AALL-C)；②在各种正式和非正式环境下传授知识与能力(SLA-C)；③清楚和简明地表达观点和进行写作(AALL-C)；④在聆听和阅读中准确识别他人的感受、关注细节与潜在的信息(FLICC-C；AALL-C)；⑤具备演讲才能(AALL-C)。

专业学科知识指图书馆馆员掌握的图书馆与信息科学以及相关学科的专业知识。几乎每个专业图书馆馆员职业能力标准都会对专业学科知识有所要求，需要图书馆馆员掌握该图书馆所在专业领域的相关知识，比如音乐图书馆馆员需要具备识谱能力，学校图书馆馆员需要了解学生课程相关知识，这些知识内容的差异性也反映了图书馆的专业性。它主要包括：①具备图书馆与信息科学基础知识，如完成图书馆与信息科学的研究生水平教育(MLA-C)；②了解与特定学科相关的信息学科知识，包括了解和应用特定研究方法、引用指南和系统、特定元数据、书目摘要、分类标准以及传播方法等(FLICC-C；HSL-C)；③熟悉专业学科或具有相关的工作与经历(MLA-C；HSL-C)；④保持专业学科知识的与时俱进(MLA-C)；⑤掌握至少一门外语(FLICC-C；MLA-C)。

2. 管理能力

美国专业图书馆馆员的管理能力包括领导与倡议能力、评估能力、信息机构/组织管理能力、信息资源管理能力、信息技术管理能力、计划管理能力6个要素。其中，领导与倡议能力包含在6个美国专业图书馆馆员职业能力标准中，主要包括：①在图书馆所在机构、环境提供领导，包括了解机构的使命和规划过程以及图书馆在机构中的角色(HSL-C)；②制定倡导图书馆与信息计划、资源和服务的计划(ALA/AASL-S)；③指导员工进行职业发展规划(ALA/AASL-S)；④能够影响、激发与挑战他人(FLICC-C)；⑤能够有理有据地提出想法和观点，并激励和说服他人以实现机构和部门的目标(AALL-C)；⑥愿意承担风险和责任，并尝试新的方法与方案(AALL-C)。

6个美国专业图书馆馆员职业能力标准都强调了评估技能，主要包括：①评估信息资源质量与利用情况(FLICC-C；SLA-C)；②持续评估资料与服务的有效性(MLA-C；AALL-C)；③能够识别组织内外的利益相关者，评估员工与合作伙伴(MLA-C；ALA/AASL-S)；④评估系统与技术(MLA-C；HSL-C)；⑤评估图书馆项目是否能解决社区需求(ALA/AASL-S)；⑥评估关键的内外部利益相关者以及他们对图书馆的影响(FLICC-C；HSL-C)；⑦评估图书馆及其规章制度、方案与程序(FLICC-C)。

信息机构/组织管理能力是图书馆馆员对信息机构或组织进行计划、组织、领导、协调与控制的能力，主要包括：①理解并说明机构或组织的任务、目标、规划、方案与结构(FLICC-C)；②制定战略规划、短期与长期计划(SLA-C；MLA-C)；③制定、评估与修订信息机构规章、指令、流程与政策(FLICC-C；HSL-C)；④编制与管理预算(SLA-C；AALL-C)；⑤理解外部环境与文化及其对机构或组织的影响；⑥雇佣、培训、管理与评估员工(MLA-C)；⑦识别内部与外部的利益相关者；⑧建立和维护与外部相关组织的联盟关系(HSL-C)。

信息资源管理能力指图书馆馆员对信息资源的整个生命周期进行全过程、全方位的管理技能，主要包括：①熟悉信息资源的各种格式，能够管理并传递各种类型的相关资源(SLA-C；HSL-C)；②根据当前图书馆编目分类原则和标准进行信息资源组织(MLA-C；ALA/AASL-S)；③促进资源共享(SLA-C；HSL-C)；④实施合理的馆藏获取与控制(SLA-C；MLA-C)；⑤对信息资源许可或采购价格与条件进行谈判(SLA-C；FLICC-C；HSL-C)；⑥动态地收集信息资源，不断更新馆藏(MLA-C)；⑦识别专家和技能的来源，促进组织内的知识共享(SLA-C)；⑧制定信息资源保存与销毁的政策和程序(SLA-C)；⑨采用适当的方法与技术评估、保存、归档、传播信息资源(FLICC-C；MLA-C)。

上述5个美国专业图书馆馆员职业能力标准强调图书馆馆员应具备信息技术管理能力，主要包括：①关注、评价、选择和应用当今新兴的技术与工具，建立信息存取与传递的解决方案(SLA-C；MLA-C；HSL-C)；②开发与应用数据库、索引、元数据、信息分析与综合技能来改进信息检索与利用(SLA-C)；③利用辅助技术服务各种用户，以提高图书馆产品、服务及程序的可获取性(FLICC-C；MLA-C)；④创建、评估并完善辅助或适配技术(FLICC-C)；⑤评估、选择并使用社交媒体、协作与移动技术(FLICC-C)；⑥熟悉硬件、软件、计算机网络的发展以及系统与媒体的集成(MLA-C；HSL-C)；⑦应用信息安全技术(FLICC-C)；⑧对用户进行技术培训(FLICC-C)。

计划管理能力指图书馆馆员对图书馆资源、设备、人力、业务、资金、公共关系等方面进行规划的能力，主要包括：①具备应用计划或项目管理的知识与技能(FLICC-C)；②进行项目规划、服务规划、设施与空间分配规划(FLICC-C；MLA-C)；③制订、解释、交流、评估与改进图书馆业务计划(FLICC-C；ALA/AASL-S)；④制订和评估图书馆馆藏计划(ALA/AASL-S)；⑤制订人员招聘与培训计划(FLICC-C；HSL-C)；⑥制订财务管理计划，编制预算，进行成本分析和筹资(MLA-C；HSL-C)。

3. 服务能力

美国专业图书馆馆员的服务能力包括教学能力、信息服务能力、参考咨询与研究能力 3 个要素。其中，5 个美国专业图书馆馆员职业能力标准都强调了教学能力，主要包括：①了解课程设计、教学理论与方法(HSL-C)；②教育、培训、开发用户信息素养和相关技能(SLA-C)；③能够使用多种格式与语言的资源(ALA/AASL-S；HSL-C)；④能够使用参与式教学策略，支持终身学习(ALA/AASL-S)；⑤开展个性化教学(FLICC-C)；⑥利用各种策略来推广和示范休闲阅读(ALA/AASL-S)；⑦评估并选择现有的或新兴的教学资料(FLICC-C)；⑧应用新兴教学技术(FLICC-C)。

3 个美国专业图书馆馆员职业能力标准强调了信息服务能力，主要包括：①识别用户的信息与知识需求(SLA-C；ALA/AASL-S)；②支持用户灵活、开放地利用图书馆服务(ALA/AASL-S)；③为用户提供信息阅读、休闲阅读和终身学习阅读所需的各种材料(ALA/AASL-S)；④实施信息服务管理(SLA-C)；⑤优化信息服务以满足组织的业务或战略需要(SLA-C)。

4个美国专业图书馆馆员职业能力标准规定了参考咨询能力，主要包括：①掌握与应用参考咨询与研究的原理、方法与工具(FLICC-C)；②掌握与应用虚拟参考咨询的原理与实践(FLICC-C)；③掌握与应用远程教育、远程服务的原理与实践(FLICC-C)；④创建图书馆参考咨询产品、服务与项目(FLICC-C)；⑤实施和评估虚拟参考咨询服务、远程教育与远程服务(FLICC-C)；⑥评估和选择新兴的参考咨询与研究工具(FLICC-C)；⑦能够检查内部和外部相关群体决策过程中的问题、顾虑、政策和程序的变化(AALL-C)；⑧使用合适的数据分析、文本分析、可视化工具和类似工具来分析信息以挖掘见解和含义(SLA-C)。

4. 小结

通过上述分析，可以得出，美国专业图书馆馆员职业能力可分为基础能力、管理能力与服务能力3类，覆盖职业素养、专业学科知识、交流能力、领导与倡议、评估能力、信息机构/组织管理、信息资源管理、信息技术管理、计划管理、教学能力、信息服务、参考咨询与研究、阅读推广、知识管理14个要素。其中，专业学科知识要求是美国专业图书馆专业人员职业能力的突出特点，知识管理能力可能将成为专业图书馆馆员职业能力要求的一种趋势。美国专业图书馆馆员职业能力标准普遍重视专业图书馆馆员的12种能力，包括职业素养、交流能力、专业学科知识、领导与倡议、评估能力、信息机构/组织管理、信息资源管理、信息技术管理、计划管理、教学能力、信息服务、参考咨询与研究。国内图书馆界可以借鉴和参考这12种职业能力所定义的条款内容来设计我国专业图书馆馆员的职业能力标准，或评估图书馆馆员的工作实践。

三、美国专门图书馆馆员职业能力标准解析

美国专门图书馆馆员职业能力标准指为从事某类(或某门)专业工

作的图书馆馆员设置的职业能力标准，主要包括美国青年图书馆服务协会的《美国青年图书馆服务协会(YALSA)图书馆馆员能力》(后简称为YALSA-C)、儿童图书馆服务协会的《公共图书馆儿童图书馆馆员能力》(后简称为ALSC-C)、美国咨询与用户服务协会的《参考咨询与用户服务图书馆馆员职业能力》(后简称为RUSA-C)、美国大学与研究图书馆协会的《教学图书馆馆员与协调员能力标准》(后简称为ACRL-T)与《特色馆藏专业人员能力指南》(后简称为ACRL-S)、美国图书馆协会地图与地理圆桌教育委员会的《地图、地理信息系统与编目/元数据图书馆馆员核心能力》(后分别简称为MAGERT-M、MAGERT-G、MAGERT-C)等①。

(一)美国专门图书馆馆员职业能力标准简介

《美国青年图书馆服务协会图书馆馆员能力》(YALSA-C)标准是由美国青年图书馆服务协会于1981年颁布并实施，先后在1998年、2003年、2010年进行了修订。它是美国最早的图书馆馆员职业能力标准，可以用来作为评估和改进服务的工具，也可作为图书馆学校教学课程的基础和员工培训的框架，以及作为开展图书馆青年服务的指导原则。该标准要求图书馆馆员在领导能力与职业素养、客户群体知识、交流和营销推广、管理、资料知识、信息获取、服务7个领域具备相关知识或技能。

《公共图书馆儿童图书馆馆员能力》(ALSC-C)是由美国儿童图书馆服务协会于1989年颁布，后经1999年、2009年、2015年的多次修订，要求儿童图书馆馆员应具备对客户群体的承诺、咨询与用户服务、规划、资料管理、推广与倡导、管理、职业化与职业发展7个方面的知识与技能。

---

① 盛小平，陶倩．美国7个图书馆馆员职业能力标准的比较分析[J]．图书情报工作，2016，60(24)：14-19.

《参考咨询与用户服务图书馆馆员职业能力》(RUSA-C)是由美国咨询与用户服务协会于2003年1月26日颁布的。该标准规定了咨询和用户服务图书馆馆员在存取、知识基础、营销/意识/通知、合作、资源与服务评估5个方面的能力要求。

《教学图书馆馆员与协调员能力标准》(ACRL-T)是由美国大学与研究图书馆协会于2007年6月24日颁布的，旨在帮助教学图书馆馆员确定和获得成为图书馆教学计划中的优秀教师所需的技能，并促进必要的合作以创建和提高信息素养计划。该标准为教学图书馆馆员定义了管理、评估、沟通、课程知识、信息素养整合、教学设计、领导、规划、演讲、宣传、学科、教学12方面的技能，也为教学协调员定义了管理、评估、课程知识、信息素养整合、教学设计、领导、规划、演讲、宣传9方面的技能。

《特色馆藏专业人员能力指南》(后简称为ACRL-S)是由美国大学与研究图书馆协会于2008年7月1日颁布的，旨在定义特色馆藏专业人员职业、培育特色馆藏专业人员之间的社会团体意识和共同认识，并帮助其他人理解特色馆藏专业人员的工作，要求特色馆藏专业人员具备以下两类能力：①基础能力，如了解特色馆藏资料的基本历史、理论与专业实践；熟悉特色馆藏专业人员标准、道德、准则、趋势与正在使用的最佳实践；致力于终身学习；了解馆藏建设的理论与实践；了解馆藏的安全与保存条件等。②专业能力，如拥有馆藏建设能力、信息技术能力、管理与监督能力、保存与保护能力、加工与编目能力、宣传与推广能力、公共服务能力、教学与研究能力。

《地图、地理信息系统与编目/元数据图书馆馆员核心能力》(MAGERT-C)是由ALA地图与地理圆桌教育委员会于2008年颁布的，可细分为地图图书馆馆员核心能力、地理信息系统图书馆馆员核心能力和地图编目图书馆馆员核心能力3个子标准，要求地图图书馆馆员精通地图资源、地理信息系统图书馆馆员掌握扎实的空间信息与数据库理论知识且富有觉察力与想象力、地图编目图书馆馆员负责创建与维护馆藏资源及其利用，且各自需要具备组织管理能力、资源管理能力、信息服务能力、技术应用能力。

《电子资源图书馆馆员核心能力》(后简称为 NASIG-C)是由北美连续出版物兴趣组执行委员会于 2013 年 7 月 22 日批准和采用的，2016 年 1 月 26 日公布了修订版本，该标准为电子资源图书馆馆员定义了电子资源生命周期管理、技术、研究与评估、交流、监督和管理、趋势和职业发展、个人品质 7 种核心能力。

(二)美国专门图书馆馆员能力标准适用对象比较分析

上述 7 个标准分别规定了其适用对象(见表 2-2)。YALSA-C 的适用对象包括：图书馆教育者、学校和图书馆管理者、研究生、青年专家、学校图书馆馆员、图书馆培训协调员、公共图书馆熟知者、人力资源总监、非图书馆青年倡导者和服务提供者。ALSC-C 适用于所有儿童图书馆馆员和负责向 0~14 岁儿童传递公共图书馆服务和倡导图书馆服务的其他图书馆馆员。RUSA-C 适用于在图书馆和信息中心提供参考咨询与用户服务的图书馆馆员。ACRL-T 适用于高校教学图书馆馆员、教学协调员、教学服务管理者和协调者。ACRL-S 适用于那些计划从事特殊馆藏和档案馆以及图书馆职业的人员、现有的职业成员、开发 LIS 课程的教育者、撰写或审查职位描述并做出招聘决定的图书馆管理者。MAGERT-C 适用于地图图书馆馆员、地理信息系统图书馆馆员、地图编目图书馆馆员。NASIG-C 适用于在各种信息组织内从事电子资源工作的图书馆馆员。若把上述能力标准的适用对象范围按照图书馆界和非图书馆界来划分，其用户主要归属图书馆界。其中，YALSA-C 适用对象范围最广，既包含不同类型图书馆的图书馆馆员，也包含来自非图书馆界的诸多参与者；ALSC-C 和 MAGERT-C 适用对象都十分单一，仅仅分别属于公共图书馆馆员和特殊类型图书馆馆员领域。

表 2-2　　　　**7 个专门能力标准适用对象的比较**

图书馆馆员能力名称代码	适用对象范围											
	图书馆界(或信息中心)					非图书馆界						
	公共图书馆馆员	高校图书馆员	专业图书馆员	特殊类型图书馆馆员	信息中心员工	教师	学生	青年	学校管理者	档案馆员	服务提供者	服务协调者
YALSA-C	✓	✓	✓			✓	✓	✓	✓	✓	✓	
ALSC-C	✓											
RUSA-C	✓	✓	✓		✓							
ACRL-T		✓							✓			✓
ACRL-S	✓	✓	✓	✓		✓	✓					
MAGERT-C				✓								
NASIG-C	✓	✓	✓	✓	✓							

(三)美国专门图书馆馆员能力标准的能力要素分析

依据上述 7 个能力标准文本，对各自界定的能力条款进行内容分析，并摘录相应的能力要素，发现它们主要包含如下 18 个核心要素：组织管理、馆藏资源管理、营销与推广、交流技能、领导与规划、用户服务、职业素养、评估技能、信息技术、合作技能、教学技能、研究技能、客户知识、知识基础、职业发展、学科技能、课程知识、演讲技能(见表 2-3)。其中，前 8 个要素至少同时出现在 4 个或 4 个以上的能力标准中，由此说明这些能力要素在专门的美国图书馆馆员职业能力标准中具有一定的“普遍性”。换句话说，大多数标准都强调前 8 种能力；后 6 个要素仅仅出现在某一个或某两个标准中，由此反映出该能力的“独特性”与“专门性”。

表 2-3　　　　　　　　**7 个专门能力标准要素的比较**

能力代码 / 能力要素	YALSA-C	ALSC-C	RUSA-C	ACRL-T	ACRL-S	MAGERT-C	NASIG-C	出现频次
组织管理	✓	✓		✓	✓	✓	✓	6
馆藏资源管理	✓	✓	✓		✓	✓	✓	6
营销与推广	✓	✓	✓	✓	✓	✓		6
交流技能	✓	✓	✓	✓	✓		✓	6
领导与规划	✓	✓		✓	✓	✓		5
用户服务	✓	✓	✓		✓	✓		5
职业素养	✓	✓		✓	✓			4
评估技能			✓	✓	✓		✓	4
信息技术					✓	✓	✓	3
合作技能			✓		✓		✓	3
教学技能				✓	✓	✓		3
研究技能					✓	✓	✓	3
客户知识	✓	✓						2
知识基础			✓		✓			2
职业发展		✓					✓	2
学科技能				✓				1
课程知识				✓				1
演讲技能				✓				1
合计	8	9	7	10	13	8	8	

四、美国图书馆馆员职业能力要素汇总

把美国各类型图书馆馆员职业能力标准要素汇总，并按频次排列，可得到表 2-4。该表显示美国图书馆馆员职业能力要素主要有 16 个，其中包括 5 个基础能力，即职业素养、交流能力、专业学科知识、合作技能、学习能力；6 个管理能力，即信息机构/组织管理、领导与倡议、信

表 2-4　　美国图书馆馆员职业能力要素频次表

标准要素	能力标准简称	ALA-C	SLA-C	FLICC-C	ALA/AASL-S	AALL-C	MLA-C	HSL-C	YALSA-C	ALSC-C	RUSA-C	ACRL-T	ACRL-S	MAGERT			出现频次
														MAGERT-M	MAGERT-G	MAGERT-C	
基础能力	职业素养	✓	✓	✓	✓	✓	✓	✓	✓	✓	✓	✓	✓				12
	交流能力		✓	✓		✓			✓	✓	✓	✓	✓				8
	专业学科知识		✓	✓	✓		✓	✓				✓					6
	合作技能										✓		✓				2
	学习能力	✓															1
管理能力	信息机构/组织管理	✓	✓	✓	✓		✓	✓	✓	✓		✓	✓	✓	✓	✓	13
	领导与倡议		✓	✓	✓	✓	✓	✓	✓	✓		✓	✓	✓	✓		12
	信息资源管理	✓	✓	✓	✓		✓	✓	✓	✓	✓		✓	✓	✓	✓	13
	计划管理		✓	✓	✓		✓	✓	✓	✓		✓	✓	✓	✓		11
	评估能力		✓	✓	✓	✓	✓	✓			✓	✓	✓				9
	知识管理		✓	✓													2
服务能力	信息服务	✓	✓		✓			✓	✓	✓	✓		✓	✓	✓	✓	11
	教学能力		✓	✓	✓		✓	✓				✓	✓	✓	✓		9
	营销与推广			✓	✓				✓	✓	✓	✓	✓	✓	✓		9
	参考咨询与研究	✓	✓	✓		✓	✓						✓		✓		7
技术能力	信息技术	✓	✓	✓	✓		✓	✓					✓	✓	✓	✓	10

息资源管理、计划管理、评估能力、知识管理；4个服务能力，即信息服务、教学培训能力、营销与推广、参考咨询与研究；还有1项信息技术能力。各要素包含的主要内容分别如下：

职业素养主要包括：①追求卓越的意识，努力实现组织目标；②做好职业发展计划，并带头参与职业发展与领导机会；③理解并运用图书馆与信息专业的道德观、价值观以及基本原则；④积极挑战，珍惜机会；⑤具有很高的职业和个人标准；⑥诚信；⑦待人公平和尊重；⑧倡导知识自由与隐私，促进并示范数字公民权利与责任；⑨责任感；⑩积极主动；⑪抗压能力；⑫自信，等等。

交流能力主要包括：①向管理者与用户宣传图书馆政策与服务；②拥有很好的口头与书面表达能力；③能够与儿童或成人群体有效交流；④在聆听和阅读中准确理解他人观点；⑤具备演讲才能；⑥掌握多种交流技巧与方式；⑦建立常规的沟通和见面机会，等等。

专业学科知识主要包括：①信息科学基本知识，如学科特定研究方法、学科特定元数据、书目摘要、分类标准、针对特定受众的专业资源和传播方法等；②达到图书馆与信息科学的研究生水平教育；③了解如何获取信息；④能够促进各类信息的利用；⑤具有与专业相关的工作经历；⑥及时更新专业学科知识；⑦外语能力，等等。

合作技能主要包括：①与同行合作以实现组织目标；②与其他图书馆合作以促进资源共享；③促进合作关系的正常运转；④积极与各方建立良好的合作关系；⑤尊重多元化的观点与立场；⑥积极促进团队建设，等等。

学习能力主要包括：①保持知识的与时俱进；②终身学习意识；③积极参与继续教育，珍惜继续教育和其他改进技能与知识的机会，等等。

信息机构/组织管理能力主要包括：①评估和交流信息组织的价值，包括信息服务与产品、高层管理政策、主要利益相关者和客户团体；②创建、评价或修改图书馆与职能区域政策及规程；③把信息组织与上级组织战略目标或关键用户团体联系起来；④综合各种信息和分析数据以做出明智的决定；⑤建立图书馆项目；⑥雇佣、培训、管理与评估员工，等等。

领导与倡议能力主要包括：①在图书馆项目中担任领导工作；②在图书馆作为信息提供者的组织中担任领导工作；③领导职业规划，建立和领导有效的信息服务团队，支持该信息组织内员工的专业与个人发展；④对与信息应用、工具和技术以及组织政策有关的高层管理战略和决议做贡献；⑤参与与组织任务、战略目标一致的政策与规章的制订等；⑥在图书馆内外倡议与组织任务、战略目标一致的价值观与道德观念；⑦在领导关系中能够做到信守许诺，尊敬承诺，承担错误责任，等等。

信息资源管理能力主要包括：①管理信息的整个生命周期，从它的创建、获取到消失，包括组织、分类、编目、传播，建立和管理分类体系、内部网与外部网内容、主题词表等；②熟悉信息资源的选择、获取、控制、评价与过滤；③熟悉信息资源的各种格式；④及时更新馆藏；⑤控制内部与外部对信息资源的访问权限；⑥协商所需信息产品和服务的采购与许可，数据馆藏、管理、策展及获取的标准以及图书馆电子资源与数字馆藏的管理访问许可或协议；⑦使用专业工具管理馆藏；⑧熟悉各种馆藏的保存、维护方法及其原理；⑨促进信息资源的获取与利用；⑩积极参与信息资源管理政策的评价、修订与执行，等等。

计划管理能力主要包括：①公共关系规划，能够识别学校社区内外那些影响学校图书馆计划的利益相关者，制订倡导学校图书馆与信息计划、资源和服务的计划，在组织内外寻找有助于实现任务与目标的合作伙伴，影响、激励和说服他人以实现机构和部门的目标；②评估和交流信息组织的价值，包括信息服务与产品、高层管理政策、主要利益相关者和客户团体，进行项目规划与服务规划；③人力规划，在信任与尊重的氛围中雇佣、培训、管理与评估员工，通过提供继续教育和其他改进技能与知识的机会确保员工能够持续接受培训；④业务规划，交流图书馆计划提高学校改进工作的方法；⑤政策及规程规划，等等。

评估能力主要包括：①评估馆藏与信息资源的质量与利用；②持续评估资料与服务的有效性；③评估员工与合作者；④评估系统与技术；⑤评估图书馆项目是否能解决社区需求；⑥评估并描述关键的内外部利益相关者以及他们对图书馆的影响；⑦评估图书馆和规章制度、方案程序；⑧评估教育培训产品、服务与程序，等等。

知识管理能力主要包括：①评估、选择、建立或修改知识管理方法与技术；②创建、评价或修改协作工具与知识分享方法；③从员工、客户、组织以及更大的联邦环境的角度说明组织文化；④创建、评价并修改知识共享技术；⑤创建、评估并修改知识管理最佳实践；⑥评估、调试叙事与面谈技术；⑦创建、修改并调试知识(概念)地图；⑧创建或调试人机对话技术，等等。

信息服务能力主要包括：①开发和维护有成本效益、尊重客户的信息服务；②准确判断用户信息需求；③开发和应用适当的标准来持续评价信息提供的质量与价值；④注重发掘潜在用户信息需求；⑤持续改进信息源和服务；⑥对用户可利用的资料、服务与信息提供指南；⑦支持灵活、开放地利用图书馆服务；⑧促进印本、非印本和数字格式信息的获取；⑨示范和交流相关的职业法律与伦理准则，等等。

教学培训能力主要包括：①了解教学理论与方法；②设计教学方案；③规划教学内容，开发教学课程；④使用多种教学方法；⑤完善教学方法；⑥开展个性化教学；⑦应用新兴教学技术；⑧营造良好的教学环境或氛围；⑨与其他教学人员分享教学技能与知识；⑩培训用户信息素养和相关技能；⑪开展讲座；⑫评估教学效果，等等。

营销与推广能力主要包括：①利用各种策略来推销终身阅读的习惯；②与学生、教师、管理者、社区成员进行沟通合作，建立图书馆项目，将资源、服务、标准与组织任务联结起来；③针对客户特性及人群选择营销策略；④使用印本和数字格式的高品质文献来推销阅读，等等。

参考咨询与研究能力主要包括：①掌握多种信息分析的原则与方法、技术与资源能够满足用户的参考咨询与研究需求；②精通任何格式的信息资源内容、精通信息获取、建立并使用对每位用户都合适的信息传递系统；③时常评估信息资源质量、创建索引、目录、查找帮助、手册、展览与书目(印刷版或电子版)；④在资源有限的情况下提供精准的答案；⑤鼓励咨询并及时反馈；⑥能够创建、评估、修改或调试研究成果，等等。

信息技术能力主要包括：①对新兴信息工具进行评价、选择与应用；②应用数据库、索引、元数据、信息分析与合成的技能来改进所在组织的信息检索与利用；③利用辅助技术增加图书馆产品、服务及程序的可获取性；④对用户进行技术培训；⑤熟悉硬件、软件、计算机网络的发展以及系统与媒体的集成；⑥保护客户的信息隐私，关注并响应隐私的新挑战；⑦对信息安全的策略与事件加以运用；⑧通过数字资源与工具的使用来定位、分析、评估与利用信息资源，从而支持数字社会中的研究、学习、创造与交流；⑨利用相关技术实施内容管理，为图书馆产品、服务与程序，评估、选择并实施社会媒体、协作与移动技术；⑩关注当前的新兴技术与技术问题。

第三节　我国图书馆馆员职业能力要素的提出

基于上节归纳出来的美国图书馆馆员职业能力要素，并考虑到图书馆的运作离不开资金与设备的支持，因此，图书馆馆员必须拥有必要的资金管理能力和设备管理能力。综上所述，这里把我国图书馆馆员职业能力要素初步归纳为如下 13 个方面①。

(1)职业素养。图书馆馆员职业素养是图书馆馆员从事本职业工作所

---

①　刘泳洁，陶倩．我国图书馆馆员职业能力要素的实证分析[J]．图书情报工作，2017，61(14)：6-14.

需的基本品质与特性，也是图书馆馆员的一种基本职业能力。它往往要求图书馆馆员具有图书馆职业道德，知晓图书馆使命和任务，能够信守承诺，能够进行职业规划，拥有图书馆学与信息科学专业知识，了解专业馆藏涉及的学科知识，掌握一门外语，思维敏捷，具有主动性、适应性、灵活性、创造力、责任感，工作热情，追求卓越，尊重多样性，自信，能进行自我管理，能进行有效的时间管理，拥有学士以上学位等。

(2)组织管理能力。组织管理能力往往要求图书馆馆员能够规划图书馆发展目标，进行图书馆组织结构设计，进行人力资源管理，领导图书馆业务，组织并优化业务流程，协调图书馆业务，控制图书馆任务进展，对图书馆进行全面评估等。

(3)馆藏管理能力。馆藏管理能力指图书馆馆员进行馆藏资源开发、组织、保存、维护与利用的能力。它往往要求图书馆馆员能够掌握必备的馆藏管理知识与技能，能够胜任馆藏采购(获取)、馆藏组织(分类、著录标引等)、馆藏维护、馆藏评估、馆藏更新、馆藏剔旧、馆藏数字化等工作。

(4)资金管理能力。资金管理能力指图书馆馆员筹措、分配与运用资金以支持图书馆各项业务正常运行的能力。它往往要求图书馆馆员能够进行图书馆预算，进行成本收益分析，合理配置资金，通过多种渠道进行融资，监督财务状况，进行财务风险控制等。

(5)设备管理能力。设备管理能力指图书馆馆员选购、操作、维护与维修、更新图书馆相关设备设施的能力。它往往要求图书馆馆员拥有规划设备配置、购置设备、排查设备故障、维护与维修设备、更新设备等能力。

(6)知识管理能力。知识管理能力指图书馆馆员对知识进行有效管理以实现组织或个人目标的能力，也是现代图书馆的核心能力，主要包括知识获取能力、知识组织能力、知识共享能力、知识保护能力、知识应用能力和知识创新能力。

(7)交流能力。交流能力指图书馆馆员与用户、同事、部门机构或行业组织进行有效沟通或交流的能力。它往往要求图书馆馆员能够聆听他人建议，准确进行口头表达，准确进行书面表达，能够阅读专业文献，能够进行专业论文写作，能够进行有效的交流，能够应用多种交流技巧，能够参加专业组织，能够参与学术交流等。

(8)学习能力。学习能力指图书馆馆员学习新知识、提高个人知识与技能的能力。它往往要求图书馆馆员能够进行自主学习，能够及时更新知识，能够应用好的学习方法，具备好的学习效率，具有终身学习意识，能够进行辩证思维，能够进行创新思维，能够进行学习规划，具备坚强的学习意志，具备学习动力，具备好奇心等。

(9)合作能力。合作能力指图书馆馆员积极参与团队或集体活动、与人合作完成工作或研究任务的能力。它往往要求图书馆馆员具备团队意识，积极参与项目团队，为团队献计献策，进行有效谈判促成合作，在合作中解决冲突，积极承担团队责任，进行有效讨论，尊重团队成员，鼓励他人提出多样化观点，客观评价他人观点，分析团队各要素关联，推动团队任务进展等。

(10)文献服务能力。文献服务能力指图书馆馆员利用文献为用户开展各项服务的能力。它往往要求图书馆馆员能够胜任文献借阅、文献答疑、阅读推广、文献复制、文献翻译、文献传递、文献检索等工作。

(11)信息服务能力。信息服务能力指图书馆馆员为满足用户信息需求、帮助用户解决信息开发与使用过程中相关问题的能力。它往往要求图书馆馆员能够发现用户需求，分析用户需求，解决用户问题，进行信息分析，提供信息共享，开展参考咨询，进行科学研究，开展专业教学，提供用户培训，进行服务营销，开展学科知识服务，提供战略决策支持等。

(12)教学培训能力。教学培训能力指图书馆馆员为用户提供专业教育或职业培训的能力。它往往要求图书馆馆员能够进行教学培训规划，进行教学培训评估，运用教学技巧，进行教学互动，反馈教学培训效果，实施时间控制，实施现场控制等。

(13)信息技术能力。信息技术能力是指图书馆馆员掌握各种信息技术知识，并运用相关信息技术设备设施来完成工作任务或解决问题的能力。它往往要求图书馆馆员能够熟悉计算机硬件与软件、通信技术、数字化技术、多媒体技术、移动技术、辅助技术、信息安全技术、自动化技术、存储技术、图书保护与修复技术等。

第四节　我国图书馆馆员职业能力要素的实证研究

以上述13类能力(即图书馆馆员职业能力一级要素)作为调查问题，同时以各能力的具体要求作为答题选项(即图书馆馆员职业能力二级要素)，我们设计了“我国图书馆馆员职业能力调查问卷”(参见附录1)。例如，对应于调查问题——“您认为图书馆馆员知识管理能力应该包括哪些内容?”可供选择的答案是“知识获取、知识共享、知识转化、知识保护、知识应用、知识创新”。依此类推，整个问卷主要由13个问题、114个答题选项组成。在2016年12月11日至2017年1月8日期间，以图书馆从业人员和图书馆用户为调查对象，发放了150份纸质调查问卷，同时利用问卷星做了网上调查，删除无效答卷后共得到196份有效答卷。

这里利用SPSS23.0对答卷数据进行因子分析。SPSS统计数据显示，114个图书馆馆员职业能力题项的Pearson值都在0.4以上，即说明全部题项满足效度检验要求。同时，该问卷的总量表克隆巴赫α系数为0.980，各题项已删除的克隆巴赫α均不大于0.980，且各题项“校正的题项总计相关性”都大于0.4，即说明各题项与其余题项的相关为中高度关系，全部题项满足信度检验要求。

一、因子分析

所有题项变量所呈现的KMO指标值为0.866(见表2-5)，大于0.80的要求，表示题项变量间存在共同因素，适合进行因子分析。

表 2-5　**KMO 和巴特利特检验**

KMO 取样适切性量数		0.866
巴特利特球形度检验	近似卡方	21554.195
	自由度	6441
	显著性	0.000

采用主成分分析法来萃取因子，首次选用“特征值大于 1”的方法进行因子分析，得到 21 个因子，其中有 5 个因子所包含的成分(即题项)都少于 3 个，因此不适合用此方法。于是，把因子数目首先设定为 16，进行因子聚类后发现，16 个因子包含的成分比较杂乱，无法用统一的名称对每个因子进行准确命名。随后，继续分别设定因子数目为 15、14、13，再分别进行因子分析，最后发现只有在设定 13 个因子数目后，因子分析后得到的因子旋转成分矩阵才比较合理，其聚类后累积总方差解释量为 66.066%(见表 2-6)，大于 50%，符合要求。

表 2-6　**解释总方差**

成分	初始特征值			提取载荷平方和			旋转载荷平方和		
	总计	方差百分比	累积%	总计	方差百分比	累积%	总计	方差百分比	累积%
1	36.355	31.890	31.890	36.355	31.890	31.890	7.775	6.820	6.820
2	7.161	6.281	38.172	7.161	6.281	38.172	7.726	6.778	13.598
3	5.062	4.440	42.612	5.062	4.440	42.612	6.937	6.085	19.683
4	4.304	3.775	46.387	4.304	3.775	46.387	6.920	6.070	25.753
5	3.542	3.107	49.494	3.542	3.107	49.494	6.489	5.692	31.445
6	3.263	2.862	52.356	3.263	2.862	52.356	6.006	5.268	36.713
7	2.629	2.306	54.663	2.629	2.306	54.663	5.964	5.231	41.944
8	2.542	2.230	56.893	2.542	2.230	56.893	5.657	4.962	46.906
9	2.386	2.093	58.986	2.386	2.093	58.986	5.022	4.405	51.311

续表

成分	初始特征值			提取载荷平方和			旋转载荷平方和		
	总计	方差百分比	累积%	总计	方差百分比	累积%	总计	方差百分比	累积%
10	2.215	1.943	60.929	2.215	1.943	60.929	4.733	4.152	55.463
11	2.094	1.837	62.766	2.094	1.837	62.766	4.233	3.713	59.176
12	2.015	1.767	64.534	2.015	1.767	64.534	4.131	3.624	62.799
13	1.747	1.533	66.066	1.747	1.533	66.066	3.724	3.267	66.066
14	1.532	1.344	67.410						
15	1.476	1.294	68.704						
16	1.348	1.182	69.887						
17	1.318	1.156	71.043						
18	1.275	1.118	72.161						
19	1.274	1.117	73.278						
20	1.149	1.008	74.286						
21	1.104	0.968	75.254						
22	1.055	0.925	76.180						
23	1.038	0.911	77.090						
24	0.983	0.862	77.953						
……	……	……	……						
114	0.017	0.015	100.000						

采用主成分分析法与凯撒正态化最大方差法，得到 13 个因子的旋转成分矩阵(见表 2-7)。因子 1 包含 c1-c11 共 11 个题项，如能够进行自主学习、能够及时更新知识、能够应用好的学习方法、具备好的学习效率、具有终身学习意识等，这些题项分别代表了图书馆馆员的学习能力，因此，该因子可命名为“学习能力”。因子 2 包含 m1-m11 共 11 个题项，如熟练计算机硬件、熟练计算机软件、熟练通信技术、熟练数字化技术、熟练多媒体技术、熟练移动技术等，这些题项分别代表了图书

表 2-7　　**旋转成分矩阵**[a]

	成分												
	学习能力	信息技术能力	财产管理能力	合作能力	职业素养	组织管理能力	自我管理能力	信息服务能力	馆藏管理能力	知识管理能力	教学培训能力	学术交流能力	用户服务能力
c5	**0. 695**	0. 129	0. 000	0. 228	0. 292	0. 125	0. 159	−0. 043	0. 113	0. 096	0. 180	0. 161	0. 070
c8	**0. 690**	0. 081	0. 049	0. 245	0. 168	0. 037	0. 245	0. 063	0. 075	−0. 007	0. 163	0. 185	0. 171
c6	**0. 678**	0. 101	0. 034	0. 110	0. 127	0. 022	0. 252	0. 179	0. 081	0. 169	0. 041	0. 267	0. 058
c10	**0. 677**	0. 057	0. 103	0. 269	0. 024	0. 085	0. 247	0. 073	0. 116	0. 178	0. 033	0. 059	0. 051
c4	**0. 659**	0. 143	0. 088	0. 210	0. 090	−0. 005	0. 178	0. 147	0. 058	0. 208	0. 162	0. 158	0. 133
c11	**0. 634**	0. 046	0. 168	0. 078	−0. 016	0. 069	0. 172	0. 229	0. 071	0. 041	0. 103	−0. 080	−0. 081
c7	**0. 610**	0. 074	0. 101	0. 190	0. 078	0. 109	0. 301	0. 054	0. 053	0. 145	0. 124	0. 227	0. 165
c9	**0. 593**	0. 067	0. 104	0. 304	0. 043	0. 063	0. 281	0. 207	0. 078	0. 094	0. 061	0. 114	0. 053
c1	**0. 578**	0. 123	0. 050	0. 151	0. 375	−0. 007	0. 097	−0. 037	0. 008	0. 102	0. 140	0. 151	0. 222
c2	**0. 571**	0. 192	0. 023	0. 172	0. 420	0. 099	0. 015	0. 004	0. 002	0. 037	0. 081	0. 083	0. 251
c3	**0. 544**	0. 090	−0. 005	0. 368	0. 234	0. 070	0. 127	0. 111	−0. 055	0. 155	0. 212	0. 177	0. 225
m4	0. 175	**0. 740**	0. 095	0. 138	0. 090	0. 129	0. 051	−0. 053	0. 115	0. 009	0. 078	0. 130	0. 117
m5	0. 180	**0. 733**	0. 035	0. 202	0. 074	0. 103	0. 040	−0. 011	0. 090	0. 094	0. 111	0. 033	0. 142
m6	0. 177	**0. 724**	0. 035	0. 057	0. 130	0. 156	0. 058	0. 052	0. 077	0. 127	0. 226	0. 077	−0. 106
m3	0. 066	**0. 724**	0. 199	0. 091	−0. 092	0. 040	0. 145	0. 078	0. 100	−0. 017	−0. 060	0. 104	0. 236
m2	0. 067	**0. 713**	0. 037	0. 115	−0. 042	0. 016	0. 142	0. 057	0. 257	0. 085	−0. 082	0. 176	0. 175
m10	0. 115	**0. 689**	0. 112	0. 093	0. 231	−0. 074	0. 034	0. 248	0. 216	0. 045	0. 147	−0. 067	−0. 043

续表

	成分												
	学习能力	信息技术能力	财产管理能力	合作能力	职业素养	组织管理能力	自我管理能力	信息服务能力	馆藏管理能力	知识管理能力	教学培训能力	学术交流能力	用户服务能力
m8	0.124	**0.689**	0.182	0.149	0.167	−0.012	0.019	0.296	0.080	0.132	0.135	−0.111	−0.071
m7	0.069	**0.659**	0.163	0.162	0.100	0.183	0.056	0.150	0.062	0.246	0.187	0.087	−0.100
m9	0.064	**0.645**	0.162	−0.063	0.184	0.098	0.072	0.286	0.032	0.082	0.061	0.033	0.013
m1	−0.066	**0.627**	0.202	0.086	−0.112	0.106	0.065	0.175	0.032	0.021	−0.175	0.175	0.216
m11	0.082	**0.492**	0.205	−0.001	0.044	0.014	0.128	0.064	0.329	0.102	0.067	−0.069	0.331
j6	0.102	0.088	**0.784**	0.084	0.001	0.219	0.091	0.081	0.052	0.128	0.119	0.069	−0.048
j5	0.129	0.138	**0.782**	0.151	0.036	0.149	0.015	0.179	0.055	0.147	0.027	−0.016	−0.025
j1	0.108	0.105	**0.736**	0.193	0.085	0.180	0.110	0.132	0.201	0.053	0.026	0.072	0.104
j2	0.120	0.062	**0.714**	0.165	0.080	0.184	0.111	0.052	0.062	0.075	0.166	0.185	−0.065
j3	0.169	0.101	**0.696**	0.069	0.095	0.179	0.127	0.063	0.213	0.059	0.040	0.090	0.092
j4	0.116	0.119	**0.645**	0.012	0.052	0.121	0.129	0.250	−0.121	0.200	0.240	0.072	−0.162
k2	−0.032	0.221	**0.628**	0.058	0.103	0.354	0.015	0.009	0.183	0.099	0.065	0.030	0.029
k1	0.056	0.211	**0.584**	0.048	0.176	0.415	−0.094	0.017	0.162	0.112	0.028	−0.037	0.074
k3	−0.101	0.413	**0.563**	0.123	0.041	0.205	0.007	0.011	0.106	0.181	0.033	−0.034	0.125
k5	−0.066	0.474	**0.523**	0.155	0.186	0.107	0.103	−0.071	0.117	0.055	0.200	−0.018	0.149
k4	−0.087	0.461	**0.491**	0.310	0.133	−0.007	0.084	−0.080	0.118	−0.012	0.063	0.057	0.234
d2	0.247	0.119	0.183	**0.665**	0.004	0.224	0.048	0.045	−0.004	−0.030	0.160	0.215	0.068

续表

	成分												
	学习能力	信息技术能力	财产管理能力	合作能力	职业素养	组织管理能力	自我管理能力	信息服务能力	馆藏管理能力	知识管理能力	教学培训能力	学术交流能力	用户服务能力
d4	0.245	0.127	0.156	**0.652**	0.023	0.068	0.184	0.263	0.078	0.171	0.117	0.123	0.010
d3	0.149	0.217	0.092	**0.648**	0.237	0.159	0.095	0.052	−0.041	0.084	0.248	0.183	0.114
d8	0.208	0.170	0.078	**0.647**	0.200	0.150	0.108	0.041	0.152	0.304	0.068	−0.073	0.158
d11	0.077	0.102	0.161	**0.617**	0.080	0.161	0.369	0.180	0.025	0.149	0.195	0.188	0.072
d1	0.271	0.075	0.081	**0.603**	0.199	0.161	0.014	0.056	0.126	−0.029	0.004	0.003	0.213
d12	0.235	0.185	0.255	**0.592**	0.160	0.150	0.210	0.080	0.034	0.057	0.207	0.073	0.087
d10	0.227	0.132	0.134	**0.581**	0.196	0.122	0.080	0.119	0.196	0.264	0.051	−0.035	0.015
d9	0.162	0.146	0.050	**0.577**	0.277	0.210	0.075	0.047	0.048	0.276	0.090	0.069	0.103
d5	0.286	0.142	0.130	**0.564**	0.189	0.062	0.175	0.257	0.023	0.094	0.161	0.075	0.015
d7	0.383	0.060	0.143	**0.508**	0.269	0.089	0.222	0.202	0.247	0.108	0.057	−0.049	0.024
d6	0.373	0.209	0.152	**0.421**	0.188	0.156	0.163	0.261	0.212	0.191	0.126	−0.074	−0.112
a1	0.074	0.096	0.144	0.011	**0.735**	−0.015	0.154	−0.046	0.046	0.170	0.126	0.008	0.112
a2	0.115	0.129	0.086	0.075	**0.675**	0.085	0.281	−0.086	0.120	0.182	0.162	0.093	0.007
a3	−0.032	−0.011	0.147	0.242	**0.637**	0.098	0.273	0.051	0.101	0.096	0.127	0.016	0.127
a5	0.232	0.046	−0.034	0.149	**0.594**	0.286	0.029	0.111	−0.017	0.075	−0.078	0.136	0.116
b2	0.238	0.053	0.240	0.223	**0.592**	0.135	0.081	0.142	0.127	0.027	0.012	0.173	0.059
a6	0.292	0.173	−0.078	0.118	**0.564**	0.129	0.103	0.169	0.006	0.001	0.016	0.073	0.108

续表

	成分												
	学习能力	信息技术能力	财产管理能力	合作能力	职业素养	组织管理能力	自我管理能力	信息服务能力	馆藏管理能力	知识管理能力	教学培训能力	学术交流能力	用户服务能力
a13	0.108	0.184	0.107	0.173	**0.543**	−0.027	0.395	−0.128	0.215	−0.025	−0.039	0.049	0.212
b1	0.158	0.005	0.169	0.345	**0.533**	0.023	0.089	0.046	0.192	0.103	−0.023	0.212	0.110
a14	0.001	0.157	0.032	0.183	**0.500**	−0.076	0.459	0.075	0.224	−0.045	0.037	0.100	0.143
a4	0.125	−0.014	−0.020	0.219	**0.459**	0.312	0.315	0.088	−0.067	0.005	0.108	0.285	−0.066
h3	0.038	0.061	0.199	0.099	0.046	**0.742**	0.082	0.068	0.143	0.060	0.167	0.120	0.093
h1	0.117	0.028	0.262	0.139	−0.011	**0.715**	0.060	0.092	0.157	−0.089	0.005	0.022	0.111
h2	0.125	0.065	0.253	0.145	0.033	**0.697**	0.130	0.101	0.102	0.039	0.105	0.014	0.098
h7	0.043	0.211	0.176	0.173	0.081	**0.675**	0.097	0.080	0.069	0.239	0.073	0.108	−0.009
h8	0.046	0.054	0.244	−0.049	0.046	**0.673**	0.057	0.154	0.175	0.196	0.111	0.029	0.033
h5	0.094	0.114	0.131	0.187	0.205	**0.657**	0.082	0.030	0.163	0.177	0.127	0.132	0.049
h4	0.056	0.051	0.214	0.233	0.097	**0.607**	−0.007	0.218	0.092	0.104	0.097	0.172	0.037
h6	0.035	0.158	0.263	0.250	0.205	**0.600**	−0.006	0.075	0.199	0.216	0.108	0.121	0.067
a11	0.269	0.053	0.032	0.142	0.117	0.014	**0.714**	0.105	−0.054	0.058	−0.075	0.113	0.152
a10	0.234	0.174	0.020	0.130	0.099	0.181	**0.645**	0.123	−0.123	0.126	−0.059	−0.031	0.126
a18	0.224	0.149	0.102	0.074	0.240	0.014	**0.641**	0.021	0.158	−0.019	0.324	0.039	0.119
a17	0.207	0.072	0.098	0.156	0.203	−0.030	**0.625**	0.083	0.100	0.010	0.295	0.066	0.201
a9	0.227	0.226	−0.085	0.135	0.082	0.121	**0.601**	0.290	−0.136	0.207	−0.084	0.052	0.053

续表

	成分												
	学习能力	信息技术能力	财产管理能力	合作能力	职业素养	组织管理能力	自我管理能力	信息服务能力	馆藏管理能力	知识管理能力	教学培训能力	学术交流能力	用户服务能力
a16	0.165	−0.022	0.117	0.102	0.389	−0.017	**0.594**	0.080	0.265	−0.030	0.133	0.039	−0.071
a19	0.328	0.035	0.075	0.024	0.058	0.143	**0.581**	0.055	0.284	−0.056	0.191	0.019	−0.073
a15	0.176	−0.007	0.146	0.095	0.267	0.082	**0.581**	0.220	0.192	0.078	0.088	0.115	−0.125
a12	0.148	0.086	0.130	0.161	0.093	0.089	**0.580**	0.091	−0.204	0.158	−0.009	0.328	0.160
a8	0.327	0.152	0.160	0.046	0.167	0.147	**0.499**	0.173	−0.190	−0.012	0.054	0.308	−0.023
f7	0.224	0.096	0.130	0.114	0.005	0.080	0.089	**0.720**	−0.010	0.035	0.190	0.094	0.223
f8	0.073	0.255	0.082	0.061	0.050	0.077	0.203	**0.647**	−0.052	0.112	0.230	0.178	0.222
f9	0.198	0.111	0.168	0.137	0.167	0.103	0.070	**0.630**	0.113	0.038	0.196	0.146	0.053
f10	0.037	0.050	0.085	0.118	−0.024	0.076	0.126	**0.592**	0.132	−0.051	0.285	0.296	0.001
f12	0.118	0.052	0.229	0.135	−0.161	0.038	0.211	**0.568**	0.098	0.044	0.084	0.290	0.272
f11	0.269	0.103	0.165	0.048	0.034	0.054	0.162	**0.551**	0.149	0.121	0.206	0.193	0.226
e5	0.025	0.220	−0.053	0.153	0.007	0.184	0.121	**0.542**	0.023	0.239	0.081	0.213	−0.108
e4	0.028	0.303	0.089	0.104	0.178	0.251	0.087	**0.509**	0.135	0.263	−0.010	−0.015	−0.056
e2	0.094	0.085	0.003	0.200	0.121	0.253	0.063	**0.482**	0.149	0.135	−0.025	0.070	0.302
i4	0.084	0.089	0.236	0.026	0.019	0.222	0.098	0.203	**0.729**	0.094	−0.030	0.154	0.006
i2	0.143	0.181	0.250	0.050	0.100	0.255	−0.042	0.058	**0.703**	0.060	0.094	0.039	0.082
i3	−0.005	0.311	−0.030	0.141	0.149	0.181	0.102	−0.062	**0.701**	0.213	0.080	0.042	0.125

续表

	成　分												
	学习能力	信息技术能力	财产管理能力	合作能力	职业素养	组织管理能力	自我管理能力	信息服务能力	馆藏管理能力	知识管理能力	教学培训能力	学术交流能力	用户服务能力
i5	0. 017	0. 203	0. 006	0. 089	0. 161	0. 132	0. 075	−0. 019	**0. 692**	0. 250	0. 077	0. 030	0. 120
i7	0. 089	0. 155	0. 303	0. 029	0. 172	0. 271	−0. 062	0. 204	**0. 579**	0. 061	0. 030	0. 132	0. 000
i6	0. 072	0. 252	0. 203	0. 125	0. 020	0. 117	0. 023	0. 071	**0. 562**	0. 015	0. 143	0. 045	0. 254
e7	0. 162	0. 202	0. 114	0. 256	0. 250	0. 141	−0. 003	0. 270	**0. 429**	0. 247	−0. 091	−0. 130	0. 117
e1	0. 080	0. 143	0. 173	0. 210	0. 375	0. 112	0. 005	0. 196	**0. 409**	0. 143	−0. 189	−0. 106	0. 243
l3	0. 147	0. 125	0. 246	0. 108	0. 145	0. 139	−0. 027	0. 153	0. 082	**0. 734**	0. 143	0. 066	0. 050
l6	0. 223	0. 121	0. 220	0. 081	−0. 074	0. 185	0. 091	0. 088	0. 031	**0. 724**	0. 089	0. 138	0. 170
l5	0. 172	0. 094	0. 136	0. 137	0. 062	0. 170	0. 194	0. 132	0. 180	**0. 719**	0. 180	0. 144	0. 169
l4	0. 122	0. 144	0. 153	0. 286	0. 111	0. 112	0. 082	0. 094	0. 221	**0. 643**	0. 100	0. 012	0. 066
l2	0. 093	0. 236	0. 179	0. 211	0. 358	0. 084	−0. 036	0. 142	0. 201	**0. 632**	0. 162	0. 090	0. 061
l1	0. 151	0. 122	0. 096	0. 244	0. 232	0. 179	0. 067	0. 073	0. 206	**0. 569**	0. 185	0. 086	0. 119
g6	0. 112	0. 162	0. 090	0. 130	0. 043	0. 209	0. 121	0. 275	0. 105	0. 112	**0. 702**	0. 100	0. 036
g7	0. 167	0. 084	0. 143	0. 234	0. 138	0. 073	0. 146	0. 267	0. 102	0. 146	**0. 641**	0. 019	0. 097
g4	0. 222	0. 087	0. 151	0. 209	0. 144	0. 230	0. 102	0. 107	0. 137	0. 265	**0. 633**	0. 131	0. 092
g5	0. 162	0. 170	0. 127	0. 286	0. 043	0. 115	0. 062	0. 150	−0. 050	0. 179	**0. 620**	0. 115	0. 067
g3	0. 298	0. 112	0. 247	0. 142	0. 021	0. 190	0. 068	0. 296	−0. 009	0. 091	**0. 590**	0. 118	0. 104
g2	0. 270	0. 080	0. 318	0. 126	0. 062	0. 203	0. 035	0. 237	0. 056	0. 208	**0. 541**	0. 119	0. 105

续表

	成分												
	学习能力	信息技术能力	财产管理能力	合作能力	职业素养	组织管理能力	自我管理能力	信息服务能力	馆藏管理能力	知识管理能力	教学培训能力	学术交流能力	用户服务能力
b9	0.169	0.074	0.016	0.106	0.115	0.086	0.050	0.195	0.092	0.072	0.133	**0.794**	−0.034
b8	0.113	0.086	0.133	0.106	0.122	0.159	0.142	0.174	0.057	0.129	0.153	**0.767**	0.007
b5	0.291	0.098	0.074	0.030	0.138	0.106	0.157	0.247	0.010	0.224	0.106	**0.639**	0.114
b7	0.254	0.188	0.160	0.137	0.190	0.113	0.104	0.209	0.169	−0.020	0.033	**0.556**	0.069
b4	0.324	0.066	−0.049	0.055	0.347	0.153	0.142	0.212	0.201	0.149	−0.028	**0.510**	0.156
a7	0.419	0.100	0.171	0.091	0.051	0.192	0.204	0.181	−0.140	−0.042	0.036	**0.460**	0.030
f1	0.299	0.164	0.006	0.175	0.257	0.196	0.091	0.142	0.134	0.202	0.075	0.056	**0.590**
f2	0.230	0.244	−0.063	0.199	0.255	0.181	0.155	0.216	0.114	0.111	0.051	0.042	**0.577**
f3	0.202	0.304	0.095	0.032	0.326	0.019	0.104	0.135	0.242	0.145	0.102	0.002	**0.577**
f5	0.175	0.147	0.102	0.177	0.306	0.080	0.120	0.283	0.233	0.183	0.078	0.060	**0.575**
f4	0.259	0.149	0.029	0.191	0.253	0.137	0.140	0.243	0.154	0.146	0.209	0.056	**0.546**
f6	0.135	0.204	−0.028	0.208	0.104	0.212	0.204	0.346	0.126	0.132	0.267	0.116	**0.488**

注：提取方法是主成分分析法；旋转方法是凯撒正态化最大方差法；a 旋转在 11 次迭代后已收敛；C5、C8、……等分别代表不同的调查问卷题项。

馆馆员的信息技术能力，该因子可命名为“信息技术能力”。因子 3 包含 j1-j6，k1-k5 共 11 个题项，如进行图书馆预算、进行成本收益分析、合理配置资金、规划设备配置、维护与维修设备等，这些题项分别代表了图书馆馆员进行财务管理与设备管理的能力，因此，该因子可命名为“财产管理能力”。因子 4 包含 d1-d12 共 12 个题项，如具备团队意识、积极参与项目团队、积极承担团队责任、尊重团队成员、在合作中解决冲突、推动团队任务进展等，这些题项分别代表了图书馆馆员合作能力，因此，该因子可命名为“合作能力”。因子 5 包含 a1-a6，b1，b2，a13，a14 共 10 个题项，如具有图书馆职业道德、知晓图书馆使命和任务、信守承诺、能够进行职业发展规划、拥有图书馆学与信息科学专业知识等，这些题项分别代表了图书馆馆员的职业素养及其能力，因此，该因子可命名为“职业素养”。因子 6 包含 h1-h8 共 8 个题项，如规划图书馆发展目标、进行图书馆组织结构设计、领导图书馆业务、进行人力资源管理、组织并优化业务流程等，这些题项分别代表了图书馆馆员进行组织管理的能力，因此，该因子可命名为“组织管理能力”。因子 7 包含 a8-a12，a15-a19 共 10 个题项，如思维敏捷、具有主动性、具有灵活性、具有创造力、自信、能进行自我管理、能进行有效的时间管理等，这些题项分别代表了图书馆馆员进行自我管理的能力，因此，该因子可命名为“自我管理能力”。因子 8 包含 f7-f12，e2，e4，e5 共 9 个题项，如开展学科知识服务、开展专业教学、提供用户培训、进行服务营销、文献检索、文献复制等，这些题项分别代表了图书馆馆员开展信息服务的能力，因此，该因子可命名为“信息服务能力”。因子 9 包含 e1，e7，i2-i7 共 8 个题项，如文献借阅、馆藏组织、馆藏维护、馆藏评估、馆藏更新、馆藏数字化等，这些题项分别代表了图书馆馆员进行馆藏管理的能力，因此，该因子可命名为“馆藏管理能力”。因子 10 包含 l1-l6 共 6 个题项，如进行知识获取、知识组织、知识共享、知识保护、知识应用、知识创新等，这些题项分别代表了图书馆馆员进行知识管理的能力，因此，该因子可命名为“知识管理能力”。因子 11 包含

g2-g7 共 6 个题项，如运用教学技巧、进行教学培训评估、反馈教学培训效果、实施时间控制等，这些题项分别代表了图书馆馆员开展教学与培训的能力，因此，该因子可命名为“教学培训能力”。因子 12 包含 a7，b4，b5，b7-b9 共 6 个题项，如能够参与学术交流、能够阅读专业文献、能够进行专业论文写作、能够应用多种交流技巧等，这些题项分别代表了图书馆馆员进行学术研究与学术交流的能力，因此，该因子可命名为“学术交流能力”。因子 13 包含 f1-f6 共 6 个题项，如发现用户需求、分析用户需求、解决用户问题、提供信息共享等，这些题项分别代表了图书馆馆员以用户为中心来开展相关服务的能力，因此，该因子可命名为“用户服务能力”。

二、因子信度分析

13 个因子的标准化克隆巴赫 α 系数均在 0. 883 以上(见表 2-8)，达到 0. 8 以上的要求，表明各因子的各个变量具有较高的可信度，即说明因子分析的结果是有效的。

表 2-8　**因子信度分析**

	学习能力	信息技术能力	财产管理能力	合作能力	职业素养	组织管理能力	自我管理能力	信息服务能力	馆藏管理能力	知识管理能力	教学培训能力	学术交流能力	用户服务能力
克隆巴赫 α 系数	0. 935	0. 922	0. 932	0. 939	0. 891	0. 922	0. 905	0. 890	0. 894	0. 917	0. 911	0. 883	0. 914
以标准化项目为准的克隆巴赫 α 系数	0. 935	0. 923	0. 933	0. 939	0. 897	0. 922	0. 906	0. 890	0. 895	0. 917	0. 911	0. 885	0. 914
题项数量	11	11	11	12	10	8	10	9	8	6	6	6	6

然而，“文献检索”出现在“馆藏管理能力”因子中，但它本应出现

在"信息服务能力"因子中，因此，需要对这两个因子进行进一步修正。在调整该两个因子变量后，重新检验其因子信度(见表2-9)。表2-9的结果显示，该调整后的两个因子的各个变量也具有较高的可信度，由此可最终确立图书馆馆员职业能力要素。

表2-9　　　　**调整后的两个因子信度分析**

	信息服务能力	馆藏管理能力
克隆巴赫α系数	0.889	0.887
以标准化项目为准的克隆巴赫α系数	0.887	0.888
题项数量	10	7

三、图书馆馆员职业能力要素的确立

基于上述的因子分析，可以确立我国图书馆馆员职业能力要素(见表2-10)。

表2-10　　　　**我国图书馆馆员职业能力要素**

一级要素	二级要素
职业素养	具有图书馆职业道德；知晓图书馆使命和任务；具有责任感；具有工作热情；信守承诺；能够进行职业发展规划；拥有图书馆学与信息科学专业知识；了解专业馆藏涉及的学科知识；能够聆听他人建议；准确进行口头表达
组织管理能力	规划图书馆发展目标；进行图书馆组织结构设计；领导图书馆业务；进行人力资源管理；组织并优化业务流程；协调图书馆业务；控制图书馆任务进展；对图书馆进行全面评估
自我管理能力	思维敏捷；具有主动性；具有适应性；具有灵活性；具有创造力；追求卓越；尊重多样性；自信；能进行自我管理；能进行有效的时间管理

续表

一级要素	二级要素
信息服务能力	进行服务营销；开展学科知识服务；提供战略决策支持；开展专业教学；提供用户培训；进行科学研究；文献答疑；文献检索；文献复制；文献翻译
用户服务能力	发现用户需求；分析用户需求；解决用户问题；进行信息分析；提供信息共享；开展参考咨询
馆藏管理能力	文献借阅；馆藏组织（分类、著录标引等）；馆藏维护；馆藏评估；馆藏更新；馆藏剔旧；馆藏数字化
知识管理能力	知识获取；知识组织；知识共享；知识保护；知识应用；知识创新
学习能力	能够进行自主学习；能够及时更新知识；能够应用好的学习方法；具备好的学习效率；具有终身学习意识；能够进行辩证思维；能够进行创新思维；能够进行学习规划；具备坚强的学习意志；具备学习动力；具备好奇心
信息技术能力	熟悉计算机硬件；熟悉计算机软件；熟悉通信技术；熟悉数字化技术；熟悉多媒体技术；熟悉移动技术；熟悉辅助技术；熟悉信息安全技术；熟悉自动化技术；熟悉存储技术；熟悉图书保护与修复技术
合作能力	具备团队意识；积极参与项目团队；为团队献计献策；进行有效谈判促成合作；在合作中解决冲突；积极承担团队责任；进行有效讨论；尊重团队成员；鼓励他人提出多样化观点；客观评价他人观点；分析团队各要素关联；推动团队任务进展
教学培训能力	进行教学培训评估；运用教学技巧；教学互动与反馈；反馈教学培训效果；实施时间控制；实施现场控制
学术交流能力	至少掌握一门外语；能够阅读专业文献；能够进行专业论文写作；能够应用多种交流技巧；能够参加专业组织；能够参与学术交流
财产管理能力	进行图书馆预算；进行成本收益分析；合理配置资金；进行融资；监督财务状况；进行财务风险控制；规划设备配置；购置设备；排查设备故障；维护与维修设备；更新设备

四、小结

实证研究结果说明，我国图书馆馆员职业能力要素由13个一级要素(即职业素养、组织管理能力、自我管理能力、信息服务能力、用户服务能力、馆藏管理能力、知识管理能力、学习能力、信息技术能力、合作能力、教学培训能力、学术交流能力、财产管理能力)和114个二级要素组成。这些要素可构成图书馆馆员职业能力的评价指标体系。

实证研究结果对原有观点做了如下几方面的修正：①原13类一级要素中的“文献服务能力”与“信息服务能力”更名为“用户服务能力”和“信息服务能力”，且把原归属于“文献服务能力”整合到新命名的“信息服务能力”中，因为“文献答疑”“文献检索”“文献复制”“文献翻译”在本质上属于信息服务范畴；同时把原“信息服务能力”中一些与用户服务相关的条款单独列出来，并命名为“用户服务能力”，以便更加突出图书馆以用户中心的服务理念，并使之与“信息服务能力”因子包含的要素区分开来。②原“职业素养”中的“思维敏捷，具有主动性、适应性、灵活性、创造力、责任感，工作热情，追求卓越，尊重多样性，自信，能进行自我管理，能进行有效的时间管理”在因子分析后另聚类为“自我管理能力”一类，这有利于更准确地定义或评估图书馆馆员个人能力；原“职业素养”中的“掌握一门外语”和“拥有学士以上学位”没有通过验证，不能成为图书馆馆员职业能力的二级要素，这也基本符合目前图书馆馆员现实情况。③原“资金管理能力”和“设备管理能力”在因子分析后聚类为“财产管理能力”，有利于简化一级要素指标，更适于用来评估图书馆馆员职业能力。④由于知识服务是否可以作为现代图书馆的核心能力存在争议，且因为知识服务的核心内容基本包含在“信息服务能力”和“用户服务能力”的下级要素中，所以，没有把“知识服务能力”作为单独的一种图书馆馆员职业能力要素提出来，同时也可避免概念混乱的问题。

第五节　我国图书馆馆员职业能力的调查分析

中国图书馆馆员职业能力涉及图书馆专业人员的职业素养、组织管理能力、自我管理能力、信息服务能力、用户服务能力、馆藏管理能力、知识管理能力、学习能力、信息技术能力、合作能力、教学培训能力、学术交流能力、财产管理能力等诸多要素。

基于本章第四节的问卷调查数据，可以对我国图书馆馆员职业能力及其面临的问题做进一步说明。

一、我国图书馆馆员职业能力水平解析

这里对 13 类图书馆馆员职业能力要素指标的平均得分做如下简要分析。

(一)职业素养要素排序

图书馆馆员职业素养要素包括具有图书馆职业道德、知晓图书馆使命和任务、信守承诺、能够进行职业发展规划、拥有图书馆学与信息科学专业知识、了解专业馆藏涉及的学科知识、责任感、工作热情、聆听他人建议、准确进行口头表达，调查结果按照同意度评分降序排列如表 2-11 所示。

表 2-11　　**图书馆馆员职业素养要素排序**

职业素养要素	同意度评分	现状评分
具有图书馆职业道德	**91.38**	**74.30**
责任感	**90.36**	72.80
聆听他人建议	**89.74**	72.40
准确进行口头表达	89.23	**73.00**

续表

职业素养要素	同意度评分	现状评分
信守承诺	89.13	**74.10**
知晓图书馆使命和任务	88.41	72.60
工作热情	88.31	67.40
拥有图书馆学与信息科学专业知识	84.51	68.70
了解专业馆藏涉及的学科知识	81.74	67.00
能够进行职业发展规划	78.67	65.30

由表2-11可知，在图书馆馆员职业素养要素中，同意度评分前三位是具有“具有图书馆职业道德”“责任感”“聆听他人建议”，现状评分前三位是“具有图书馆职业道德”“信守承诺”“准确进行口头表达”，后三位是“能够进行职业发展规划”“了解专业馆藏涉及的学科知识”“工作热情”。可以看出，我国图书馆馆员在职业道德、信守承诺与口头表达方面相对比较优秀，而对职业发展规划较为欠缺，对专业馆藏涉及的学科知识掌握不足，工作较缺乏热情。在“责任感”与“聆听他人建议”方面引起了重视，但在现状上还有提升的空间。

(二)自我管理能力要素排序

图书馆馆员自我管理能力要素包括思维敏捷、具有主动性、适应性、灵活性、创造力、追求卓越、尊重多样性、自信、能进行自我管理、能进行有效的时间管理，调查结果按照同意度评分降序排列如表2-12所示。

表2-12 **图书馆馆员自我管理能力要素排序**

自我管理能力要素	同意度评分	现状评分
尊重多样性	**84.00**	**68.40**

续表

自我管理能力要素	同意度评分	现状评分
能进行自我管理	**82.87**	68.20
能进行有效的时间管理	**82.36**	68.20
适应性	82.26	**69.80**
主动性	81.44	65.20
灵活性	81.44	68.30
自信	79.18	**70.20**
追求卓越	78.36	64.10
创造力	76.72	63.20
思维敏捷	73.33	65.10

由表2-12可知，在图书馆馆员自我管理能力要素中，同意度评分前三位是具有“尊重多样性”“能进行自我管理”“能进行有效的时间管理”，现状评分前三位是“自信”“适应性”“尊重多样性”，后三位是“创造力”“追求卓越”“思维敏捷”，“主动性”评分也较低。可以看出，我国图书馆馆员在自信、适应性与尊重多样性方面相对比较优秀，相对缺乏对“创造力”“追求卓越”“思维敏捷”的重视程度，现状评分不理想；在“自我管理”与“时间管理”方面引起了重视，但在现状方面还有提升的空间。

（三）学习能力要素排序

图书馆馆员学习能力要素包括进行自主学习、能够及时更新知识、能够应用好的学习方法、具备好的学习效率、具有终身学习意识、能够进行辩证思维、能够进行创新思维、能够进行学习规划、具备坚强的学习意志、具备学习动力、具备好奇心，调查结果按照同意度评分降序排列如表2-13所示。

表 2-13 图书馆馆员学习能力要素排序

学习能力要素	同意度评分	现状评分
能够及时更新知识	**86.15**	**68.30**
进行自主学习	**84.82**	**68.90**
具有终身学习意识	82.46	67.20
能够应用好的学习方法	82.15	66.40
具备学习动力	82.15	66.30
具备好的学习效率	81.95	66.30
能够进行辩证思维	80.72	65.00
能够进行学习规划	80.21	63.20
具备坚强的学习意志	79.90	64.30
具备好奇心	79.90	63.30
能够进行创新思维	79.49	62.80

由表 2-13 可知，在学习能力要素中，同意度评分与现状评分最高的两项都是“能够及时更新知识”“进行自主学习”，同意度评分最低的三项是“能够进行创新思维”“具备好奇心”“具备坚强的学习意志”，现状评分最低的是“能够进行创新思维”“能够进行学习规划”“具备好奇心”，这说明图书馆馆员在及时更新知识和自主学习方面在意识和行动上均能够引起重视，但对于创新意识与好奇心方面没有引起足够的重视，也可以说学习的心态还不够活跃。

(四)合作能力要素排序

图书馆馆员合作能力要素包括具备团队意识、积极参与项目团队、为团队献计献策、进行有效谈判促成合作、在合作中解决冲突、积极承担团队责任、有效讨论、尊重团队成员、鼓励他人提出多样化观点、客观评价观点、分析团队各要素关联、推动团队任务进展，调查结果按照同意度评分降序排列如表 2-14 所示。

表 2-14　　　　　**图书馆馆员合作能力要素排序**

合作能力要素	同意度评分	现状评分
具备团队意识	**86.77**	**70.10**
尊重团队成员	**85.95**	**72.10**
鼓励他人提出多样化观点	**85.54**	68.70
客观评价观点	84.72	**70.00**
积极承担团队责任	84.21	68.30
有效讨论	83.38	67.90
推动团队任务进展	82.56	68.30
积极参与项目团队	82.36	69.10
在合作中解决冲突	82.36	68.40
为团队献计献策	82.26	66.90
进行有效谈判促成合作	80.41	67.30
分析团队各要素关联	78.77	66.90

由表 2-14 可知，在合作能力要素中，同意度评分最高的三项是“具备团队意识”“尊重团队成员”“鼓励他人提出多样化观点”，现状评分最高的三项是“具备团队意识”“尊重团队成员”“客观评价观点”，两者评分都最低的是“分析团队各要素关联”，与之现状评分相同的还有“为团队献计献策”，由此可以看出，图书馆馆员能够意识到团队合作的重要性并在团队意识、尊重团队成员及客观评价观点方面做得较好，但“鼓励他人提出多样化观点”在实践中的效果不是太好，“分析团队各要素关联”、“为团队献计献策”不仅实践中得分较低，在同意度上也没有引起足够的重视，可以反映出我国图书馆馆员在合作能力方面有友善的意愿，但在主动表达、促成合作方面较为保守，更倾向于倾听他人的意见，这可能会使得团队的活力不足。

（五）交流能力要素排序

图书馆馆员交流能力要素主要包括至少掌握一门外语、能够阅读专业文献、能够进行专业论文写作、能够应用多种交流技巧、能够参加专业组织、能够参与学术交流，调查结果按照同意度评分降序排列如表2-15所示。

表2-15 图书馆馆员交流能力要素排序

研究与交流能力要素	同意度评分	现状评分
能够应用多种交流技巧	**82.36**	**65.80**
能够阅读专业文献	**81.74**	**66.10**
能够参与学术交流	76.82	64.30
能够参加专业组织	76.31	63.80
能够进行专业论文写作	74.87	64.20
至少掌握一门外语	68.82	58.20

由表2-15可知，在交流能力要素中，同意度评分与现状评分最高的两项都是“能够应用多种交流技巧”与“能够阅读专业文献”，从研究与交流能力要素整体来看，同意度与现状是大致匹配的，可以看出在研究与交流能力中，对于外语的重视程度很低，并且在现状评分结果也与其他题项有较大差距。

（六）用户服务能力要素排序

图书馆馆员用户服务能力要素包括发现用户需求、分析用户需求、解决用户问题、进行信息分析、提供信息共享、开展参考咨询，调查结果按照同意度评分降序排列如表2-16所示。

表 2-16　　　　图书馆馆员信息服务能力要素排序

信息服务能力要素	同意度评分	现状评分
解决用户问题	**87.59**	**70.90**
提供信息共享	**86.97**	**68.90**
发现用户需求	86.46	67.50
进行信息分析	85.85	67.04
分析用户需求	85.54	66.80
开展参考咨询	84.00	67.80

由表 2-16 可知，在用户服务能力要素中，同意度评分与现状评分最高的两项都是“解决用户问题”与“提供信息共享”，各项在分数上差距很小。可以看出，在信息服务能力中，图书馆馆员进行信息服务的意识是很强的，也比较注重实践。

（七）知识服务能力要素排序

图书馆馆员知识服务能力要素包括进行科学研究、开展专业教学、进行用户培训、进行服务营销、开展学科知识服务、提供战略决策支持、文献答疑、文献复制、文献翻译，调查结果按照同意度评分降序排列如表 2-17 所示。

表 2-17　　　　图书馆馆员知识服务能力要素排序

知识服务能力要素	同意度评分	现状评分
文献答疑	**85.03**	**70.30**
文献复制	**83.69**	**70.50**
开展学科知识服务	81.85	65.50
进行用户培训	80.10	64.70
文献翻译	77.64	62.00

续表

知识服务能力要素	同意度评分	现状评分
进行科学研究	76. 31	62. 50
提供战略决策支持	76. 31	63. 70
开展专业教学	75. 38	62. 10
进行服务营销	75. 38	62. 30

由表 2-17 可知，在知识服务能力要素中，同意度评分与现状评分最高的两项都是“文献答疑”与“文献复制”，评分都最低的是“开展专业教学”与“进行服务营销”，同意度与现状评分顺序基本一致，说明实践满意度与期待是相匹配的，整体来看，图书馆馆员在被动应答的服务方面做得较好，而需要主动提供服务的方面相对较为薄弱。

(八)教学培训能力要素排序

图书馆馆员教学培训能力要素包括进行教学培训评估、运用教学技巧、教学互动与反馈、反馈教学培训效果、实施时间控制、实施现场控制，调查结果按照同意度评分降序排列如表 2-18 所示。

表 2-18　**图书馆馆员教学培训能力要素排序**

教学培训能力要素	同意度评分	现状评分
反馈教学培训效果	80. 41	64. 50
教学互动与反馈	80. 31	63. 90
实施现场控制	80. 21	**66. 60**
实施时间控制	79. 90	65. 60
运用教学技巧	79. 79	64. 60
进行教学培训评估	79. 69	63. 40

由表 2-18 可知，在教学培训能力要素中，同意度评分十分接近，

现状评分中最高的是“实施现场控制”，两者都最低的是“进行教学培训评估”，可以看出，图书馆馆员在教学培训能力中对各要素的重视程度较为均一，对于教学培训的评估重视稍显不足。

(九)组织管理能力要素排序

图书馆馆员组织管理能力要素包括规划图书馆发展目标、领导图书馆业务、进行图书馆组织结构设计、进行人力资源管理、组织并优化业务流程、协调图书馆业务、控制图书馆任务进展、对图书馆进行全面评估，调查结果按照同意度评分降序排列如表 2-19 所示。

表 2-19　**图书馆馆员组织管理能力要素排序**

组织管理能力要素	同意度评分	现状评分
协调图书馆业务	**84.51**	**71.00**
组织并优化业务流程	**84.41**	**69.70**
控制图书馆任务进展	83.18	68.40
进行图书馆组织结构设计	82.46	66.80
规划图书馆发展目标	82.36	68.00
对图书馆进行全面评估	81.85	65.10
进行人力资源管理	80.72	68.30
领导图书馆业务	80.31	66.80

由表 2-19 可知，在组织管理能力要素中，同意度评分与现状评分最高的两项为“协调图书馆业务”“组织并优化业务流程”，“进行人力资源管理”“领导图书馆业务”同意度评分较低，“对图书馆进行全面评估”的现状评分最低。可以看出在组织管理能力方面，我国更为注重对图书馆业务的组织协调，而对人力资源及提供领导方面没有足够重视，在图书馆全面评估方面的实践效果也欠佳，由此能够推测，图书馆馆员更倾向于具体业务的组织管理，而较缺乏更为广阔、更为全面、更为积极的

组织管理意识与相关实践。

（十）馆藏管理能力要素排序

图书馆馆员馆藏管理能力要素包括文献借阅、文献检索、馆藏组织（分类、著录标引等）、馆藏维护、馆藏评估、馆藏更新、馆藏剔旧、馆藏数字化，调查结果按照同意度评分降序排列如表 2-20 所示。

表 2-20　**图书馆馆员馆藏管理能力要素排序**

馆藏管理能力要素	同意度评分	现状评分
文献检索	**90.46**	**76.70**
文献借阅	**90.15**	**77.20**
馆藏维护	**89.74**	73.20
馆藏更新	89.33	71.50
馆藏组织（分类、著录标引等）	88.72	**74.80**
馆藏数字化	88.31	69.70
馆藏剔旧	86.67	69.70
馆藏评估	86.46	69.50

由表 2-20 可知，在馆藏管理能力要素中，同意度评分最高的是“文献检索”“文献借阅”“馆藏维护”，现状评分最高的是“文献检索”“文献借阅”“馆藏组织”，两者评分都最低的是“馆藏评估”。可以看出，图书馆馆员在馆藏管理方面尤其重视与图书馆日常业务直接相关的检索、借阅与维护，在馆藏组织方面做得最好，而对于馆藏评估的重视相对不够。

（十一）财产管理能力要素排序

图书馆馆员财产管理能力要素包括进行图书馆预算、进行成本收益分析、合理配置资金、进行融资、监督财务状况、进行财务风险控制、设备配置规划、设备购置、设备故障排查、设备维护与维修、设备更新，调查结果按照同意度评分降序排列如表 2-21 所示。

表 2-21　　图书馆馆员财产管理能力要素排序

财产管理能力要素	同意度评分	现状评分
设备配置规划	**82.77**	67.44
设备更新	**82.36**	66.83
设备故障排查	**82.05**	65.53
进行图书馆预算	81.44	**68.10**
设备购置	80.82	**68.54**
合理配置资金	80.62	**67.50**
设备维护与维修	80.51	66.73
监督财务状况	79.59	67.10
进行财务风险控制	79.38	65.70
进行成本收益分析	78.67	65.80
进行融资	72.31	62.70

由表 2-21 可知，在财产管理能力要素中，同意度评分最高的为“设备配置规划”“设备更新”“设备故障排除”，最低的为“进行融资”，现状评分最高的为“设备购置”“进行图书馆预算”“合理配置资金”，最低的也是“进行融资”，同意度评分与现状评分情况不太匹配，也就是说图书馆馆员重视设备的购置规划、更新与故障排除，但在实践中则是预算、设备购置及资金配置方面做得较好，尽管如此，现状评分差距较小，说明财产管理能力中各项水平较为均等，只有一项例外，就是“进行融资”在同意度和现状评分中都较低，可以看出对于融资能力的重视程度相对较为有限。

(十二)知识管理能力要素排序

图书馆馆员知识管理能力要素包括知识获取、知识共享、知识转化、知识保护、知识应用、知识创新，调查结果按照同意度评分降序排列如表 2-22 所示。

表 2-22 **图书馆馆员知识管理能力要素排序**

知识管理能力要素	同意度评分	现状评分
知识共享	**86.46**	69.50
知识获取	85.95	**70.20**
知识保护	85.85	68.80
知识应用	85.74	66.60
知识转化	84.31	66.40
知识创新	83.79	63.40

由表 2-22 可知，在知识管理能力要素中，同意度评分最高的为“知识共享”，现状评分最高的为“知识获取”，“知识创新”在同意度和现状中评分都垫底，总体而言，知识管理能力要素的评分差距不大，但也能看出在知识管理能力中对知识创新的重视不足。

(十三)技术能力要素排序

图书馆馆员技术能力要素包括熟悉计算机硬件、熟练计算机软件、熟悉通信技术、熟悉数字化技术、熟悉多媒体技术、熟悉移动技术、熟悉辅助技术、熟悉信息安全技术、熟悉自动化技术、熟悉存储技术、熟悉图书保护与修复技术，调查结果按照同意度评分降序排列如表 2-23 所示。

表 2-23　**图书馆馆员技术能力要素排序**

技术能力要素	同意度评分	现状评分
熟悉图书保护与修复技术	**85.03**	68.20
熟悉多媒体技术	**84.72**	67.60
熟悉计算机软件	**84.21**	**70.50**
熟悉存储技术	84.00	68.40
熟悉数字化技术	83.79	**68.60**
熟悉信息安全技术	81.23	64.80
熟悉移动技术	81.13	66.10
熟悉辅助技术	80.21	64.40
熟悉计算机硬件	79.79	**68.90**
熟悉通信技术	78.77	67.00
熟悉自动化技术	78.46	65.60

由表 2-23 可知，在技术能力要素中，同意度评分最高的三项为“熟悉图书保护与修复技术”“熟悉多媒体技术”“熟悉计算机软件”，现状评分最高的三项为“熟悉计算机软件”“熟悉计算机硬件”“熟悉数字化技术”，总体上也能看出，技术能力要素的同意度评分与现状评分匹配度较低，同意度评分相对分差较大，而现状评分则很接近且普遍偏低，这说明在技术能力方面，理论上的重视程度与实践上的满意度不一致，理论上所期待的技术能力在实践中有较大差距，在新的技术环境下，计算机硬件、软件的熟练已经不能满足图书馆馆员技术能力的要求了，因此，技术能力的提升应引起充分的重视。

二、我国图书馆馆员职业能力发展面临的问题

从调查结果(见表 2-24)来看，大多数人认为，“图书馆学与信息科学专业人员比例不高”“缺乏图书馆学与信息科学专业知识”“图书馆馆

员社会地位不高”“缺乏图书馆馆员职业能力标准”“缺乏创新精神”“缺乏工作积极性”“缺乏图书馆职业精神”“缺乏竞争意识”是普遍存在的问题，而也有67.28%的人还认为图书馆馆员“缺乏协作意识”。这些问题应该引起国内图书馆界的高度重视。

表2-24　**我国图书馆馆员职业能力发展面临的问题**

阻碍假设	同意度评分
图书馆学与信息科学专业人员比例不高	80.21
缺乏图书馆学与信息科学专业知识	78.36
图书馆馆员社会地位不高	78.15
缺乏图书馆馆员职业能力标准	77.03
缺乏创新精神	77.03
缺乏工作积极性	75.18
缺乏图书馆职业精神	73.54
缺乏竞争意识	73.44
缺乏协作意识	67.28

第六节　提升我国图书馆馆员职业能力的对策

从问卷调查结果来看(见表2-25)，健全图书馆激励机制、加强图书馆馆员继续教育/职业培训、加强图书馆馆员专业教育、加强行业内交流合作、建立图书馆馆员职业能力标准、健全图书馆馆员职业能力考核方式、鼓励图书馆馆员自主学习、加强国际交流合作，都是提升我国图书馆馆员职业能力的措施。这些措施可归纳为如下5个方面。

表 2-25　　　　**提升我国图书馆馆员职业能力的对策**

对策假设	同意度评分
健全图书馆激励机制	87.90
加强图书馆馆员继续教育/职业培训	86.77
加强图书馆馆员专业教育	86.26
加强行业内交流合作	85.46
建立图书馆馆员职业能力标准	85.44
健全图书馆馆员职业能力考核方式	85.13
鼓励图书馆馆员自主学习	84.10
加强国际交流合作	82.37

一、健全图书馆激励机制

健全图书馆激励机制在各对策假设中呼声最高，这也可以反映出如今的图书馆激励机制存在问题，主要表现为激励手段缺乏针对性和差别性、竞争激励不足、考核和薪酬激励机制不完善、重物质激励轻精神激励、激励过程中缺乏沟通协调等。为解决这些问题，必须从健全图书馆激励机制着手，包括：①设置科学合理的目标激励机制。图书馆要根据形势和任务来确定一个时期内切实可行的组织目标，把一定时期内每个馆员应当完成的任务转化为明确的个人目标，并提出具体的数量、质量和时间要求，按照职、责、权、利相结合的原则，建立目标评估与奖惩机制，将晋升奖励与图书馆贡献直接挂钩，达到激发员工工作热情、调动员工工作积极性和实现既定目标的最终目的。②完善图书馆的绩效考核机制。图书馆要设计科学合理的绩效考核指标，从德、能、勤、绩 4 个方面来全面把握员工贡献，既要考察员工的政治思想与道德品质，比如遵纪守法、爱岗敬业、乐于奉献，也要全面、真实地考核员工的工作能力，包括其图书情报专业知识、英语水平、计算机水平、学科背景水平、语言表达能力、文字写作能力、工作创造能力与贡献等。为此，需要进一步完善图书馆绩效考核机制，比如，根据不同岗位设计合理的考核指标；采用定性考核与定量考核相结合的评价方法科学评估员工贡献；做好考核结果的反馈工作等①。

二、加强图书馆馆员教育

针对专业人员比例不足，专业水平不高的现状，最有效的对策就是加强图书馆馆员教育。一方面，需要加强专业教育。从用人单位招聘信息来看，许多单位看中的是求职生的文献信息管理能力。因此，图书馆学情报学教育必须重视专业基础教育原则，同时提高其信息处理和分析能力。随着社会需求的不断改变，图书馆学情报学课程体系应该将专业基础教育融入专业核心课程体系，并根据社会需求来适时做出调整，如在大数据环境下，可增加信息分析处理的课程，增加技术性学科以及同源学科知识的学习。在专业教育中，应该改变教学方式，增加实践教学，以提高学生的实际工作能力；改变传统的课堂教学形式，增设专题研讨会，利用 MOOC 平台开设网上课堂，成立学习小组以培养学生自学能力等。另外，为满足社会日益增加的高层次专业人才需求，专业教育以本科教育为主体，在适当扩大本科教学规模的同时，大力发展研究生教育②；另一方面，要加强继续教育与职业培训。目前图书馆馆员的继续教育与职业培训存在如下一些主要问题：①课程内容有待改进，因为培训前极少开展需求调研，导致课程难以契合馆员的实际需求，缺乏针对性。②培训方式有待丰富，现有培训常常缺乏案例分析、现场教学、研讨交流等互动活动，培训方式单一。③师资水平有待提高，现有图书馆培训师资主要来自馆内，来源单一，师资水平须提升。为此，图书馆需要改进继续教育与职业培训策略，调查各部门及馆员对培训课

① 何京玲．高校图书馆人力资源激励机制完善研究[D]．湘潭：湘潭大学，2010：25-28.

② 杨思洛，冯雅，程爱娟．从招聘信息看图书馆学人才需求与专业教育[J]．图书情报工作，2016，60(5)：58-64.

程、培训方式、授课师资等方面的需求，制定培训计划，灵活设定培训内容，合理安排培训时间，完善培训方式，精心聘请优秀师资，统筹开展培训活动①。

三、加强图书馆馆员交流合作

加强图书馆馆员的交流合作有利于增加图书馆工作的活力，更有利于健全图书馆馆员对图书馆发展的认知。一方面要加强图书馆馆员行业内的交流合作，给图书馆馆员提供机会以交流工作中遇到的各种问题，促进资源的流动与利用；另一方面要加强图书馆国际上的合作，不仅可以让图书馆馆员更了解图书馆界的国际形势，为本地图书馆发展提供借鉴，更可以促进国际资源的交换流动，使图书馆更开放，也使资源更丰富多样。

四、建立健全图书馆馆员职业能力标准

美国各类型图书馆馆员职业能力标准在其图书馆事业发展中起到了十分重要的作用，而我国还没有建立起能够有效实施的图书馆馆员职业能力标准。因此，为加强和提升我国图书馆馆员职业能力，我们应该②：第一，充分认识到图书馆馆员能力标准建设的重要性。能力是职业发展与绩效评估的基础；图书馆职业能力主要依赖于图书馆馆员能力；图书馆馆员能力直接影响图书馆服务水平、图书馆形象以及图书馆和图书馆馆员的社会地位。图书馆馆员能力标准正好是图书馆馆员能力的客观写照与基本准绳。通过图书馆馆员能力标准建设，既有利于图书馆管理者建立清晰的管理期望，进行更好的人力资源规划，制订更有效的培训计划，也有利于图书馆馆员进行定标比超分析，了解自己是否具

---

① 赵琨．图书馆人力资源培训存在的问题及对策[J]．图书馆论坛，2015(10)：68-73.

② 刘泳洁，卢明芳．美国专业图书馆协会能力标准的的修订与启示[J]．图书情报工作，2016，60(24)：26-31.

备必要的职业技能与知识以及是否胜任目前的职业工作，及时发现自身的不足之处，还有利于图书馆改进用户服务，提高服务水平；实施职业资格认证，建立图书馆学或相关学科的教学标准等。

第二，界定我国图书馆馆员能力标准的核心内容。我国图书馆馆员能力标准可以借鉴 SLA 经验，划分为核心能力与辅助能力两部分——核心能力主要规定图书馆馆员从事职业工作所必备的主要技能、知识与方法；辅助能力主要规定图书馆馆员的职业精神、职业道德、职业价值观、人际交流与公共关系能力等。核心能力可以细分为信息资源管理能力、信息服务能力、信息技术能力、信息机构管理能力四类要素。其中，信息资源管理能力应该从信息资源生命周期角度分别定义图书馆馆员在信息收集、检索、分类、编目、组织、分析、传播、共享、研究、利用等方面的能力；信息机构管理能力应该包括人力资源管理、图书馆(或图书情报机构)管理两类能力。在明确图书馆馆员核心能力要素基础上，还要进一步确定每类要素所辖的具体能力条款。

第三，制定更完善的《中国图书馆馆员职业道德准则》。2002 年颁布的《中国图书馆馆员职业道德准则(试行)》(后简称为《试行准则》)对于中国图书馆职业发展具有里程碑意义。因为它是第一个我国图书馆馆员和信息服务从业人员的职业道德规范，填补了我国图书馆界的一项空白，结束了我国图书馆馆员职业道德无章可循的历史，标志着中国图书馆馆员职业道德建设发展到了一个新阶段和向世界先进行列迈出了重要一步。然而，该《试行准则》目前所做的阐述或概括都只能说是初步的、有限的。因此，我们必须修订《试行准则》，制定更完善的《中国图书馆馆员职业道德准则》(后简称为《修订准则》)。它可由如下 3 个方面的 20 项条款组成①：A. 在图书馆馆员与图书馆职业的关系方面，①爱岗敬业，恪守图书馆馆员职业伦理准则，维护职业形象；②适时了解图书

① 刘泳洁，盛小平，曾君君．《中国图书馆馆员职业道德准则（试行)》修订的实证分析[J]．情报理论与实践，2016，39(7)：9-13.

馆馆员职业动向，努力获取与掌握工作所需的专业知识与技能；③主动参与职业活动，提升图书馆馆员职业地位；④积极采纳与有效利用新思想、新技术与新方法，以促进图书馆馆员职业的可持续发展；⑤正确区分个人利益和图书馆利益，不允许做出任何损害图书馆利益的行为；⑥尊重个人的知识自由，保护公众的民主权利，营造信任、包容与多元化的文化环境。B. 在图书馆馆员与同事和用户的关系方面，⑦充分关心和尊重同事，营造信任、合作、负责的工作氛围；⑧加强同事间的经验分享与信息交流，促进共同发展和公平竞争；⑨支持同事参与专业学习与培训，提高知识与技能；⑩保障用户自由平等地获取图书馆信息资源与服务的权利，无论其性别、年龄、种族、国别、政治或宗教信仰、健康状况、社会地位、婚姻状况、性取向等；⑪保障用户对图书馆资源和服务的知情权，了解用户需求及变化，主动提供优质服务；⑫加强用户信息素养教育，提高用户获取与利用信息资源的能力；⑬以尊重和开放的态度对待用户提出的各种建议、批评或投诉；⑭尊重与保护同事、用户的个人隐私。C. 在图书馆馆员与社会和资源的关系方面，⑮熟知图书馆信息资源与服务，注重推广宣传与利用；⑯捍卫图书馆价值，维护图书馆尊严，促进图书馆事业发展，提升其社会地位；⑰积极参与制定图书馆规划(或计划)、规程和政策，并使之不断完善；⑱支持图书馆管理和服务创新，不断改进图书馆业务与管理工作；⑲支持与促进公众的自我发展，提升图书馆的社会教育职能；⑳尊重与保护知识产权。

五、激发员工的职业热情与自主学习意识

常言道，干一行，爱一行。这说明一个人对其职业工作是否有兴趣、是否有热情是十分重要的。反之，一个“身在曹营心在汉”的图书馆馆员是不可能有提高自己的专业知识或技能的计划与行动的，他们往往把精力用在其他方面。久而久之，其职业能力将日益衰落，甚至无法胜任原有的业务工作。只有那些从内心深处认同与热爱图书馆工作的图书馆馆员，才会有为图书馆事业奋斗终身的意愿。有了这样意愿，才会

有持之以恒、不断进取的毅力和决心。因此，图书馆要弘扬爱岗敬业的职业精神，并通过宣传、激励机制来培育图书馆馆员的职业热情。同时，要通过鼓励图书馆馆员自主学习以不断提升职业能力。图书馆除了应该为图书馆馆员提高其职业技能而进行的在职业学习(如进修或函授学习)提供适当安排或奖励外，还要建立学习型组织，开展以小组为单元的组织学习，或开展以项目为中心的组织学习①，以便更有效提升图书馆馆员自主学习的效果，达到提高其职业能力的目的。

① 金白杨．开展图书馆馆员自主学习，提高工作绩效[J]．图书馆理论与实践，2010(11)：12-14.

第三章　需求驱动采购研究

自从有图书馆以来，图书馆馆员就围绕用户的愿望和需求，寻求建设馆藏资源(如泥版文书、卷轴、图书等)。图书馆馆员在书架上摆满了自以为最能满足用户需求的资料。然而，在过去的几十年里，图书馆中许多高质量的纸本馆藏从未被使用①。如今这一现象正在被需求驱动采购(demand-driven acquisitions，DDA)打破。DDA 于 2012 年荣登美国高校图书馆十大趋势之一②，在国外图书馆特别是大学图书馆已经得到广泛应用。根据 ProQuest 2018 年的调查，绝大多数图书馆(63%)使用 DDA 进行电子书采购③。然而，国内 DDA 实践进展十分缓慢，与国外相比有显著差距。信息资源建设是图书馆核心能力的基础④，而 DDA 是目前图书馆信息资源采购的创新方式，图书馆通过推广和有效实施 DDA，可以提升图书馆信息资源建设能力。本章主要从 DDA 视角来探讨图书馆信息资源建设能力。

---

① Walker K W, Arthur M A. Judging the Need for and Value of DDA in an Academic Research Library Setting[J]. The Journal of Academic Librarianship, 2018, 44(5): 650-662.

② ACRL Research Planning and Review Committee. 2012 Top Ten Trends in Academic Libraries[J]. College & Research Libraries News, 2012, 73(6): 311-320.

③ ProQuest. Why DDA is Here to Stay: An Analysis of the Demand-driven Acquisition Model for Libraries [R/OL]. [2019-09-03]. https://ipk.nkp.cz/docs/demand-driven-acquisition.pdf/at_download/file.

④ 刘兹恒．对图书馆信息资源建设的几点看法[J]．图书馆，2003(4)：3-6.

第一节　网络环境下图书馆信息资源建设的特点

在数字化、网络化、智能化环境下，图书馆信息资源建设已经突破了传统的馆藏建设范式，具有如下鲜明的特点。

一、馆藏资源多元化

在网络环境下，“馆藏”概念已不同往日，它并非像过去一样，专指图书馆实际拥有的各种文献资源，而是指图书馆“拥有”或“获取”的信息资源，即实体文献资源与虚拟信息资源的总称。如今，馆藏已经在载体形态上实现了多元化，既包括传统的刻写型文献资源、印刷型文献资源、缩微资料、视听资料，也包括各种无形的数字信息资源或电子信息资源，还包括各种科学数据、教学资源（如课程网站、教学课件、数字化教材等）；而且，馆藏已经在资源所有者上实现了多元化，它既可以是本馆拥有所有权的馆藏，也可以是仅有使用权或获取权而无所有权的网络信息资源。因此，当代图书馆信息资源体系是由自有信息资源（包括购买的和自建的信息资源）、许可使用的信息资源、开放获取信息资源、可免费使用的网络信息资源组成的。

二、馆藏资源虚拟化

随着开放获取（open access，OA）运动的快速发展，国内外已经涌现了大量的 OA 资源。图书馆通过建立与这些 OA 资源的链接，把它们纳入图书馆数字资源范畴，用户只要点击这些链接，就可进入相关 OA 资源界面，此时，这些 OA 资源如同本馆购买的数据库一样能够被用户免费利用。因为这些 OA 资源所有权不属于用户所在机构，且没有存储在本地服务器上，所以它们对于图书馆来说就实现了馆藏资源的虚拟化。随着开放获取资源的不断丰富，虚拟馆藏将成为图书馆馆藏的重要组成部分。这些虚拟馆藏主要包括[1]：①OA 期刊。OA 期刊是指那些无须本人或所属机构支付使用费用，允许读者进行阅读、下载、复制、分发、打印、检索或链接到全文的在线期刊。截至 2019 年 3 月 7 日，“开放获取期刊目录(Directory of Open Access Journal，DOAJ)”共收录 128 个国家和地区的 12773 种 OA 期刊(其中 9855 种期刊可检索论文)、3837252 篇论文[2]。截至 2019 年 3 月 7 日，中国科技期刊开放获取平台(China Open Access Journals，COAJ)共收录 660 种期刊(其中可检索论文的期刊 340 种)、1420414 篇论文，主要覆盖工业技术、医药卫生、数理科学和化学、生物科学等领域[3]。②开放图书。目前，已有一些机构或组织提供 OA 图书，这主要包括“开放获取图书目录”(Directory of Open Access Books，DOAB)、SpringerOpen 图书、开放获取学术出版联盟(Open Access Scholarly Publishers Association，OASPA)、开放内容联盟(Open Content Alliance，OCA)、各种机构知识库存储的学术著作等。截至 2019 年 3 月 7 日，DOAB 共收录了 308 个出版商的 15815 种 OA 图书。这些图书涉及农业与食品科学、艺术与建筑、生物与生命科学、商业与经济、化学、地球与环境科学、非专业作品(General Works)、保健科学、历史与考古学、语音与文学、法律与政治科学、数学与统计学、哲学与宗教、物理学与天文学、科学总论、社会科学、技术与工程 17 类[4]。③OA 知识库(OA Repositories)。OA 知识库是存储学术研究成果并为用户提供全文免费阅读和使用的数字文档库。OA 知识库可分为机构知识库(Institutional Repositories，IR)与学科知识库(Subject Repositories，SR)。其中，机构知识库又称机构库、机构仓储、机构典

① 盛小平．社会网络视域下的开放获取机制[M]．广州：中山大学出版社，2017：9-26.

② DOAJ [EB/OL]．[2019-3-7]．http：//doaj. org/.

③ 中国科技期刊开放获取平台[EB/OL]．[2019-3-7]．http：//www. coaj. cas. cn/.

④ DOAB：Directory of Open Access Books[EB/OL]．[2019-3-7]．http：//www. doabooks. org/.

藏库，是指搜集、存储学术机构成员的知识资源，并提供检索的数字知识库。截至 2019 年 3 月 7 日，开放存取知识库名录(Direct of Open Access Repositories，OpenDOAR)收录了世界上 3974 个机构知识库，大部分为多学科学术资源(占 2442)，其次是卫生和医学、商业和经济学、通用技术、通用自然科学、法学和政治学、历史和考古学等学科学术资源①。学科知识库也被称为学科仓储、主题知识库，它是专门收集某一特定学科领域各种研究资源的电子文档而形成的知识库。最普遍的是电子印本文库(E-print archive)，包含两类文献，即未经审核的预印本(Preprint)和已经审核过的后印本(Postprint)。arXiv 是早期有名的学科知识库。④开放数据。开放数据是可以面向任何人自由使用、再利用和重新发布的数据，在其限制上，顶多是满足属性和共享协议的要求以及“技术开放”和“法律开放”。“技术开放”是指数据可以机器可读标准格式被利用，即被计算机检索与有目的的处理；“法律开放”是指数据以一种没有任何限制、允许商业和非商业利用和再利用的方式得到明确许可。⑤预印本。预印本(Preprint)是指人们的科研成果未在正式出版物上发表之前，为与同行交流而自愿先在学术会议上或通过互联网发布的科研论文、科技报告等文章。与刊物发表或网页发布的文章相比，预印本具有交流速度快、利于学术争鸣、可靠性高的特点。目前国内外已经出现了多个预印本服务系统，如中国预印本服务系统、中国科技论文在线、arXiv、e-Prints Soton、E-print Network、CogPrints、E-LIS 等。

三、数字资源与纸质资源并重

传统的图书馆信息资源主要以印刷型文献资源为主，而在网络环境下，许多图书馆，特别是我国研究型大学图书馆的数字资源建设不仅在数量上，而且在预算上已经全面超过纸质资源建设②。一些图书馆把大

① OpenDOAR[EB/OL].[2016-2-27]. http://www.opendoar.org/index.html.

② 程焕文，黄梦琪. 在“纸张崇拜”与“数字拥戴”之间——高校图书馆信息资源建设的困境与出路[J]. 图书馆论坛，2015(4)：1-8.

部分采购经费用在数字信息资源建设上，如购买各种全文数据库或题录、文摘、索引、专利、标准、事实、多媒体数据库，或努力开发各类专题和特色数据库，使数字信息资源在图书馆信息资源体系中的比重越来越高。借助于移动互联网，不断丰富的图书馆数字信息资源使“资源到手”“资源到人”“资源无处不在”由理念变为现实。然而，纸质文献的内容价值、历史价值和文化价值不容忽视。优秀的纸质文献如同世界名画一样，具有深厚的历史价值和文化价值，这是数字信息资源无法比拟的。正因为如此，2013 年 12 月，北京大学图书馆筹资 1 亿多元，从日本回购了 2 万余册的“大仓藏书”，共计 931 种 28143 册，其中古籍 904 部，包括中国古籍 716 部 26260 册，日本古籍 187 部 2546 册，朝鲜古籍 1 部 2 册①。古籍的价值显然是不言而喻的。程焕文先生认为，相对于纸本图书来说，数字图书只有纸本图书三分之一甚至六分之一的价值②。这不仅因为在网上阅读整本数字图书远远不及阅读纸本图书便捷，而且一本心仪的纸本图书可能因其崭新的书香、精美的包装而给读者带来数字图书无法获得的愉悦感。因此，虽然目前大多数图书馆数字资源采购经费要多于纸质资源采购经费，但是从长远来说，图书馆信息资源建设将会呈现数字资源与纸质资源并重的局面，在大量购买各种数据库的同时，应最大限度地采购与收藏纸质文献资源，不能以数字信息资源来完全替代纸质文献资源。

四、以用户需求为导向

以用户需求为导向是今后图书馆信息资源建设必须贯彻的首要原则。如今，我们处在信息泛滥的时代，各种良莠不齐的信息充斥在人们的周围，其中某些信息本身算不上是信息资源，仅仅是一些垃圾信息、

① 许路阳．北大斥资亿元回购中国典籍[N/OL]．(2014-05-04)[2019-09-06]．http：//epaper. bjnews. com. cn/html/2014-05/04/content_509826. htm？div=-1.

② 程焕文，黄梦琪．在“纸张崇拜”与“数字拥戴”之间——高校图书馆信息资源建设的困境与出路[J]．图书馆论坛，2015(4)：1-8.

无用信息甚至有害信息；有些虽然是信息资源，但是其价值和使用价值十分微薄。特别是在当今信息资源数量急剧增长而图书馆采购经费有限的情况下，图书馆信息资源建设必须改变以收藏文献资源为导向的传统做法，转向以用户需求为导向。这首先要求图书馆要基于前期扎实的用户信息资源需求调查，科学地进行图书馆信息资源建设的战略规划，保证图书馆信息资源建设是以用户需求为导向。例如，为促进我国高校“双一流”建设，高校图书馆要以一流大学和一流学科建设的需求为导向和目标，搜集、揭示、分析、评价、挖掘、整合、可视化展现反映各有关学科发展最前沿、最高水平的各类信息资源①。其次，要求图书馆在信息资源建设方面与用户进行广泛合作，包括采用用户驱动的资源采购模式或用户定制的资源采购模式。再次，要求图书馆充分利用用户对图书馆信息资源是否满足其需求的各种反馈，准确评估信息资源使用效益，并作为今后改进图书馆信息资源选择、购买、交换与共享的依据。

五、以合作共享为准则

21 世纪以来，虽然信息技术和网络技术得到快速发展，且能帮助人们更方便地获取信息，但是，不断上涨的期刊、图书、数据库等信息资源订购价格，致使图书馆等文献收藏与服务机构的资源采购经费虽有增加，但再也不能订购过去一样多的期刊、图书、数据库，从而引发了“期刊危机”“图书馆危机”，并进一步触发“学术危机”②。于是，许多图书馆除了积极参与开放获取运动以外，更多的是采取多种多样的联合行动，比如集团采购、联合采购、集中编目、联合编目、第三方机构集中保存、成员图书馆协作保存等，通过彼此之间的合作来克服上述危机，同时达到增强图书馆信息资源建设能力的目的。即使是那些拥有比

① 肖希明，尹彦力．服务于“双一流”建设的高校图书馆信息资源建设[J]. 图书馆建设，2018(4)：79-84.

② 盛小平．社会网络视域下的开放获取机制[M]．广州：中山大学出版社，2017：4-5.

较充足资金保障的国外国家图书馆，也非常重视与国内外图书情报机构的合作来增强馆藏建设实力，包括联合编目、馆际互借、文献传递、资源调拨、出版物交换、数字基础设施建设、人员培训、标准制定、缩微复制等；还十分重视与其他文化遗产机构(特别是档案馆、博物馆)的合作来开展文献资源建设，比如澳大利亚国家图书馆自 1996 年实施澳大利亚 PANDORA 项目后，已与国内 10 个图书馆和文化遗产机构合作开展了信息资源建设①。事实上，目前在国内，几乎所有一所省级公共图书馆和高校图书馆都参加了区域性或行业性图书馆联盟来合作开展信息资源建设。因此，合作共享既是当今图书馆信息资源建设的首要原则，也是资源建设的必由之路②。

第二节 DDA 产生的背景

DDA 是以促进发现图书馆目前未拥有的资料，然后根据用户请求迅速购买这些资料，把它作为图书馆馆藏并提供用户利用的一种新型文献采集模式。它又被称为“读者驱动采购”或“读者决策采购”(patron-driven acquisition，PDA)、“用户驱动采购”(user-driven acquisition，UDA)③、“用户发起的电子书购买”、“用户(或需求)驱动的馆藏建设”④。事实上，图书馆进行非正式的 DDA 已经有很长的历史了⑤。因为图书馆是

① 黄如花，温芳芳．国外主要国家图书馆信息资源建设的特点与启示[J]．图书与情报，2018(04)：80-88.

② 刘万国，周秀霞，孙波．“双一流”建设视角下高校图书馆信息资源建设热点扫描[J]．大学图书馆学报，2018(5)：33-38.

③ Horava T. Demand-driven Acquisition and Collection Management [J]. Technicalities，2017，37(4)：15-18.

④ Arndt T S. Getting Started with Demand-driven Acquisitions for E-books：A LITA Guide[M]. Chicago：ALA TechSource，2015：1.

⑤ Fulton K J. The Rise of Patron-driven Acquisitions：A Literature Review[EB/OL]. [2019-09-06]. https：//digitalcommons.kennesaw.edu/cgi/viewcontent.cgi?article=1770&context=glq.

为用户而存在的，图书馆馆员在建立馆藏时需要考虑用户的需求。传统方式上，图书馆馆员依靠书目、书评、出版商声誉和专业直觉来指导用户选择图书，虽然大多数图书馆馆员认真考虑了用户对特定图书的需求，但通常绝大部分图书是由图书馆馆员选择的。长期以来，图书馆馆员基于“以防万一”(just in case)库存模式来建设馆藏①。正式 DDA 的形成，源自图书馆环境的如下变化。

第一，在过去的 20 多年以来，图书馆经历了从纸质资源向电子资源作为主要信息资源的巨大转变。目前在大多数图书馆中，65%至 70%的资料预算是支付给电子期刊、全文数据库、索引与摘要数据库、多媒体数据库以及越来越多的电子书②。特别是电子书在近几年获得了迅猛发展。2016 年，全球电子书市场价值为 157.1 亿美元，预计今后将出现显著增长③。在中国、印度和美国等国家，用于阅读的智能手机的普及率不断提高，推动了电子书市场的增长，电子书以更丰富多样的形式展现在读者面前。电子资源不仅在图书馆预算中所占的份额越来越大，而且从根本上改变了用户对内容可用性和交付的期望。

第二，2008 年全球金融危机引发的经济衰退给许多国家图书馆带来了巨大的预算压力。图书馆一方面要面对预算削减和图书资料采购费显著减少的困境，例如，在 2013 年美国图书馆界，图书、期刊采购预算方面分别削减 43%、34%，在线订阅/采购预算、纸本订阅/采购预算

---

① Nixon J M, Freemaan R S, Ward S M. Patron-driven Acquisitions: An Introduction and Literature Review[J]. Collection Management, 2010, 35(3/4): 119-124.

② Lugg R. Collecting for the Moment: Patron-driven Acquisitions as a Disruptive Technology[M]//Swords D A. Patron-driven Acquisitions: History and Best Practices. Boston: De Gruyter Saur, 2011: 7-22.

③ Hexa Research, Inc. E-book Market Size and Forecast, by Genre (fiction, nonfiction & education, literature, children's book, comics & graphic novel), and Trend Analysis, 2014—2024 [EB/OL]. [2019-05-21]. https://www.hexaresearch.com/research-report/e-book-market.

都削减 30%①；另一方面承受着文献资料价格快速上涨的冲击，例如，在英国，学术期刊平均价格在 1998—2003 年间上涨了 58%，而同期英国零售价格指数只增长 11%；虽然大学图书馆期刊支出比例增加了，但是它仍不能维持期刊购买力②。不断上涨的期刊价格改变了图书馆的资金分配方式，现在大多数图书馆把不到四分之一的总支出用于图书采购，大部分预算用来购买电子期刊③。尽管近几年国内图书馆预算比过去提高了许多，但面对日益增多的用户信息资源需求，图书馆仍然是捉襟见肘。鉴于目前国内多数图书馆优先保证采购电子资源，那么纸本图书采购经费就非常有限。

第三，许多图书馆面临空间不足的问题。随着一年又一年纸本图书的采购，备用(just in case)藏书填满了图书馆书库，但这些图书馆没有资金扩建或新建书库，这时某些图书馆出现了“书满为患”的问题。还有一些图书馆把原来的图书馆空间甚至书库改造为信息共享空间、教学中心、小组学习空间、咖啡室和其他场所，使图书馆面临不断萎缩的馆藏空间④。

第四，纸本馆藏保存和管理的成本很高。据估计，保存在开放书库中的每卷书每年花费 4. 26 美元⑤。虽然利用高密度储存设备降低了每

---

① Statista. What Areas of Your Library were Impacted by Budget Cuts or Freezes over the Past Year? [EB/OL]. [2019-05-21]. https://www.statista.com/statistics/232435/us-library-budget-cuts/.

② Möller A M. The Case for Open Access Publishing, with Special Reference to Open Access Journals and Their Prospects in South Africa[D]. Bellville: University of the Western Cape, 2006.

③ Rossmann D, Arlitsch K. From Acquisitions to Access: the Changing Nature of Library Budgeting[J]. Journal of Library Administration, 2015, 55(5): 394-404.

④ Costello L. Evaluating Demand-driven Acquisitions[M]. Amsterdam: Chandos Publishing, 2017: 3-20.

⑤ Lugg R. Collecting for the Moment: Patron-driven Acquisitions as a Disruptive Technology[M]//Swords D A. Patron-driven acquisitions: history and best practices. Boston: De Gruyter Saur, 2011: 7-22.

卷的保存成本，但是成本仍然巨大。许多图书馆正在努力通过馆际互借或其他方式来控制成本。虽然电子书也有生命周期管理成本，但它们显然对空间没有同样的需求，也不像纸本图书那样在空间上“排挤读者”。因此，电子书受到了越来越多的青睐。

第五，长期以来，许多纸本图书利用率很低。早在 20 世纪 70 年代，匹兹堡大学的一项研究发现，7 年前购买的图书中有 40%从未流通过①。在巴克内尔大学，1991 年至 1994 年购买的书籍中有 39%从未流通过②。在康奈尔大学，截至 2009 年，2001 年出版的馆藏图书中只有 35. 5%得到了流通利用，而 1990 年以来出版的书籍中，55%从未被借阅过③。佛蒙特州大学图书馆馆藏中有 40%的书放在书架上多年没有被借阅过④。在肯特州立大学，图书馆馆员采购的纸本图书 39%从未被借阅过⑤。威克森林大学自 1991 年以来，约有 50%的图书尚未流通，其余 50%的图书中的 36%只流通过一次⑥。在丹佛大学(University of Denver)2005 年至 2009 年 5 年间采购的 89496 本图书中，53%的图书没有流通利用过，24%的图书仅流通利用过 1 次⑦。国内纸本馆藏利用情

① Line M B. Use of Library Materials: the University of Pittsburgh Study (Book Review)[J]. College & Research Libraries, 1979, 40(6): 557-558.

② Perdue J, Van Fleet J A. Borrow or buy? Cost-effective Delivery of Monographs [J]. Journal of Interlibrary Loan, Document Delivery & Information Supply, 1999, 9(4): 19-28.

③ Belvadi M. DDA and Traditional Monograph Acquisition — the Experience of a Small University Library[J]. Insights, 2016, 29 (1): 64-69.

④ Spitzform P. Patron-driven Acquisition: Collecting as if Money and Space Mean Something[J]. Against the Grain, 2011, 23(3): 20-24.

⑤ Downey K, Zhang Y, Urbano C, et al. A Comparative Study of Print Book and DDA E-book Acquisition and Use[J]. Technical Services Quarterly, 2014, 31(2): 139-160.

⑥ Cramer C J. All about Demand-driven Acquisition[J]. The Serials Librarian, 2013, 65(1): 87-97.

⑦ Clark M L. Developing a Multiformat Demand-driven Acquisition Model[J]. Collection Management, 2010, 35(3/4): 201-207.

况与国外类似。例如，在华南农业大学，2008 年至 2010 年采购入藏 8915 册外文书，但截至 2010 年底，零借阅的比例高达 67.9%①。这种低利用率严重违背了《图书馆学五法则》的第一法则——"书是为了用的"和第三法则——"每本书有其读者"②。

第六，移动网络和智能终端的兴起改变了用户寻找资料的方式与期望。在泛在信息环境下，图书馆用户对如何快速利用文献资料有越来越高的期望。用户理念已经从"图书馆是否有其需要的资料"转向"要花多长时间才能得到想要的资料"③。随着人们"想要什么就能得到什么"的营销理念的传播，现代图书馆必须更好地适应用户的需求，因为现在是向用户驱动的图书馆服务转变的时候了④。这时图书馆可以借助于网络（特别是移动网络）将资源投入到用户的工作流程中或者学习与研究活动中，用户利用计算机终端或智能终端就可访问、阅读、下载图书馆文献资料。

这些因素叠加起来为重新思考图书馆馆藏建设方法提供了一个前所未有的机会。DDA，尤其是电子书 DDA，应运而生。1999 年，NetLibrary 和科罗拉多研究图书馆联盟（Colorado Alliance of Research Libraries，CARL）合作开发了第一个电子书产品，随后 DDA 开始在国外得到推广。

---

① 李铁梅．高校图书馆外文图书利用分析及对策——以华南农业大学图书馆为例[J]．图书馆论坛，2011(3)：144-147.

② Ranganathan S R. The Five Laws of Library Science[M]. Madras: The Madras Library Association, 1931: 1, 299.

③ Rogers K. Immediacy vs. Foresight: A Study of Patron Selected and Librarian Purchased E-books at the University of Mississippi Libraries[J]. Journal of Electronic Resources Librarianship, 2018, 30(3): 138-146.

④ Abdullah N, Yusuf A O, Adam, U A, et al. Disruptive Collection Acquisition: Awareness, Readiness and Adoption among Malaysian Academic Libraries[EB/OL]. [2019-09-06]. http://library.ifla.org/2256/1/169-abdullah-en.pdf.

第三节 DDA的利益与问题

DDA具有许多实实在在的利益，包括①②③：①图书馆可以专注于购买最有可能被使用的图书，降低采购成本，节省实物收藏空间。②在不必购买某些资料的前提下大幅增加图书馆馆藏目录规模而非限制馆藏质量。③用户获得比图书馆馆员采购更广泛的资料，更好地反映跨学科主题，增加收藏的相关性。④将“以防万一”购买转变为“即时”(just in time)购买，提供及时访问，实现及时收藏。⑤清楚地展示内容的使用，并提供详细的使用统计。⑥保证通过用户驱动采购所获得的资料至少使用一次以上。⑦允许用户永久地创建图书馆馆藏，使用户在图书馆藏书方面有更积极的发言权，在触发购买前提供更好的评价。⑧降低投资风险，提高投资回报，确保图书采购预算得到有效使用。⑨减少专业人员用于馆藏建设和采购任务的时间，加强图书馆馆员的作用，让他们专注于新的角色，如与教职员工建立更密切的关系，或担任学术部门联络人、嵌入式图书馆馆员或数据馆员，或将更多的时间用于学术研究等。⑩提高图书馆对实际用户需求的响应能力。

不过，PDA项目容易出现如下6个问题④：①未能区分学生的直接需求与其长期教育需求；②未能充分利用图书馆馆员的知识和专长；③未能代表图书馆的所有利益相关者，如未来的学生和教师；④存在选择

① Dillon D. PDA and Libraries Today and Tomorrow[M]//Swords D A. Patron-driven Acquisitions: History and Best Practices. Boston: De Gruyter Saur, 2011: 191-195.

② Cramer C J. All About Demand-driven Acquisition[J]. The Serials Librarian, 2013, 65(1): 87-97.

③ Pollanka S, Delquié E. Patron-driven Business Models: History, Today's Landscape, and Opportunities[M]//Swords D A. Patron-driven Acquisitions: History and Best Practices. Boston: De Gruyter Saur, 2011: 119-135.

④ Walters W H. Patron-driven Acquisition and the Educational Mission of the Academic Library[J]. Library Resources & Technical Services, 2012, 56(3): 199-213.

偏见，特别是当某些个人或群体生成不成比例的 PDA 订单时；⑤存在潜在的超支和相关的预算问题；⑥存在编目问题，它可能妨碍信息发现和降低读者对图书馆的信心。另外还有 4 个因素，即有限的可用性、数字滞后期、高价格和许可问题，可能导致那些依赖电子书技术的 PDA 项目更加复杂。

第四节　DDA 模式

如今，DDA 已经涌现多种模式，且所有 DDA 项目都提供购买选项。从触发购买的不同条件或方式来看，DDA 主要如下 6 种模式。

一、基于馆际互借的 DDA(ILL-DAA)

“基于馆际互借的 DDA”(inter-library loan-based DAA, ILL-DAA)指对于读者通过 ILL 系统提出的请求，图书馆馆员基于本馆制定的相关标准进行审查，并决定是否购买而非借阅这些资料的一种资源采购模式。其主要特点是[①]：ILL 的目的是为了购买而不是借阅资料；ILL-DDA 获得的资料可以添加到馆藏中，以满足本地用户的未来请求而无需再次进行 ILL；ILL-DDA 有助于图书馆的预算与流通管理。普渡大学图书馆(Purdue University Libraries)[②]、佛罗里达大学图书馆(University of Florida Libraries)[③]、北得克萨斯大学图书馆(University of North Texas

---

① Dyk G V. Demand-driven Acquisitions for Print Books: How Holds can Help as much as Interlibrary Loan[J]. Journal of Access Services, 2014, 11(4): 298-308.

② Nixon J M, Saunders E S. A Study of Circulation Statistics of Books on Demand: A Decade of Patron-driven Collection Development, Part 3[J]. Collection Management, 2010, 35(3-4): 151-161.

③ Foss M. Books-on-demand Pilot Program: An Innovative "Patroncentric" Approach to Enhance the Library Collection[J]. Journal of Access Services, 2008, 5(1-2): 305-315.

Libraries）①都采用该模式来采购纸本图书或电子书。

二、基于短期借阅的 DDA(STL-DDA)

基于短期借阅的 DDA（short-term loan-based DDA，STL-DDA）指供应商或出版商允许通过 STL 临时租赁电子书给用户使用，以便促成电子书购买的一种 DDA 方式，又被称为临时租赁 DDA 模式。这种模式的特点是：①STL 期限并不固定，可以是 1 天、1 周或 1 个月等，但大多数图书馆都选择 1 天或 7 天的借阅期，STL 的期限越长，费用越昂贵。②图书馆可以为借阅期限内的用户使用向供应商支付电子书定价的某个百分比。这些费用在早期的 STL-DDA 中仅用于借阅，当一本电子书达到设定的借阅数量最终触发自动购买时，图书馆必须支付电子书的定价，这时图书馆购买该电子书的总费用往往超过其定价②；但在最新的“从访问到拥有的 DDA”（access-to-own DDA）中，前期 STL 费用可计算在最终购买成本中。③采用 STL-DDA 的图书馆将显著节省图书采购经费，提高采购资金的使用效率，因为图书馆对于只有较低使用需求的电子书，仅须为 STL 支付少量费用而不必花更多钱来购买。④STL-DDA 可能会减少出版商收入，从而对出版商出版图书和支持学术生态系统的能力产生不利影响③。纽约州立大学帝国学院在线图书馆（State University of New York Empire State College Online Library）④、科罗拉多

---

① Johnston P. Just-in-time：A Case Study of Buying Instead of Borrowing at the University of North Texas Libraries，2014—2017［J］. Journal of Interlibrary Loan，Document Delivery & Electronic Reserve，2017，26(2)：121-125.

② Davies T. The Evolution of An E-book Demand-driven Acquisition Programme at Swinburne University of Technology［J］. Insights，2017，30(2)：36-43.

③ The NISO DDA WORKING GROUP. Demand-driven Acquisition of Monographs［M］. Baltimore：National Information Standards Organization（NISO），2014：6.

④ Longley D H. Demand Driven Acquisition of E-books in A Small Online Academic Library：Growing Pains and Assessing Gains［J］. Journal of Library & Information Services in Distance Learning，2016，10(3/4)：320-331.

研究图书馆联盟(Colorado Alliance of Research Libraries)①都采用 STL-DDA 来实施电子书采购。

三、基于免费发现的 DDA(FD-DDA)

“基于免费发现的 DDA”(free discovery-based DDA, FD-DDA)又可称为“基于免费浏览的 DDA”，指在触发购买之前供应商为用户提供免费的访问、浏览服务，以帮助用户决定是否需要复制、下载、打印或购买某种(电子)资源的一种 DDA 模式。免费发现的方式通常包括：允许在一定时间内(5~10 分钟)免费完全访问内容；不受限制地免费访问书的某些部分(如目录和引言)；允许在触发(包括复制、打印、下载、购买等)之前免费访问一定数量的页面。这种模式的主要特点是：①为用户提供适当时间或篇幅内容的免费访问、浏览，帮助用户了解打算购买的资料。②保证多数触发购买的文献资料能够得到真正和有意义的使用，有助于克服随意点击而导致购买了大量非实际需要的资料和预算超支等问题。③免费发现需要设置在防止意外购买的层次上，但不允许太多有意义的免费使用，否则将降低出版商或供应商的收入。④该模式并不能防止多次错误点击触发一次购买，但它确保了图书的购买不是基于单一的虚假点击②。大多数 DDA 项目都具有免费发现的功能，只是不同 DDA 项目设置了免费发现的不同条件或要求。

四、循证采购(EBA)

循证采购(evidence-based acquisition, EBA)，也被称为循证选择(evidence-based selection)或使用驱动采购(usage-driven acquisition)，是

---

① Denker B. Changing Demand Driven Acquisition Ebook Models: A History and Preliminary Results at the Colorado Alliance of Research Libraries[J]. Journal of Library Administration, 2018, 58(3): 282-292.

② The NISO DDA Working Group. Demand Driven Acquisition of Monographs[M]. Baltimore: National Information Standards Organization (NISO), 2014: 5.

图书馆基于用户实际使用情况来购买所需资料的一种 DDA 方式。具体来说，它往往是由图书馆与出版商(或供应商)签订协议，由后者向图书馆用户提供电子书的访问，在约定的使用期结束后(通常是一年之后)，出版商(或供应商)向图书馆提供使用数据，然后图书馆从中选择并购买议定总额的电子书。这种模式的特点是：①图书馆需要保证提供适当的采购资金，以便供应商或出版商事先向图书馆用户提供电子书的访问并获得预期的收益。②图书馆馆员通过评估使用数据来决定购买哪些书籍。③图书馆、出版商都面临一定的风险。图书馆可能面临需要更多采购经费的风险；出版商可能面临因图书馆没有足够的采购资金而无法完全兑付用户使用费用所造成的收益损失。科罗拉多大学图书馆系统采用了 EBA 来购买流媒体视频(streaming videos)①。

五、从访问到拥有的 DDA(ATO-DDA)

从访问到拥有的 DDA(ATO-DDA)允许图书馆用户在电子书借阅环节产生的费用达到一定支付金额后，图书馆可通过买断方式购得该书，从而拥有该书的所有权，即有关权限由访问变成拥有。该模式的特点是：①为图书馆和出版商解决了围绕 STL 模式产生的费用难题，将 STL 支出用于电子书的所有权购买。②可以实现图书馆与出版商(或供应商)的双赢，即图书馆可以充分利用每一笔采购资金，有效控制预算；出版商(或供应商)可获得有保障的销售收入，不存在收益受损的问题。③既提高了图书馆采购资金的使用效率，也保障所购电子书能被较多地使用。④相对于 STL-DDA，该模式能为图书馆用户提供丰富的重要新书和再版书，并根据用户的实际需求来建立高质量的电子书馆藏。目前已有 390 多家出版社采用该模式并提供 40 多万种电

① Spratt S J, Wiersma G, Glazier R, et al. Exploring the Evidence in Evidence-based Acquisition[J]. The Serials Librarian, 2017, 72(1-4): 183-189.

子书，许多图书馆如斯温伯恩技术大学图书馆(Swinburne University of Technology Library)①采用了该模式。

六、按需印刷(POD)

按需印刷(Print on Demand，POD)是指供应商或图书馆根据用户请求直接印刷相关文献并提供给用户的一种方式。它通常包括以供应商为基础的 POD 和以图书馆为基础的 POD。前者可以降低纸本 DDA 项目采购的资料不再被利用的风险，后者适合于那些希望通过 DDA 项目及时为用户提供纸质复本的图书馆。目前，该模式的应用并不广泛。

第五节 DDA 运行机制

DDA 运行机制指 DDA 要素之间的结构关系和运行方式，主要涉及 DDA 的项目规划、供应商与电子书平台选择、图书配置、触发设置、记录管理、计费、评估等活动。

一、项目规划

不管图书馆将采用何种 DDA 模式，在 DDA 项目实施前都要进行 DDA 项目规划。DDA 项目规划是指对 DDA 项目的目标、范围、时间周期、方式与流程等事务的一系列安排与设计。一般来说，DDA 项目的总目标是更好地满足日益增长的用户对文献资源的需求，分目标主要包括②：①节省与优化配置采购资金，使有限的资金用在能真正满足用户需求的有价值的文献或数据库上；②补充馆藏资源，提高馆藏资源的流通与利用率，解决长期以来许多馆藏资源无人问津的局面；③提供对更

① Davies T. The Evolution of An E-book Demand-driven Acquisition Programme at Swinburne University of Technology[J]. Insights, 2017, 30(2): 36-43.

② Spratt S J, Wiersma G, Glazier R, et al. Exploring the Evidence in Evidence-Based Acquisition[J]. The Serials Librarian, 2017, 72(1-4): 183-189.

多文献资源的访问，增加用户选择其所需文献资源的机会；④减少馆际互借(Interlibrary Loan，ILL)请求，降低ILL产生的费用；⑤实施零库存管理。

除需要考虑DDA项目目标外，图书馆在将DDA视为馆藏建设的重要手段时必须确定将要提供多大的预算、建立多大的备选池、建立什么样的配置文件(profile)、使用多少供应商、是否要合并纸本图书、采用何种方式的DDA、建立何种DDA工作流程。其中，DDA模式选择是十分关键的一个环节。上述6种DDA模式可以单独或以组合方式运用于实践。

二、供应商与电子书平台选择

为实施DDA项目，图书馆需要与一个或多个供应商签订图书采购与书目数据共享协议。目前，国外电子书集成商主要包括ProQuest、EBSCO、JSTOR，其他供应商有亚马逊Kindle、洋基书商(YBP)等。其中，ProQuest拥有930多家出版社出版的120余万本电子书；EBSCO拥有全球1500多家学术出版社和大学出版社出版的100余万本电子书、10余万种有声读物；JSTOR拥有181家知名学术出版社出版的6.5万本电子书，包括5000余本开放获取图书。这些集成商通过其电子书平台可以为图书馆提供DDA服务。目前，国外电子书平台主要包括NetLibrary、Ebrary、EBL和MyiLibrary。

NetLibrary是EBSCO提供的电子书平台，可为用户提供包括浏览全文10页或10分钟、复制、打印或下载(即“10/10/拷贝/打印”)等在内的多种触发方式，也提供以无限用户、多个并发用户或单个用户等方式访问所购图书的服务，但需遵循不同的价格设置。图书馆可以选择独自创建自己的图书配置文件，或选择让EBSCO的馆藏建设小组根据用户需求或馆藏建设需求来定制图书配置文件。NetLibrary的订价模式是：单一用户的价格与出版商推荐的列表价格相同；3个用户的价格是在单用户的价格基础上增加50%；无限用户的价格因不同全职人员数量而不同。

Ebrary是ProQuest提供的电子书平台，可为用户提供来自500多家出版商、专业机构和国际组织的29万多本电子书、手册和其他文件。Ebrary确定了4种购买触发机制——“10/10/拷贝/打印”。Ebrary已与MyiLibrary合并到Proquest Ebook Central平台中。Ebrary在全球范围内向单个图书馆或图书馆联盟销售，并已将其用户驱动模式与“YBP图书馆服务”综合起来，使图书馆更容易通过现有工作流程提供DDA。他们可利用YBP的配置文件系统来确定哪些图书被放入备选池。Ebrary的订价模式是：每本书的定价对单用户来说就是出版商定价，对不受限制的多用户来说是，其价格出版商定价的1.5倍。

电子书图书馆(Ebook Library，EBL)是电子书公司(Ebook Corporation)在全球范围内为学术和企业图书馆提供的平台，于2011年被ProQuest收购。对于图书馆不拥有的图书，EBL允许每个用户在不发生资金交易的情况下访问每本书5分钟。在实施EBL的STL时，图书馆须支付每本书订价的某个百分比，这取决于借阅的时间长短，也可以是单价的5%。EBL系统帮助图书馆在达到一定数量的STL之后自动购买图书。EBL的订价模式是：所有的价格都由出版商决定；电子书价格与纸本图书一样，但价格因学科和出版商而异；EBL以出版商定价出售电子书，并不在出版商定价上加价。

MyiLibrary是ProQuest提供的另一个电子书平台，拥有75万种图书资料，能够基于机构独特的要求，提供单个标题、特定出版商或主题等数字内容的访问功能。MyiLibrary可以采取灵活的图书订购模式，包括单用户、3用户、DDA或访问模式，而且可以在结构化信息标准促进组织(OASIS)平台上与EBL和EBSCO一起订购，其大部分内容都可获得永久许可使用。如今，MyiLibrary有两个订价模式：单用户和多用户。每本书有单独的基础定价，单个用户的价格可以等于或稍微高于纸本图书价格。平均而言，单用户拷贝成本约为纸本图书价格的1.2倍。多用户拷贝允许并发访问，平均订价为纸本图书价格的2.2~2.8倍。

上述电子书平台的主要特征如表 3-1 所示。

表 3-1　　四种电子书平台的比较①②

特征	Netlibrary	MyiLibrary	EBL	Ebrary
所属公司	EBSCO	ProQuest	ProQuest	ProQuest
图书容量	100 万	75 万	124 万	29 万
触发购买临界点	浏览 10 页，10 分钟，复制，打印或下载	单个协商	图书馆决定，多数购买是在 3 次 STL 后，有些使用 1 次 STL，其他使用多更次 STL	基于实际使用，包括浏览了 10 页、10 分钟的实际使用、复制、粘贴或打印
允许的免费浏览	在触发购买前可浏览 10 页或 10 分钟	无限制	对于没有所有权的图书，每个用户可浏览 5 分钟，但不限制用户数量；对于有所有权的图书，每个用户在结账登记前可浏览 10 分钟	可以浏览 9 页，或用户使用不到 10 分钟
购买类型	单个，3 个，或不限制用户数量	单个和/或多个用户	允许多个并发用户	单个用户和无限制的多用户许可
单个图书馆或联盟交易	两者	两者	两者	两者
允许的 ILL	租借或 STL	可以	不常使用。STL 是比 ILL 更好的方法	在共享的联盟馆藏是可以的。允许 STL
与阅选计划的综合	可以	可以，与 Coutts 阅选计划综合	在北美、澳大利亚、新西兰、中东与 YBP 综合，在英国、欧洲、非洲与 Blackwell 综合	可以，与 YBP 阅选计划综合

① Pollanka S, Delquié E. Patron-driven Business Models: History, Today's Landscape, and Opportunities. In: Swords D A. Patron-driven Acquisitions: History and Best Practices[M]. Boston: De Gruyter Saur, 2011: 119-135.

② Byström K, Johansson T, Perols K, et al. Patron-driven Acquisition (PDA) as Acquisition Method at Academic Libraries [EB/OL]. [2019-09-06]. http://www.kb.se/dokument/Bibliotek/projekt/Slutrapporter%202012/PDA%20English.pdf.

续表

特征	Netlibrary	MyiLibrary	EBL	Ebrary
STL 选项	可以，1，7，14 或 28 天	可以	可以，从 24 小时到 28 天	可以，从单日到一周、一个月
MARC 记录上传频率	默认的是每月，图书馆可改变默认值	每周	与 EBL 每月，与 YBP 每周	及时
图书选项提供	价格、出版商、出版日期、主题、内容类型(电子图书或有声读物)	价格、出版商、出版日期、主题、书目格式	价格、出版商、出版日期、主题	价格、出版商、出版日期、主题和其他关键参数
存在“控制选项”以便图书馆馆员批准购买	没有，图书馆在用户界面中发布 DDA 图书之前进行了选择。一旦图书可以在用户界面中获得，它们也可以直接访问，并将在使用时购买	有，审批过程是在 DDA 之前完成的，因为图书馆选择了他们想要利用的图书	有，图书馆可以选择中介(批准)STL 或购买非拥有的图书。EBL 为用户和图书馆馆员提供了一个非常精简的工作流程，用于通知请求、批准和提醒用户请求状态；所有请求都会被记录下来，这样图书馆馆员就可以查看或导出请求、批准、拒绝等方面的报告	没有，Ebrary 不会中断用户的搜索或浏览过程
撤销 DDA 配置文件中的一些书名	是的，出版商可能会撤回 DDA 配置文件中激活的、尚未购买的图书。在设置 DDA 配置文件时，可以选择在图书被出版商限制或撤销时获得通知	撤销已经变得不那么常见了	是的，EBL 根据用户需要随时更新 DDA 配置文件。在此过程中，可以创建添加、删除和更新文件	偶尔，出版商的内容将从 DDA 配置文件中撤回
如果能够撤销，是否可以得到这些图书的 MARC 记录，以便删除它们	图书馆可以请求接收 MARC 记录来删除不能再访问的书名	如果一本书被完全撤回，就会得到通知以便把相关记录从目录中删除	将以 .csv 和 .mrc 格式接收这些文件，然后可以从图书馆管理系统的编目模块中加载或删除 MARC 记录文件	可以为每本撤销的图书生成 MARC 删除记录，然后可以将它们上传到图书馆目录中，以删除这些图书
自动购买	可以	可以	可以，或超出范围时通知图书馆的使用数量或价格	可以，一旦达到触发购买就自动购买
去重	可以	可以	可以	可以
存款账户	需要	需要	可以，如果图书馆希望，但非必不可少	需要

续表

特征	Netlibrary	MyiLibrary	EBL	Ebrary
支出警报	有	有	有	有，当仅剩10%或钱不够时
用户报告	有	有	有	有
实时传递	有	有	有	有
基金代码管理	有	有	有	有
DDA 模式的独特之处	提供图书馆馆员根据图书馆独特的课程/藏书建设需求来定制馆藏的免费服务	依据用户实际使用情况而非使用时间来触发购买，完全集成到纸本阅选计划中	短期借阅，限价警报，自动或人工购买，所有图书可有多个用户	管理功能整合在 Ebrary 接口中，为新提供的感兴趣图书来自动创建和修改通知

三、图书配置

图书馆在选择(电子书)供应商后，需要确定将哪些图书添加到 DDA 备选池中以便用户浏览或使用。许多图书馆希望将 DDA 项目与其现有馆藏建设活动(如阅选计划和订单)相结合，这时需要创建一个配置文件——既允许图书馆使用一些主题参数和非主题参数，如书名、供应商、访问类型(默认的单个或多个并发用户)、文献类型、出版年份、版本、出版社、语言、内容层次(少儿读物、普通文献、专业文献)、价格、参考图书、分类号等，来限制允许进入备选池的图书，也允许图书馆利用出版商或供应商提供的新书目录来构建备选池，而不是添加以前出版但又以新的电子方式发布的图书。但是，相对于预算和用户需求，要确保图书池的规模足够大，且应该包括大量的回溯书名。如果备选池太小或过窄，就会出现采购活动过少，无法用完预算采购资金的问题；而备选池过大可能导致超支或需要提前关闭某些图书的访问权限①。

① The NISO DDA Working Group. Demand Driven Acquisition of Monographs[M]. Baltimore: National Information Standards Organization (NISO), 2014: 14-15.

一旦建立DDA配置文件，首批满足配置文件参数的DDA电子书MARC记录将上传到本地联机公共检索目录(OPAC)。在上传第一批MARC记录后，可以根据配置文件不断添加新记录，同时删除其中一些长期不使用的书目记录，使DDA记录保持在合理的水平。

为了避免与图书馆现有纸本图书和电子书馆藏重复，去重是DDA中非常重要的环节。图书馆需要把馆藏记录(包括纸本图书和电子书)与供应商(或集成商)提供的国际标准书号(ISBN)列表进行比对，去除已收藏的或正从其他渠道购买的同一种书。例如，肯特州立大学图书馆(Kent State University Libraries，KSUL)在实施DDA时，向YBP提供了一份用于非YBP采购的ISBN列表，帮助YBP比较回溯文件中的记录、现有的纸本图书和电子书馆藏以及正在进行的DDA记录文档，以防止重复采购①。

四、触发设置

触发是DDA项目中导致资金交易发生的任何行为。触发设置将决定图书馆能向用户提供多少图书，图书馆将花多少钱，有多少书将成为永久馆藏的一部分。不同电子书平台(如NetLibrary、Ebrary、EBL、MyiLibrary)规定的触发购买临界点是不同的，且不同的DDA模式在触发设置上也不相同。

触发模式通常有两种。一种是单触发模式，即一个单一的触发事件导致直接购买正在使用的图书。这些事件可以是一定数量的对电子书内容(包括目录、索引和正文)的处理，如点击、剪切和粘贴一条文本，打印一个或多个页面，下载整个图书或其一部分，查看特定数量的页面或一定数量的文本，一段时间内图书的连续使用等②。典型的单触发模

① Downey K. Technical Services Workflow for Book Jobber-mediated Demand Driven Ebook Acquisitions[J]. Technical Services Quarterly, 2014, 31(1): 1-12.

② Arndt T S. Getting Started with Demand-driven Acquisitions for E-books: A LITA Guide[M]. Chicago: ALA TechSource, 2015: 16.

式是“10-10-1-1-1 范式”，即在查看一本图书 10 分钟或查看一本图书 10 页、下载 1 本图书、打印 1 本图书、复制 1 本图书后触发购买。然而，不同图书馆在定义其触发机制时并不完全一样。例如，密西西比大学图书馆把 DDA 触发机制定义为：在单个浏览器会话中查看 10 个唯一页面（不包括文档的前 5%和最后 5%）；在单个浏览器会话中查看 10 分钟（不包括文档的前 5%和最后 5%）；打印 1 页或更多页；复制 1 页或更多页；下载任何页面①。

另一种是 STL 模式。某些供应商允许在自动购买之前有 0 到 9 次或更多的 STL（往往最多有 3 次），并按定价的一定百分比来计算费用。图书馆可以决定是选择一定数量的 STL 来触发自动购买，还是希望供应商发出通知以便图书馆馆员能够决定是否购买图书或支付额外的 STL 费用。例如，一家图书馆可以允许 2 次 STL，每次为期 7 天。在第三次使用这本书时，将自动购买这本书，并将其添加到图书馆馆藏中。之后，图书馆拥有这本书，不再收取其他费用。

五、记录管理

DDA 项目是建立在各种 MARC 记录与采购记录基础之上的，因此必须加强 DDA MARC 记录和触发采购记录的管理。MARC 记录管理涉及添加发现记录、删除和替换因访问和可用性变化而产生的记录、更新图书购买后的记录的整个过程。大多数出版商和电子书集成商会免费向图书馆提供自己创建的 MARC 数据。这些 MARC 数据构成图书馆 DDA 项目发现记录的基础，它们可用定制的 856 链接字段，将用户指向集成商平台上的特定书名。如果图书馆使用代理服务器访问电子书集成商数据库，那么可以在 856 字段中将代理服务器中的统一资源定位符（URL）添加到集成商 URL 中。

---

① Rogers K. Immediacy vs. Foresight：A Study of Patron Selected and Librarian Purchased EBooks at the University of Mississippi Libraries [J]. Journal of Electronic Resources Librarianship，2018，30(3)：138-146.

发现记录是合格的 DDA MARC 记录，往往是基于图书馆阅选计划文件中的主题和非主题参数生成的。国外发现记录遵循“合作编目供应商中性电子资源 MARC 记录计划指南”①。每个标准的发现记录包括美国国会分类号、链接到全文特定站点的 URL，以及在 001 字段中为匹配或覆盖目的而输出的唯一控制号等内容。

图书馆应该考虑是否在发现记录中添加代码或数据字符串，以及是否添加一个字段/子字段并保存，以便将 DDA 图书记录与其目录中的其他图书记录区分开来。这样，图书馆就能识别并在必要时从目录中删除 DDA 图书的发现记录。图书馆还可以添加一些信息，说明何时将记录添加到备选池中，或者增加用于内部管理的其他指标，如资金代码，以协助评估和批量删除。另外，图书馆还应考虑添加集成商电子书标识符，以便在接收删除文件(delete file)或采购点记录文件时能够匹配相关记录。许多图书馆还选择用目录、描述性摘要和/或从第三方数据供应商收到的作者传记信息等来丰富其 MARC 记录。

发现记录应该定期(通常是每周一次)上传到图书馆的 OPAC，随后被替换为采购点记录。需要特别注意的是，须确保不要传递那些与现有纸本和电子馆藏重复的发现记录。为此，可以编制一份 ISBN 总清单，以便供应商(如 YBP)彻底梳理最初的 DDA 发现记录集并删除副本②。出于某些原因，如内容不再是最新的或有了新版本，或者内容不再符合收藏需求，图书馆可以使用供应商的删除文件，尽快从所有发现工具中删除失效的标题。但这些已移除的标题记录应保存下来，以供评估之用③。

---

① LC. Program for Cooperative Cataloging (PCC) Provider-neutral E-resource MARC Record Guidelines [EB/OL]. [2019-07-03]. http://www.loc.gov/aba/pcc/bibco/documents/PN-Guide.pdf.

② Vermeer W C. Evolving Technical Services Workflows in a Demand-driven Acquisitions Pilot[J]. The Serials Librarian, 2015, 69(3-4): 298-309.

③ The NISO DDA Working Group. Demand Driven Acquisition of Monographs[M]. Baltimore: National Information Standards Organization (NISO), 2014: 34-35.

六、计费

不同DDA模式有不同的计费方式。若图书馆采用DDA模式中的ILL-DAA、FD-DDA，自然是按电子书定价计费。不过，多数情况下，图书馆往往会基于STL、EBA来实施DDA项目，这时，图书馆就必须事先与供应商协商好在触发购买前用户每次使用如何计费的问题。在早期DDA项目中，供应商按电子书定价的某个百分比来收取STL费用，但这些费用没有计入触发购买后的总价中，因此图书馆在支付了一次或多次STL费用后购买的图书比直接购买要贵得多。于是，最初一些图书馆决定购买首次使用的图书，以努力限制额外的借阅费用。但这又不能保证采购回来的资料一定有较高的使用率，也许就只有首次使用。

为了在购买支出与使用率之间取得平衡，并更好地促进DDA的可持续发展，2016年ProQuest率先推出了ATO-DDA模式。这一模式采用分次累计计费方式，较好地解决了原有问题。比如，在实施ATO-DDA时，若出版商对新书每次使用付费设置为书价的55%，当图书馆用户第二次使用时，累计付费为书价的110%，于是图书馆完成购买；如果出版商对旧书每次使用付费设置为书价的35%，当图书馆使用第三次时，累计付费是书价的105%，图书馆由此也完成购买。当然，新书和旧书每次使用计费标准可由图书馆与出版商协商确定。

除适用于图书采购外，DDA也可用于期刊或期刊论文订购。这时往往采用按次计费(Pay-Per-View，PPV)方式，即在用户向图书馆提交期刊论文索取请求后，由图书馆为用户购买其所需资料或指导用户用图书馆资金购买所需资料，并交付给用户。PPV购买仅由用户的请求触发，这意味着图书馆不需要订阅整个期刊或数据库就可以通过商业市场获得单篇论文。

七、评估

DDA项目评估主要包括总体效益评估和预测支出评估。DDA项目的总体效益可以通过降低成本、增加使用、增加所有权来衡量，所有这些都将以不同的方式来测评。其中，在评估降低成本时，就必须考虑总体支出、每次使用成本、DDA替代/改进成本、每本书购买成本、已购图书和备选池的每次使用成本等。预测支出评估指标主要包括与备选池规模相关的平均年开销、STL或自动购买的平均数量、图书触发交易前的平均时间长度等。另外，联盟DDA项目的评估除了应用上述指标外，还须增加一些独特的评估指标，如联盟内每个机构引发购买的使用或触发事件的百分比；促成购买前使用的机构数量和身份；参与事后购买使用的机构数量和身份等①。

评估DDA绩效的方法有如下4种②：①比较DDA图书与传统采购图书的流通量；②审查通过DDA选择的书籍，以确定它们是否适合当地收藏；③评估使用DDA的用户是否满意；④评估DDA项目的成本。亚利桑那大学图书馆(the university of Arizona libraries，UAL)构建的DDA绩效评估指标包含如下5类③④：①财务指标：每次使用成本、每类LC主题每次使用成本等；②用户指标：客户满意度、用户行为趋势的变化等；③绩效指标：UAL向用户交付的时间、下载或打印合理数量的供个人使用的内容的能力等；④使用指标：纸本图书和电子书的流通和内部使用等；⑤资源指标：用户请求的资料类型、触发购买中纸本图书与电子书所占的百分比等。

要开展DDA项目评估，首先必须获取有效的数据。使用数据可以

① The NISO DDA Working Group. Demand Driven Acquisition of Monographs[M]. Baltimore：National Information Standards Organization (NISO)，2014：23-26.

② Waller J H. Undergrads as Selectors：Assessing Patron-driven Acquisition at A Liberal Arts College[J]. Journal of Interlibrary Loan，Document Delivery & Electronic Reserve，2013，23(3)：127-148.

③ Dewland J C，See A. Patron Driven Acquisitions Determining the Metrics for Success[J]. Library Resources & Technical Services，2015，59(1)：13-23.

④ Jones D. On-demand Information Delivery：Integration of Patron-driven Acquisition into A Comprehensive Information Delivery System[J]. Journal of Library Administration，2011，51(7/8)：764-776.

从供应商的网站上获得，通常包括“网络电子资源在线使用统计(COUNTER)”报告和专门的供应商报告。COUNTER 报告对于评估所有使用实例以及进行跨多个平台的使用比较都很有用。供应商报告通常有特定的 DDA 数据，包括一系列不同的使用类型。纸本图书流通数据对于评估纸本图书 DDA 项目非常有价值，因此有必要定期保存 DDA 购买图书的流通报告。在某些情况下，DDA 项目的支付数据可能无法通过供应商的站点获取。这时，图书馆将需要从集成图书馆系统(ILS)的采购模块中提取数据，或开发其他跟踪数据的软件工具，以便于与 COUNTER 或供应商报告进行综合分析。从香港科技大学图书馆 2009—2012 年 DDA 使用效果来看，在此三年内电子书的增长比电子期刊的增长高 13%，电子书的使用也从 2009 年的 144200 次下载上升到 2012 年的 288900 次下载，翻了一倍有余①。

第六节　DDA 对馆藏建设的影响

DDA 颠覆了传统的文献采购模式，对馆藏建设理论与实践产生了深远且显著的影响，主要包括如下 6 个方面。

一、颠覆馆藏管理理念

长期以来，图书馆是文献信息的存储与传递中心，收集、整理和传递文献信息是图书馆的基本职能②。因此，过去图书馆非常重视资料的收集，奉行“以藏为主”的馆藏建设原则，书架上摆满了图书馆馆员自

① Kwok C S Y, Chan D L H, Cheung A S M, et al. Demand-driven Acquisition at HKUST Library: The New Normal[J]. Interlending & Document Supply, 2014, 42(4): 153-158.

② 黄宗忠. 图书馆学导论[M]. 武汉：武汉大学出版社，1988：120，141.

以为最能满足用户需求的资料①。然而，特鲁斯韦尔(Trueswell)早在1969年就发现，大约80%的图书流通是由20%的馆藏产生的②。国外最近的一项研究估计，在开放式书库中长期保存一本书的成本可能超过140美元；图书馆正在购买许多没有流通的图书，同时花费数千美元将它们保存在书架上③。这就是说，图书馆馆员采购的图书绝大部分并没有得到有效利用。

不过，DDA 馆藏与较高水平的初始利用和随后更高水平的持续使用联系在一起。在 DDA 模式下，馆藏概念扩展到可以在相当短时间内获取的所有内容，包括可供潜在租赁或购买的标题池、纸本文献和电子文献。更为重要的是，DDA 转变了长期以来的馆藏管理理念，即由"以藏为主"转向"以用为主"，从而保证资料得到有效使用④。事实上，DDA 可以通过反映用户真实的研究或学习需求和让用户参与选书过程，而非由图书馆馆员预测用户需求来建设馆藏。由于 DDA 是基于用户有意义的使用(如浏览、复制、下载、打印等)触发购买的，所以它可以确保采购回来的图书在编目前至少被使用一次以上⑤。这就解决了过去图书馆馆员采购的部分图书从来无人问津的问题。而且，DDA 将"备

① Sandler M. Collection Development in the Day of Google[J]. Library Resources & Technical Services, 2006, 50(4): 239-243.

② Trueswell R W. Some Behavioral Patterns of Library Users: the 80/20 Rule[J]. Wilson Library Bulletin, 1969, 43(5): 458-461.

③ Goedeken E A, Lawson K. The Past, Present, and Future of Demand Driven Acquisitions in Academic Libraries[J]. College & Research Libraries, 2015, 76 (2): 205-221.

④ Polanka S, Deliquié E. Patron-driven Business Models: History, Today's Landscape, and Opportunities[M]//Swords D A. Patron-driven Acquisitions: History and Best Practices. Boston: De Gruyter Saur, 2011: 127.

⑤ Egland M M, Anderson R. Demand-driven Acquisition of Print Books: Applying 21st-century Procurement Strategies to A 5th-century Format[EB/OL]. [2019-09-06]. https://doi.org/10.1080/01462679.2018.1564715.

用"购买转变为"即时"购买①，有助于图书馆实现零库存管理。从美国普渡大学(Purdue University)早期DDA实践来看，在图书编目入库后，DDA图书的平均流通次数(4.116)要明显高于图书馆馆员采购的图书的平均流通次数(2.410)；而随后没有被再利用的DDA图书所占的比例(18.46%)也明显低于图书馆馆员采购的图书所占的比例(33.30%)②。因此，DDA确实能够提高图书的利用率，更好地体现了"以用为主"的馆藏理念，使零库存管理在图书馆成为可能。

二、颠覆馆藏建设实践

过去图书馆馆藏建设的各项事务，如馆藏建设规划、馆藏文献的选择与采集、组织、剔除、评估等，几乎全部都是由图书馆馆员负责和承担，用户很少甚至完全没有参与其中。这样造成的直接后果是，图书馆馆藏文献利用率很低，图书馆用拮据的采购经费购买了许多不适合用户需求的文献。然而，DDA对传统馆藏建设实践，特别是在文献资料选择、发现、访问和出借、保存、去重5个方面，产生了显著影响。

第一，DDA改变了馆藏文献选择方式。几十年来，图书馆一直采用备用馆藏建设方案，通常使用三种选书方法——与书商制定图书订购计划，由书商向图书馆提供图书；由图书馆馆员利用各种书目工具、新书通报、书评等为依据进行人工的文献选择；用户推荐图书，图书馆馆员负责遴选与采购。这些传统的选书方法往往以学科划分为基础，图书馆馆员主要依靠经验、猜测、建议箱和心灵感应来确定用

① Belvadi M. DDA and Traditional Monograph Acquisition — the Experience of A Small University Library[J]. Insights, 2016, 29 (1): 64-69.

② Foss M. Books-on-demand Pilot Program: An Innovative "Patroncentric" Approach to Enhance the Library Collection[J]. Journal of Access Services, 2008, 5(1-2): 305-315.

户想要什么①，但这可能忽略了用户感兴趣但图书馆馆员不知道的新学科或跨学科文献。而在 DDA 模式下，用户通过浏览、打印、复制、下载等多种方式，触发资料购买，直接影响和决定图书馆购买哪些资料和何时购买，图书馆馆员仅对很少一部分图书(如学术价值不高的图书或学生随意选择的图书)发挥"仲裁者"作用。以往图书馆采购主要是图书馆馆员的个人行为，但在 DDA 中，用户如教师、学生、研究人员等成为资料的选择者；资料选择是基于用户的实际需求而非图书馆馆员的主观臆断，且常常是图书馆馆员、出版商或供应商、用户的联合行为。

第二，DDA 改变了资源发现的工具。传统馆藏文献采集主要利用各种国内外书目工具来发现与征订各种文献。然而，DDA 颠覆了传统的文献发现工具。图书馆可以利用供应商或出版商提供的资源发现系统或平台、配置文件、备选池、DDA 联盟共享目录、链接解析器等为用户提供可供选择的各种文献。其中，配置文件确定了各供应商提供的、图书馆或用户感兴趣的文献，连同原有的馆藏目录，组成 DDA 的备选池。此外，图书馆馆员还可利用其他发现工具，如 DDA 供应商提供的 MARC 记录、站点和目录以及将元数据并入图书馆的发现层软件，或者建立全文索引、扩展的标题元数据、图书馆指南的链接，来提高用户查找和发现所需资料的机会。目前，一些供应商已经为图书馆和用户开发了比较成熟的资源发现系统。例如，YBP 的 GOBI-3 在 DDA 资源发现上具有如下优势：①所有选择者都能够登录并调整 DDA 发现内容，删除和添加他们认为合适的标题，而不必向 DDA 管理员递交请求；②包含在 DDA 发现中的标题可以根据预先存在的纸本文献阅选计划进行建模，从而大大减少从头开始创建发现配置文件所需的工作量；③可反映过去的采购活动，使账户管理员和选择者能够避免纸本和电子文献格式

① Dillon D. PDA and Libraries Today and Tomorrow[M]// Swords D A. Patron-driven Acquisitions: History and Best Practices. Boston: De Gruyter Saur, 2011: 191-195.

的内容的重复；④能提供各种级别的电子书编目服务，如供应商创建的标准 MARC 记录、载有图书摘要和目录元数据的记录①。

第三，DDA 改变了馆藏资源的访问和出借方式。不同于传统馆藏文献的借阅方式，DDA 为用户使用图书馆文献提供了如下新的途径：①DDA 可以通过配置文件来增强用户的访问，使用户可以访问传统馆藏目录之外的更多电子文献，获得比图书馆购买得起的更广泛的资料，而且他们的选择对象不限于图书馆馆员感兴趣的资料。②DDA 既可以在购买前使用较多的 STL 来为用户提供临时访问，也可利用 EBA 购买相关文献来为用户提供永久访问。③在 DDA 中，图书馆可以通过设置借阅期限、用户注册界面、IP 地址范围、访问权限、版权和许可条款等控制用户的访问与资料的出借。供应商也可设置并发用户数量来对访问加以限制，但每个供应商都有单独的标准来决定什么时候一本书被“使用”和触发交易。例如，如果用户只查看内容目录而不查看文本本身，有可能不会被视为一种使用；或者，在触发购买之前，供应商可能会给用户 5 分钟的阅读时间或查看一定数量的页面②。④由于用户选择的电子书可以立即交付，无须等待订购或馆际互借的传递，DDA 提高了馆藏文献的出借效率和图书馆对实际用户需求的响应能力，是一种真正的“及时”而非“备用”的采购方法，使得图书馆馆藏的使用更加活跃③。

第四，DDA 改变了馆藏文献保存方式。与传统保存方式相比，DDA 可实现及时收藏或当下收藏。比如，将购买的电子文献标题直接合并到图书馆馆藏目录中，同时将该电子文献存储到图书馆的永久馆藏中。这样不仅增强了馆藏的时效性，而且改变了收藏方式，即除了因购

① Vermeer W C. Evolving Technical Services Workflows in A Demand-driven Acquisitions Pilot[J]. The Serials Librarian, 2015, 69(3-4): 298-309.

② Sinder J. The Effects of Demand-driven Acquisitions on Law Library Collection Development[J]. Law Library Journal, 2016, 108(2): 155-180.

③ Downey K, Zhang Y, Urbano C, et al. A Comparative Study of Print Book and DDA Ebook Acquisition and Use[J]. Technical Services Quarterly, 2014, 31(2): 139-160.

买文献的所有权实现保存以外，还可以通过获得永久访问权来在异地保存相关文献。这与传统收藏理念有根本的差异，但同样能保证用户可以使用这些资料，而且可以用来构建一个永久的馆藏。不过，由于 DDA 是基于用户使用图书馆尚未拥有的文献资源来触发购买的，因此，图书馆和出版商必须共同努力，对尚未使用或经 DDA 获得但图书馆无所有权的文献资源，不论是纸本文献还是电子文献，都要进行保存，因为它们在遥远的未来仍有可能被用户使用。这时可以利用第三方机构如 Portico 或 LOCKSS 等来存储相关资料。此外，图书馆需要为特定类型的资料在备选池中的保留时长制定规则，比如确定人文学科文献比工程专业文献在备选池中的停留时间更长，以便更多的用户购买。图书馆还可以将一些文献、出版商作为重点对象，永远保存在备选池中①。

第五，DDA 使去重操作变得更加复杂。不同于纸本图书有唯一的 ISBN，同一本电子书可以有不同的电子版 ISBN，这取决于出售该电子书的供应商。这样使得图书馆馆员很难比较不同供应商提供的电子书并进行完全的去重。此外，配置文件中年份限制问题可能因电子书出版的年份(并非纸本图书出版的年份)而变得复杂。这意味着配置文件中的旧书可能最近以电子书的形式出版，从而使去重成为 DDA 项目中的棘手事情②。

三、颠覆文献采购流程

长期以来，图书采购流程一般包括选书、订书、验收三个阶段。然而，这一既定的文献采购流程被 DDA 动摇了。电子书 DDA 工作流程通常包括如下 10 个步骤③：①与电子书集成商或出版商签订合同，在购

① Clark M L. Developing A Model for Long-term Management of Demand-driven Acquisitions[J]. Against the Grain, 2011, 23(3): 24-25.

② Byström K, Johansson T, Perols K, et al. Patron-driven Acquisition (PDA) as Acquisition Method at Academic Libraries [EB/OL]. [2019-09-06]. http://www.kb.se/dokument/Bibliotek/projekt/Slutrapporter%202012/PDA%20English.pdf.

③ Arndt T S. Getting Started with Demand-driven Acquisitions for E-books: A LITA Guide[M]. Chicago: ALA TechSource, 2015: 85-87.

买之前商定 STL 的数量和时间期限、触发用户数量，并指定初始存款或“质押”资金。②与这些供应商协作创建一个详细的 DDA 发现池配置文件，设置发现池中图书列表的价格上限，并根据现有图书馆馆藏(包括图书馆订阅的电子书和采购的纸本图书)对发现池的备选书名进行数据去重处理。③在供应商的在线采购系统中识别符合 DDA 条件的书名，配置文件未包含的书名可以通过人工选择来添加到发现池中。④接收来自供应商的 DDA 发现记录，或者从电子书集成平台获取书名，通过本馆自定义处理后加载到图书馆目录中。⑤当用户触发 STL 时，从集成在线管理系统向指定的图书馆馆员发送电子邮件通知，同时生成由供应商提供的用户“按次付费”发票。⑥当用户触发购买时，从集成在线管理系统向指定的图书馆馆员发送电子邮件通知，生成由供应商提供的购书发票。⑦图书馆馆员从供应商网站下载购书发票，并登记在图书馆目录中的发现记录上。⑧图书馆馆员定期(如每周)从集成在线管理系统获取一份 DDA 活动累积报告，以便监测 STL 与采购成本以及触发采购的图书。⑨定期(如每年)对 DDA 项目进行评估，并根据需要对项目进行调整。⑩根据图书馆的保存计划，从 DDA 发现池中删除未使用的记录。但从电子书采购流程来看，传统电子书采购和 DDA 采购在工作流程上也有明显差异(见表3-2)。

表 3-2　**电子书传统和 DDA 采购工作流程的比较①**

传统电子图书采购工作流程	DDA 电子图书采购工作流程
与图书馆服务提供商、其他供应商一起建立图书采购计划； 参考供应商目录和书评选择要购买的图书书名；图书馆工作人员选择不同标题的图书； 用户推荐的图书可考虑购买。	使用学科和非学科参数(包括价格上限)与供应商确立 DDA 文档。

① Arndt T S. Getting Started with Demand-driven Acquisitions for E-Books：A LITA Guide[M]. Chicago：ALA TechSource，2015：3.

续表

传统电子图书采购工作流程	DDA 电子图书采购工作流程
在单独下订单时，将在图书馆系统中创建订单记录。	
收到图书。	
新增馆藏记录添加到馆藏目录中。	所有归档书名记录都会添加到馆藏目录中。
建立另外的访问点。	建立另外的访问点。
发票是在图书使用之前收到和支付的。	
图书可以使用，也可以从来不使用。	
	最终用户的“选择”是在需要时发生的。仅在实际使用图书时触发采购；先收到发票，并在图书使用后支付订购费用。
	目录中的发现记录拥有发票记录，包含订单数据在图书馆系统采购模块中生成的订单记录。
图书仍可供今后使用，已经支付。	一旦支付，触发和购买的图书仍可供今后使用。
	未使用的发现记录可能仍然有用，如果没有触发采购，则不需要付款；供应商可以从 DDA 可用性中删除这些书名；如果 DDA 的资金用完，DDA 发现记录将被图书馆禁止或从目录中删除。

尽管目前 DDA 项目主要用于电子书的采购，但 DDA 也可适用于纸本图书。不过，纸本图书 DDA 项目实施更复杂，既需要建立配置文件和新的工作流程，也需要对资源发现系统进行调整，还需要将元数据和订单传送给采购人员和供应商，并存储和快速发送收到的资料。这给系

统工作人员带来巨大的挑战①。

四、颠覆馆藏建设风险

在传统馆藏建设过程中，图书馆面临的最大风险之一是大量投资和购买了没有多少利用价值的文献。DDA 是利用图书馆资金的最佳方式，是一种将金融风险分散到图书馆、图书供应商和内容生产者之间的一种新途径。它迫使图书馆以前所未有的水平去理解用户，要求图书馆根据用户实际情况来准备最低预算，同时允许图书馆通过向用户提供数万甚至数十万本电子书来最大限度地利用其资金，尽管今天有些图书馆可能希望最终只购买和拥有当中 10%到 15%的内容②。不过，在 DDA 中，图书馆仍面临如下风险：①预算控制风险。如果不受监督，DDA 可能会失控，在短时间内耗尽整个预算资金。例如，爱荷华大学(University of Iowa)在最初推行 DDA 项目的 2 个月(2009 年 10 至 11 月)内，用户购买 262 本电子书，支出 28000 美元。这种支出远超预期和图书馆可承受的能力。于是，图书馆为避免 DDA 项目提前结束，只得将备选池中的图书数量由 90000 多种减至 8000 种③。②利用率无法保证的风险。这可能是由于个别用户触发购买后没有实际使用，或者多次 STL 触发的购买是由同一用户引发的，或者触发购买的资料仅使用一次，从而无法保证购买的资料有很高的利用率。例如，在密西西比大学（University of Mississippi）的 DDA 中，6 年内仅使用 1 次的图书采购成本占 DDA 图

---

① Egland M M, Anderson R. Demand-driven Acquisition of Print Books: Applying 21st-century Procurement Strategies to A 5th-century Format[EB/OL]. [2019-09-03]. https://doi.org/10.1080/01462679.2018.1564715.

② Downey K, Zhang Y, Urbano C, et al. A Comparative Study of Print Book and DDA Ebook Acquisition and Use[J]. Technical Services Quarterly, 2014, 31(2): 139-160.

③ Fischer K S, Wright M, Clatanoff K, et al. Give 'em What They Want: A one-Year Study of Unmediated Patron-driven Acquisition of E-books[J]. College & Research Libraries, 2012, 73(5): 469-492.

书总金额的 32%①。③高成本风险。除 ATO-DDA 以外，图书馆在支付了一次或多次 STL 费用后，其购买总成本可能会远高于定价。④馆藏失衡风险。由于把馆藏的选择权让渡给用户，可能会使资源失衡，不利于建立平衡的馆藏②。

五、颠覆图书馆的中介作用

DDA 触动了图书馆在内容出版机构与潜在用户之间扮演的中介角色。DDA 把文献选择和购买权力授予用户，使图书馆有史以来最重要的中介角色发生了根本性的变化。比如，众包(crowd-sourced)取代图书馆馆员的事必躬亲；用户直接选择取代图书馆馆员的中介选择；资源的获取取代拥有。尽管 DDA 馆藏建设不能离开图书馆馆员的中介作用，但馆员的主要工作不是建立馆藏，而是转向采购代理和环境监护。在 DDA 中，图书馆可以为用户提供各种可能的资源，并资助其购买，只要这些资源触发购买的条件。虽然这似乎预示着图书馆失去对资源的控制和对用户的影响，但实际上仅是工作重心的一种转移，即不再控制购买哪些资源，而是转入服务用户的工作流程，让用户参与选书过程，同时改进资源发现，将资源与主题页面或课程关联起来，增加与用户的虚拟交互，以发挥图书馆的中介作用。这包括图书馆决定将为用户提供哪些领域的可选资料，选择要添加到目录/发现层的标题，设置触发购买的条件，调用 STL 或按次付费模式，设置和管理 DDA 预算，剔除其他格式的复本、不适当的请求和其他无意义的诉求③。

---

① Clark M L. Developing A Model for Long-term Management of Demand-driven Acquisitions[J]. Against the Grain, 2011, 23(3): 24-25.

② Polanka S, Deliquié E. Patron-driven Business Models: History, Today's Landscape, and Opportunities[M]//Swords D A. Patron-driven Acquisitions: History and Best Practices. Boston: De Gruyter Saur, 2011: 128-129.

③ ProQuest. Why DDA is Here to Stay: An Analysis of the Demand-driven Acquisition Model for Libraries[R/OL]. [2019-09-03]. https://ipk.nkp.cz/docs/demand-driven-acquisition.pdf/at_download/file.

六、颠覆用户角色与体验

DDA 改变了用户在馆藏建设中的角色及其体验。在传统馆藏建设中，用户很少参与其中，即使偶尔参加图书馆馆员开展的馆藏需求调查、馆藏利用调查或新书推荐活动，他们也只不过是被动的调查对象，仅能充当馆藏建设中的推荐者，并没有多少影响力。然而，DDA 使用户在馆藏建设中有了更主动的发言权，并成为馆藏建设的合作伙伴与触发购买的决定力量。因此，DDA 赋予用户馆藏建设的许多新角色——馆藏文献的实际选择者而非简单的建议者，触发购买的当事人而非局外人，馆藏建设的积极合作者而非被动参与者，馆藏文献的实际使用者而非预测的潜在用户。这些角色的转变，使用户真正成为馆藏建设的利益相关者，从本质上解决令人不安的馆藏低流通率的问题①。

而且，DDA 改变了用户体验。DDA 在线目录可以为用户提供更大范围的书目信息，而不是局限于图书馆馆员预选的资料。DDA 还可以将配置文件中的发现记录添加到图书馆目录中，方便用户看到与某主题相关的所有资料，使用户接触到比图书馆馆员预先为他们购买的更多资料。此外，DDA 资料可以通过新书列表或最新资料通告公布出来，进一步提高其对用户的可见度，从而激发更多用户参与 DDA 馆藏建设。

第七节　提升我国图书馆 DDA 的对策

DDA 是一种新的颠覆性馆藏建设技术与方法。国内图书馆应该采取有效的措施积极推广和应用 DDA，这些措施包括：

---

① Fischer K S, Wright M, Clatanoff K, et al. Give 'em What They Want: A One-year Study of Unmediated Patron-driven Acquisition of E-books[J]. College & Research Libraries, 2012, 73(5): 469-492.

一、充分认识 DDA 的重要意义，积极开展 DDA 实践

DDA 对于国内图书馆信息资源建设来说具有重要意义，它能增强而非削弱图书馆馆藏，保证用户驱动采购资料至少使用一次以上，降低投资风险，提高投资回报，实现及时收藏，为用户提供更多内容的选择，提供详细的使用统计，更好地满足用户目前和未来的需求，同时确保未来的用户拥有他们需要的资料。实际上，DDA 在许多国外图书馆都获得了显著成效。例如，新西兰开放理工学院图书馆实施 DDA 一年后，三倍地增加了用户可以访问的馆藏规模，同时可为用户提供通过 STL 来管理在线借阅的自主权，促使教职员工和学生参与馆藏建设①。佛蒙特州大学(University of Vermont)图书馆 DDA 实践说明，与传统采购方法相比，DDA 既可节省图书采购经费，也可节省书架空间②。圣安瑟伦学院盖塞尔图书馆(Geisel Library at Saint Anselm College)③、布克内尔大学(Bucknell University library)④、普渡大学图书馆(Purdue University library)⑤都发现纸本 DDA 图书比图书馆馆员采购的图书有更

① Kelly G. A Year of Demand Driven Acquisition of E-books at the Open Polytechnic Library [EB/OL]. [2019-09-06]. https://repository.openpolytechnic.ac.nz/bitstream/handle/11072/1266/Kelly_2010%20-%20Journal%20Article%20-%20DDA_of_Ebooks_at_Open_Polytechnic_Library_preprint.pdf? sequence = 1&isAllowed=y.

② Belvadi M. DDA and Traditional Monograph Acquisition — The Experience of A Small University Library[J]. Insights, 2016, 29 (1): 64-69.

③ Waller J H. Undergrads as Selectors: Assessing Patron-driven Acquisition at A Liberal Arts College[J]. Journal of Interlibrary Loan, Document Delivery & Electronic Reserve, 2013, 23(3): 127-148.

④ Perdue J, Van Fleet J A. Borrow or buy? Cost-effective Delivery of Monographs [J]. Journal of Interlibrary Loan, Document Delivery & Information Supply, 1999, 9(4): 19-28.

⑤ Nixon J M, Saunders E S. A Study of Circulation Statistics of Books on Demand: A Decade of Patron-driven Collection Development, Part 3[J]. Collection Management, 2010, 35(3-4): 151-161.

高的流通利用率。

因此，图书馆馆长（特别是负责信息资源建设的馆长）应该高度重视 DDA，积极地将 DDA 理念与方法推广到图书馆信息资源建设实践中，加强图书馆 DDA 平台建设，解决 DDA 实践中遇到的技术问题与管理问题，同时加强图书馆与供应商、出版商在 DDA 上的合作。例如，2011 年 4 月，加州州立理工大学波莫纳分校（California State Polytechnic University，Pomona）图书馆启动了与 YBP 和 Ebrary 密切合作的 DDA 试点。根据 YBP 现有的纸本阅选计划，开发了一个阅选配置文件，删除一些流行的内容标题、教材、自助作品以及任何标价在 200 美元以上的图书，决定允许两个 STL（每个借阅可以持续一天），并按 10%的图书订价计费，且不计入触发购买后的图书定价，在第 3 次使用图书时触发购买①。另外，肯特州立大学图书馆（Kent State university libraries，KSUL）利用图书批发商中介 DDA 模型与图书馆目录来提供与图书馆纸本阅选计划密切匹配的发现记录②，通过设置一些非主题参数来对内容和支出进行附加控制，通过开发千年综合图书馆系统（Millennium integrated library system）来促进采购点记录管理③，最终使 KSUL 馆藏使用更加活跃④⑤。香港科技大学图书馆在与 YBP、Ebrary 合作实施 DDA 一段时间后（截至 2014 年 6 月），共触发购买了 1401 本书，其中 47%来

① Vermeer W C. Evolving Technical Services Workflows in A Demand-Driven Acquisitions Pilot[J]. The Serials Librarian, 2015, 69(3-4): 298-309.

② Urbano C, Zhang Y, Downey K, et al. Library Catalog Log Analysis in E-book Patron-driven Acquisitions (PDA): A Case Study[J]. College & Research Libraries, 2015, 76(4): 412-426.

③ Downey K. Technical Services Workflow for Book Jobber-mediated Demand Driven Ebook Acquisitions[J]. Technical Services Quarterly, 2014, 31(1): 1-12.

④ Downey K, Zhang Y, Urbano C, et al. A Comparative Study of Print Book and DDA Ebook Acquisition and Use[J]. Technical Services Quarterly, 2014, 31(2): 139-160.

⑤ Downey K, Zhang Y, Urbano C, et al. KSUL: An Evaluation of Patron-driven Acquisitions for E-books[J]. Computers in Libraries, 2014, 34(1): 10-12.

自排名前五的出版商——威利出版商(Wiley)、顶级大学出版社(top-tiered University Presses)、泰勒和弗朗西斯(Taylor & Francis)、化学橡胶公司(Chemical Rubber Company)出版社和 Elsevier 出版商①。

一些图书馆采用其他电子书供应商来实施 DDA。例如，北卡罗莱纳州立大学图书馆(the North Carolina state university library)②、史泰顿岛学院图书馆(the college of Staten Island library)③采用了 YBP 及其 Gobi 系统，选择 NetLibrary 作为电子书供应商。而选择 EBL 作为图书供应商来实施 DDA 的大学图书馆有丹佛大学(university of Denver)④、得克萨斯大学奥斯汀分校(the University of Texas, Austin)图书馆⑤、大峡谷州立大学图书馆(the Grand Valley State University libraries)⑥、斯威本科技大学(Swinburne University of Technology)图书馆⑦、丹佛大学彭罗斯图

① Kwok C S Y, Chan D L H, Cheung A S M, et al. Demand-driven Acquisition at HKUST Library: The New Normal[J]. Interlending & Document Supply, 2014, 42(4): 153-158.

② Bennett S R. A Data-driven Approach to Understanding the Demand-driven Acquisition Program at North Carolina State University[J]. Serials rEview, 2016, 42(3): 201-209.

③ Falloon K A. Rolling with PDA and DDA: How Academic Libraries can Use Patron-driven and Demand-driven Acquisition Techniques to Build Library Collections with Minimal Management and Budget[EB/OL]. [2019-09-06]. https://docs.lib.purdue.edu/cgi/viewcontent.cgi? referer=&httpsredir=1&article=1865&context=charleston.

④ Levine-Clark M, Bosch S, Anderson K, et al. Rethinking Monographic Acquisition: Developing A Demand-driven Purchase Model[EB/OL]. [2019-09-06]. https://docs.lib.purdue.edu/cgi/viewcontent.cgi? article=1073&context=charleston.

⑤ Dillon D. Texas Demand-driven Acquisitions: Controlling Costs in a Large-scale PDA Program[M]// Swords D A. Patron-driven Acquisitions: History and Best Practices. Boston: De Gruyter Saur, 2011: 157-167.

⑥ Way D, Garrison J. Financial Implications of Demand-driven Acquisitions: A Case Study of the Value of Short-term Loans [M]// Swords D A. Patron-driven Acquisitions: History and Best Practices. Boston: De Gruyter Saur, 2011: 137-156.

⑦ Davies T. The evolution of An E-book Demand-driven Acquisition Programme at Swinburne University of Technology[J]. Insights, 2017, 30(2): 36-43.

书馆(The Penrose Library at the University of Denver)①、布鲁克林法学院图书馆(Brooklyn Law School Library)②,且后两个图书馆同时还选择了NetLibrary作为图书供应商。斯威本科技大学图书馆最初利用EBL实施"基于短期借阅的DDA",但在2016年转向"从访问到拥有的DDA"。科罗拉多州立大学图书馆(Colorado state university libraries, CSUL)最初也是与EBL合作开展DDA,但在2011年11月转向YBP,同时实施纸本DDA项目和参与科罗拉多研究图书馆联盟DDA活动③。

二、深入研究国外图书馆DDA理论与实践,借鉴国外成功经验

国内虽然对DDA概念、模式、实施路径、国外图书馆联盟PDA实践、国内DDA案例、启示等主题做了广泛分析。然而,现有研究并没有深入分析DDA问题,比如:没有剖析现有的DDA模式与机制,也没有阐明DDA对传统馆藏建设理论与实践产生哪些重大影响。更为突出的是,国内DDA实践进展十分缓慢,现已公布的某些国内DDA案例只不过是"读者荐购"的另一种说法而已。因此,必须拓展与深化国内DDA理论研究,创新馆藏建设理论,推动国内DDA实践的发展。同时,总结国外成功经验,并学习其最佳实践成果。国外DDA成功经验包括④⑤:①在与供应商签约之前,仔细考虑DDA项目,明确DDA项

① Levine-Clark M. Building a Demand-driven Collection: the University of Denver Experience[M]//Swords D A. Patron-driven Acquisitions: History and Best Practices. Boston: De Gruyter Saur, 2011: 45-60.

② Sinder J. The Effects of Demand-driven Acquisitions on Law Library Collection Development[J]. Law Library Journal, 2016, 108(2): 155-180.

③ Draper D C. Managing Patron-driven Acquisitions (PDA) Records in A Multiple Model Environment[J]. Technical Services Quarterly, 2013, 30(2): 153-165.

④ Sinder J. The Effects of Demand-driven Acquisitions on Law Library Collection Development [J]. Law Library Journal, 2016, 108(2): 155-180.

⑤ Spratt S J, Wiersma G, Glazier R, et al. Exploring the Evidence in Evidence-based Acquisition[J]. The Serials Librarian, 2017, 72(1/4): 183-189.

目目标，监视和调整 DDA 配置文件中的内容。②明确所有权/许可、出借和印刷规则。③明确已购图书在 DDA 供应商停业后的状况，最好选择属于 CLOCKSS 或其他数字保存项目的供应商。④定期检查馆藏以确保 DDA 购买的是最必要的图书。⑤确保图书馆购买了各种版式的、用户希望的和将使用的资料。⑥确保有适当的流程来处理以各种方式(如订购、DDA、在线订阅等)购买的图书及其副本问题，并决定何时购买特定版式的图书和图书馆是否应该拥有多种版式的图书。⑦正确设置与充分利用 DDA 配置文件，持续监视正在添加哪些书、哪些图书和多少比率的图书正在被使用以及 DDA 项目对图书馆的预算产生了什么影响。⑧图书馆馆员需要投入大量的时间来建立、管理和评估 DDA，需要在 DDA 实施过程中加强图书馆部门之间的合作。⑨宣传 DDA 内容以使用户更好地使用所购资料。⑩图书馆应该区别对待图书采购，比如：应用阅选计划购买价格较低的图书，使用 DDA 购买合适的高价图书。

三、妥善处理 DDA 项目运行的一些关键问题

为保证 DDA 的可持续发展，必须妥善处理 DDA 项目运行中的一些关键问题①②：①确立 DDA 目标，如节省资金、提供更多的访问、建立一个永久馆藏等。②选择要提供的内容。③选择 DDA 模式，如 ILL、STL、EBA、ATO 等。④配置文件：为用户提供尽可能多的内容和发现选择以满足其不同需求。⑤上传和处理记录，包括定期上传发现记录，把发现记录加载到发现工具，添加元数据等。⑥移除内容：把供应商提供的、不再利用的标题从备选池或发现工具中移除出来。⑦评估，包括

① The NISO DDA Working Group. Demand Driven Acquisition of Monographs[M]. Baltimore: National Information Standards Organization (NISO), 2014: 31-35.

② Gastinger A. Experiences with Patron Driven Acqusition at the NTNU University Library in Trondheim [EB/OL]. [2019-09-06]. https://www.researchgate.net/publication/265588910_Experiences_with_Patron_Driven_Acquisition_at_the_NTNU_University_Library_in_Trondheim/download.

评估总体效益、成本减少、使用情况、未来支出、备选池管理等。⑧保存。⑨去重。⑩预算规划。⑪联盟 DDA。⑫DDA 项目的可持续性。

四、积极开展图书馆联盟 DDA 活动

国外许多图书馆联盟，如加州州立大学图书馆联盟(the California state University Library Consortium)①、安大略省大学图书馆理事会联盟(the Ontario Council of University Libraries)②、科罗拉多大学(University of Colorado)图书馆联盟③等，实施了联盟 DDA 项目。联盟 DDA 项目影响到每个图书馆的编目、编目部门和编目工作流程。科罗拉多研究图书馆联盟(CARL)首先采用 STL 来实施电子书 DDA，允许 6 次 STL，费用为每本电子书 STL 列表价格的 10%~30%，具体取决于出版商确定的借阅时间长度或使用类型(打印、下载)。然后，该电子书上的第 7 次借阅将触发一次购买，购买总额等于电子书列表价格的 2. 5 倍。购买的电子书将可以在参与该项目的每个图书馆中永久访问，这些电子书属于图书馆而不是联盟所有。当 ProQuest 实施新的“ATO-DDA”后，CARL 转向 ATO 模式④。

联盟 PDA 模式主要包括 PDA 购买模式、PDA 租赁(或短期借阅)模式、PDA 使用模式、循证选择模式、ATO 模式等⑤，这些模式是基

① Shepherd J, Langston M. Shared Patron Driven Acquisition of Ebooks in the California State University Library Consortium[J]. Library Collections, Acquisitions, and Technical Services, 2013, 37(1-2): 34-41.

② Davis K, Jin L, Neely C, et al. Shared Patron-driven Acquisition within A Consortium: the OCUL PDA Pilot[J]. Serials Review, 2012, 38(3): 183-187.

③ Lu W, Chambers M B. PDA Consortium Style: the CU MyiLibrary Cataloging Experience[J]. Library Resources & Technical Services, 2013, 57(3): 164-178.

④ Denker B. Changing Demand Driven Acquisition Ebook Models: A History and Preliminary Results at the Colorado Alliance of Research Libraries[J]. Journal of Library Administration, 2018, 58(3): 282-292.

⑤ Patron-driven Acquisition Models for Use within Library Consortia-draft[EB/OL]. [2019-09-06]. https://repository.royalholloway.ac.uk/file/75a26081-1d68-b4cc-5568-88d7c215327f/1/Consortial%20PDA%20Business%20Models%20Description.pdf.

于单个图书馆 PDA 模式演化形成的。EBL 向马里兰大学系统（the university system of Maryland and affiliated institutions，USMAI）图书馆联盟提供了两种不同的 DDA 模式。一种是有限访问/出借模式。在这种模式中，每个联盟成员都可以在购买之前和之后访问馆藏中的每本书，联盟决定触发购买前允许的 STL 数量，按某本电子书定价的某个百分比支付每 7 天的 STL 费用。当 STL 数量达到设定数值后，将触发购买。对于购买的每本图书，联盟获得了特定数量的 1 周借阅，通常每年 14 次。如果在一年内借出超过 14 次，将以定价购买另一份副本。第二种模式要求每个图书馆建立自已的 DDA 电子书配置文件。在这种模式中，第一本电子书是按定价购买的，但随后的副本则是以逐步增加的折扣购买的。例如，第二份副本的购买成本可能是 25%的折扣，第三份是 35%的折扣，等等。在这种模式下，并不是所有 USMAI 机构都能访问所有图书。2012 年 5 月，实施工作组建议 USMAI 采用有限访问/出借模式，又于 2015 年春季与 ProQuest 协商采用“从租赁到拥有”(lease-to-own)的 DDA 模式①。

纽约学术机构联盟(ConnectNY)DDA 运行结果显示，联盟 DDA 与单个图书馆 DDA 相比，每本书都有较小的价格优势；联盟 DDA 项目可以产生非常好的投资回报②；PDA 值得在联盟层次采用③。不过，在实施联盟 DDA 时，图书馆馆员和供应商都面临着如下挑战④：如何就共

① Lowe R A，Aldana L. Implementation & Management of A Consortial Demand-driven E-books Pilot：the USMAI Experience [J]. Journal of Electronic Resources Librarianship，2015，27(3)：185-193.

② Harloe B，Hults P，Traub A. What's the Use of Use?：Return on Investment Strategies for Consortial DDA Programs[J]. Journal of Library Administration，2015，55(3)：249-259.

③ Egan N，Yearwood S L，Kendrick C L. Patron-driven Acquisitions at the City University of New York：A Case Study[J]. Technical Services Quarterly，2016，33(2)：131-144.

④ Forzetting S，Gallagher E. A Vendor's Perspective on Consortial PDA [J]. Against the Grain，2012，24(6)：30，32.

享采购数目问题达成协议；如何在多所大学之间进行有效合作与协调“公平共享”；如何与出版商谈判；如何在多个图书馆之间处理副本问题；如何满足联盟之间信息共享的技术要求；如何为每个机构准备有效的使用数据；如何保持联盟 DDA 的灵活性等。宾夕法尼亚大学图书馆联盟(the Pennsylvania Academic Library Consortium) DDA 实践证明，要保证馆藏建设成功，既需要文化转变和树立“联盟优先”的思维，也需要更好地了解成员图书馆如何利用 DDA 来补充或取代本地资源建设倡议，还必须明确说明联盟馆藏远景中 DDA 项目共享的机构优先事项①。我国图书馆界应该借鉴国外图书馆联盟 DDA 经验，努力开展图书馆联盟 DDA 活动。

五、不断扩大纸本图书 DDA 活动

虽然目前 DDA 活动主要是针对电子书采购而言的，但 DDA 同样适用于纸本图书采购。不过，纸本 DDA 项目比电子书 DDA 项目实施起来困难一些。这是因为②：纸本 DDA 项目需要建立新的、复杂的工作流、配置文件；纸本 DDA 元数据管理更是一项复杂又费时的工作；纸本 DDA 也给系统工作人员带来巨大的挑战，比如：须对系统显示进行调整，以便将不熟悉的过程传递给用户；需要将元数据和订单传送给采购人员和供应商；必须能够存放和快速发送收到的资料。都柏林大学学院图书馆(University College Dublin Library)的实践也表明，纸本图书 DDA

① Garskof J, Morris J, Ballock T, et al. Towards the Collective Collection: Lessons Learned from PALCI's DDA Pilot Projects and Next Steps[J]. Collaborative Librarianship, 2016, 8(2): 84-98.

② England M M, Anderson R. Demand-driven Acquisition of Print Books: Applying 21st-century Procurement Strategies to a 5th-century Format[J/OL]. [2019-09-06]. https://doi.org/10.1080/01462679.2018.1564715.

比电子书 DDA 困难得多①。但随着信息资源共享共建活动的进一步发展，图书馆、供应商、出版商、用户等利益相关者可以在纸本图书 DDA、电子书 DDA 上找到更多的合作机会，实现合作共赢和利益最大化。因此，图书馆应该积极推广纸本图书 DDA 活动，以更好地满足用户的各种不同需求。

① Tynan M, McCarney E. "Click here to Order this Book": A Case Study of Print and Electronic Patron-driven Acquisition in University College Dublin[J]. New Review of Academic Librarianship, 2014, 20(2): 233-250.

第四章　图书馆职业教育能力研究

我国图书馆学正规教育始于韦棣华女士于1920年创办的武昌文华大学图书科①。经过近百年的发展，目前我国已经形成了从专科到本科、硕士、博士的多层次图书馆学、情报学教育体系，开展了多种方式的职业培训，培养了一大批图书馆职业工作者，我国图书馆职业教育能力获得了长足的发展。本章将简述图书馆职业教育能力相关概念、我国图书馆职业教育机构与职业设置及其培养目标与课程设置，构建图书馆职业教育能力评价指标体系，提出提升我国图书馆职业教育能力的对策。

第一节　图书馆职业教育与职业教育能力的界定

根据《中华人民共和国职业教育法》的规定，初等职业教育、中等职业教育、高等职业教育构成我国现有职业教育体系的三个层次。初等职业教育是在初级中学阶段开展的职业教育，也是九年义务教育的一个组成部分。中等职业教育主要是高中阶段的职业教育，也包括一部分高中后职业培训，它是在对学生进行高中文化知识教育的同时，根据职业岗位的要求，有针对性地实施职业知识教育和职业技能训练，主要包括普通中等专业学校、成人中等专业学校、技工学校、职业高中学校4

① 盛小平．图书馆职业发展与制度建设[M]．北京：科学出版社，2016：21.

类。高等职业教育是在完成高中教育基础上主要由高等专科学校和高等职业技术学院、职业大学实行的职业教育①。

在此，图书馆职业教育已经拓展了上述职业教育定义，是指面向图书馆职业而开展的各种教育与培训活动，即提高图书馆工作人员职业道德、专业知识、技能与方法的各种教育与培训活动。它既包括普通高等学校为培养图书馆工作者开展的专业教育，也包括职业院校为培养图书馆工作者开展的职业教育，还包括各类型社会组织为图书馆工作者提供的各种职业培训或继续教育。因此，图书馆职业教育是通常所讲的图书馆教育、图书馆学教育、图书馆学情报学(LIS)教育、图书馆培训、图书馆继续教育等教育活动的总称。

基于本文定义的图书馆职业教育的概念，图书馆职业教育能力是指一个国家或地区或者某个机构实施图书馆职业教育的能力。图书馆职业教育能力范围可大可小，既可指一个国家或地区图书馆职业教育能力，也可指一个机构图书馆职业教育能力；既包含图书馆专业教育能力，也包含图书馆职业培训能力。一般说来，我国图书馆职业教育能力现状涉及教育机构、专业设置、培养方案(主要是培养目标与课程设置)、师资队伍、招生与就业、继续教育与职业培训等方面内容。

第二节　我国图书馆职业教育机构与专业设置

我国图书馆职业教育培养机构众多，且各自开设的专业也不完全一样。目前，国内与图书馆职业教育相关的主要专业包括图书馆学、档案学、信息资源管理、情报学，一些教育机构还能培养图书情报硕士。此外，有一些高校信息管理学院(或系)开设了编辑出版学、中国古典文献学、历史文献学、信息管理与信息系统、电子商务、数字出版、管理

---

① 许世建，张翌鸣，陶军明，等．职业教育预测与规划[M]．成都：巴蜀书社，2010：8-9.

科学与工程、保密管理、信息分析等专业，但这些专业不属于图书情报与档案管理一级学科。因此，这里仅仅按照图书馆学、档案学、情报学、信息资源管理、图书情报硕士来论述国内图书馆职业教育机构与专业设置。

一、图书馆学开设院校

从2018年中国教育在线高考志愿填报参考系统提供的数据和来看，目前国内有24所院校开设了图书馆学本科专业①；同时，结合“中国研究生招生信息网”中的“专业知识库”数据和相关培养单位网站数据，发现国内有44个单位招收图书馆学硕士研究生②，有9个单位招收图书馆学博士研究生(见表4-1)，其中，吉林大学、南京大学、中山大学、国防大学政治学院是按照“图书情报与档案管理”一级学科招收博士研究生，下设图书馆学方向和图书馆学相关专业方向。

表4-1　　**图书馆学开设院校**

学校名称	本科	硕士	博士	“985”大学	“211”大学	学校名称	本科	硕士	博士	“985”大学	“211”大学
北京大学	✓	✓	✓	✓	✓	西北大学	✓	✓			✓
中国人民大学		✓	✓	✓	✓	山西大学		✓			
北京师范大学		✓		✓	✓	山东大学		✓		✓	✓
中国科学院大学		✓	✓			西安电子科技大学		*			
中国科学技术信息研究所		✓				郑州航空工业管理学院	✓	✓			
中国农业大学		*		✓	✓	郑州大学		✓			✓
南开大学	✓	✓	✓	✓	✓	上海大学		✓			✓

① 中国教育在线. 高考志愿填报[EB/OL]. [2019-02-15]. https：//gkcx. eol. cn/soudaxue/queryspecialty. html.

② 专业知识库[EB/OL]. [2019-02-15]. https：//yz. chsi. com. cn/zyk/.

续表

学校名称	本科	硕士	博士	"985"大学	"211"大学	学校名称	本科	硕士	博士	"985"大学	"211"大学
天津工业大学		✓				空军军医大学		✓			
天津师范大学		✓				安徽大学	✓	✓			✓
吉林大学		✓	*	✓	✓	曲阜师范大学		✓			
东北师范大学	✓	✓				福建师范大学	✓	✓			
辽宁大学		✓			✓	河北经贸大学	✓				
辽宁师范大学	✓	✓			✓	河北大学	✓	✓			
辽宁师范大学海华学院	✓					河南科技大学		✓			
黑龙江大学	✓	✓				武汉大学	✓	✓	✓	✓	✓
长春大学	✓					华中师范大学		✓			✓
鞍山师范学院	✓					湘潭大学	✓	✓			
长春师范大学	✓					中山大学	✓	✓	*	✓	✓
内蒙古科技大学	✓					华南师范大学		✓			✓
内蒙古科技大学包头师范学院	✓					西南大学		✓			✓
国防大学政治学院		*	*			四川大学		✓		✓	✓
南京大学	✓	✓	*	✓	✓	南昌大学		*			
东南大学		✓				中科院成都文献情报中心		✓			
南京理工大学		✓			✓	云南大学	✓	✓			✓
南京农业大学		✓			✓	广西民族大学	✓	*			
江苏大学		*				陕西理工大学	✓				

注：*代表按"图书情报与档案管理"一级学科招收硕士生或博士研究生

二、情报学开设院校

从"中国研究生招生信息网"中的"专业知识库"查询和相关培养单

位网站来看，国内有 65 个单位招收情报学硕士研究生①，有 9 个单位招收情报学博士研究生(见表 4-2)，其中，吉林大学、南京大学、华中师范大学、中山大学是按照“图书情报与档案管理”一级学科招收博士研究生，下设情报学方向或情报学相关专业方向。

表 4-2　　　　　　　　　　**情报学开设院校**

学校名称	硕士	博士	“985”大学	“211”大学	学校名称	硕士	博士	“985”大学	“211”大学
北京大学	✓	✓	✓	✓	华东理工大学	✓			
中国人民大学	✓	✓	✓	✓	上海大学	✓			✓
北京师范大学	✓		✓	✓	河海大学	✓			
中国科学院大学	✓	✓			苏州大学	*			
中国科学技术信息研究所	✓				南京航空航天大学	✓			✓
北京航空航天大学	✓		✓	✓	南京理工大学	✓			✓
北京理工大学	✓		✓	✓	南京大学	✓	*	✓	✓
中国农业大学	✓		✓	✓	南京农业大学	✓			✓
中国农业科学院	✓				国防大学政治学院	*			
中国中医科学院	✓				江苏大学	*			
中国国防科技信息中心	✓				浙江大学	✓		✓	✓
中国军事医学科学院	✓				安徽大学	✓			✓
中国协和医科大学	✓				福州大学	✓			✓
中国航空工业总公司第六二八研究所	✓				济南大学	✓			
南开大学	✓	✓	✓	✓	山东理工大学	✓			
天津理工大学	✓				山东科技大学	✓			
天津师范大学	✓				青岛科技大学	✓			

① 专业知识库[EB/OL]. [2019-02-15]. https://yz.chsi.com.cn/zyk/.

续表

学校名称	硕士	博士	"985"大学	"211"大学	学校名称	硕士	博士	"985"大学	"211"大学
天津大学	✓		✓	✓	郑州大学	✓			✓
河北大学	✓				新乡医学院	✓			
中央司法警官学院	✓				郑州航空工业管理学院	✓			
山西财经大学	✓				武汉大学	✓	✓	✓	✓
山西大学	✓				华中师范大学	✓	*		✓
西安电子科技大学	*				华中科技大学	✓		✓	✓
中国医科大学	✓				湘潭大学	✓			
东北师范大学	✓			✓	中山大学	✓	*	✓	✓
吉林大学	✓	*	✓	✓	华南师范大学	✓			✓
黑龙江大学	✓				西南大学	✓			✓
兰州大学	✓		✓	✓	四川大学	✓		✓	✓
海军军医大学	✓			✓	云南大学	✓			✓
上海社会科学院	✓				西南科技大学	✓			
同济大学	✓		✓	✓	空军军医大学	✓			✓
上海交通大学	✓		✓	✓	广西民族大学	*			
华东师范大学	✓		✓	✓	中科院成都文献情报中心	✓			
					南昌大学	*			

注：*代表按"图书情报与档案管理"一级学科招收硕士生或博士研究生

三、档案学开设院校

从2018年中国教育在线高考志愿填报参考系统提供的数据和相关培养单位网站来看，目前国内有28所院校开设了档案学本科专业①；同时，从"中国研究生招生信息网"中的"专业知识库"查询和相关培养

① 中国教育在线．高考志愿填报[EB/OL]．[2019-09-05]．https：//gkcx.eol.cn/soudaxue/queryspecialty.html.

单位网站来看，国内有 26 个单位招收档案学硕士研究生①，有 4 个单位招收档案学博士研究生(见表 4-3)。

表 4-3　　**档案学开设院校**

学校名称	本科	硕士	博士	“985”大学	“211”大学	学校名称	本科	硕士	博士	“985”大学	“211”大学
中国人民大学	✓	✓	✓	✓	✓	郑州航空工业管理学院	✓	✓			
南开大学	✓	✓		✓	✓	南昌大学	✓	*			✓
天津师范大学	✓					武汉大学	✓	✓	✓	✓	✓
河北大学	✓	✓				湖北大学	✓	✓			
黑龙江大学	✓	✓				湘潭大学	✓	✓			
山西大学		✓				中山大学	✓	✓		✓	✓
辽宁大学		✓			✓	四川大学	✓	✓		✓	✓
吉林大学	✓	✓	*	✓	✓	云南大学	✓	✓			✓
上海大学	✓	✓			✓	西藏民族大学	✓				
苏州大学	✓	*			✓	西北大学	✓				✓
南京理工大学		✓			✓	扬州大学	✓				
南京大学	✓	✓	*	✓	✓	北京联合大学	✓				
国防大学政治学院		*				辽宁科技学院	✓				
浙江大学		✓		✓	✓	呼和浩特民族学院	✓				
安徽大学	✓	✓			✓	苏州大学文正学院	✓				
福建师范大学	✓	✓				贵州师范学院	✓				
山东大学	✓	✓		✓	✓	广西民族大学		*			
郑州大学		✓			✓						

注：*代表按“图书情报与档案管理”一级学科招收硕士生或博士研究生

① 专业知识库[EB/OL]. [2019-02-15]. https://yz.chsi.com.cn/zyk/.

四、信息资源管理开设院校

根据教育部近几年关于公布普通高等学校本科专业备案和审批结果的通知，和2018年中国教育在线高考志愿填报参考系统提供的数据以及相关网站调查，发现共有17个单位招收IRM专业本科生，有5个单位招收IRM专业硕士生，有4个单位招收IRM专业博士研究生(见表4-4)。

表4-4 **信息资源管理开设院校**

学校名称	本科	硕士	博士	“985”大学	“211”大学	学校名称	本科	硕士	博士	“985”大学	“211”大学
中国人民大学	✓	✓	✓	✓	✓	吉林化工学院	✓				
中国科学技术信息研究所		✓	✓			徐州医科大学	✓				
武汉大学		✓	✓	✓	✓	河北建筑工程学院	✓				
四川大学	✓			✓	✓	湖北汽车工业学院	✓				
浙江大学	✓	✓		✓	✓	湖北医药学院	✓				
上海大学	✓		✓		✓	湖北医药学院药护学院	✓				
苏州大学	✓				✓	广东医科大学	✓				
华中师范大学	✓				✓	华南师范大学		✓			✓
天津财经大学	✓					中山大学新华学院	✓				
东北师范大学	✓				✓	苏州大学文正学院	✓				

五、图书情报硕士培养单位

经过网络检索，2019年国内共有49个单位招收图书情报硕士①(见

① 2019年图书情报硕士MLIS招生院校汇总(全)[EB/OL].[2019-09-07].http://mpacc.offcn.com/bkzn/9549.html.

表 4-5）。

表 4-5　　图书情报硕士培养单位

学校名称	硕士	"985"大学	"211"大学	学校名称	硕士	"985"大学	"211"大学
中国人民大学	✓	✓	✓	安徽大学	✓		✓
北京联合大学	✓			福建师范大学	✓		
中国农业科学院	✓			南昌大学	✓		✓
南开大学	✓	✓	✓	景德镇陶瓷大学	✓		
天津师范大学	✓			山东大学	✓	✓	✓
河北大学	✓			山东师范大学	✓		
山西大学	✓			曲阜师范大学	✓		
山西医科大学	✓			郑州大学	✓		✓
山西财经大学	✓			郑州航空工业管理学院	✓		
辽宁大学	✓		✓	武汉大学	✓	✓	✓
沈阳建筑大学	✓			华中科技大学	✓	✓	✓
大连外国语大学	✓			华中师范大学	✓		✓
吉林大学	✓	✓	✓	湖北大学	✓		
东北师范大学	✓		✓	中南大学	✓	✓	✓
长春师范大学	✓			湘潭大学	✓		
吉林财经大学	✓			吉首大学	✓		
黑龙江大学	✓			中山大学	✓	✓	✓
复旦大学	✓	✓	✓	四川大学	✓	✓	✓
华东师范大学	✓	✓	✓	贵州财经大学	✓		
上海大学	✓		✓	云南大学	✓		✓
上海师范大学	✓			广西民族大学	✓		
南京大学	✓	✓	✓	西北政法大学	✓		
南京理工大学	✓		✓	兰州财经大学	✓		
南京农业大学	✓		✓	河海大学	✓		
江苏大学	✓						

第三节　我国图书馆职业教育的培养目标

在我国，不同层次、不同专业的图书馆职业教育往往有不同的培养目标。由于我国开展图书馆职业教育的中等专科学校和高等专科学校非常稀少，因此，这里分别从本科与研究生两个层次来论述不同专业的培养目标。

一、本科层次的培养目标

《普通高等学校本科专业目录和专业介绍》(后简称《普通专业》)确定了图书馆学、档案学和信息资源管理专业本科教育的培养目标。2018年公布的《图书情报与档案管理类教学质量国家标准(图书馆学专业)》(后简称《图书馆学标准》)重新确立了图书馆学本科教育的培养目标。《图书情报与档案管理类教学质量国家标准(档案学专业)》(后简称《档案学标准》)对原有的档案学本科教育培养目标进行了修订。相关高校可以基于最新的国家标准制定本单位相关专业的培养目标。

(一)图书馆学本科培养目标

《普通专业》规定，图书馆学本科培养目标是培养具备系统的图书馆学基础理论知识和必备的相关学科知识，拥有熟练地运用现代化技术手段搜集、整理和开发利用文献信息的能力，能在图书情报机构、政府部门、金融机构、数据产品开发机构、出版发行机构和各类企事业单位的信息部门从事信息服务与管理工作的应用型、复合型专门人才①。

2018年公布的《图书馆学标准》规定，图书馆学专业本科培养目标是培养具备系统的图书馆学基本理论和技术方法，掌握现代信息技术和

① 中华人民共和国教育部高等教育司．普通高等学校本科专业目录和专业介绍[M]．北京：高等教育出版社，2012：337.

管理科学知识，具备熟练地运用现代化技术手段搜集、组织、检索、分析、评价和开发利用信息的能力，能在图书馆、信息服务机构和各类企事业单位的信息部门从事信息与知识服务及管理工作，适应社会发展需要的具有创新精神的厚基础、宽口径、高素质的复合型人才①。

基于上述指导性培养目标，许多高校制定了各自的图书馆学本科培养目标。例如，武汉大学信息管理学院公布的图书馆学专业本科人才培养目标是：本专业培养具备系统的图书馆学基础理论知识，掌握现代信息技术、管理科学知识和计算机技术，具备熟练地运用现代化技术手段组织、检索、分析、评价和开发利用信息的能力，能在图书馆、信息服务机构和各类企事业单位的信息部门从事信息服务及管理工作，适应经济和社会发展需要的厚基础、宽口径、高素质、强能力的创造、创新、创业型复合人才②。

中山大学资讯管理学院制定的图书馆学本科培养目标是：培养具备系统的图书馆学基本理论和技术方法，掌握现代信息技术和管理科学知识，具备熟练地运用现代化技术手段收集、组织、检索、分析、评价和开发利用信息的能力，能在图书馆、信息服务机构和各类企事业单位的信息部门从事信息与知识服务及管理工作，具有人文情怀和开拓创新的精神，适应社会发展需要的厚基础、宽口径、高素质的学术与行业英才③。

（二）档案学本科培养目标

《普通专业》规定，档案学本科教育培养目标是培养具备系统的档

① 教育部高等学校教学指导委员会．普通高等学校本科专业类教学质量国家标准［M］．北京：高等教育出版社，2018：867．

② 武汉大学信息管理学院．图书馆学专业本科人才培养方案［EB/OL］．［2019-09-07］．http：//sim. whu. edu. cn/info/1039/1040. htm．

③ 中山大学资讯管理学院．图书馆学培养方案［EB/OL］．［2019-09-07］．http：//ischool. sysu. edu. cn/cn/content/benkejiaoyu-tushuguanxue．

案学基础理论知识，掌握现代管理知识、先进信息技术和档案管理专业技能，能在各类档案局、档案馆、党政军机关、企事业单位的档案部门、信息部门、文秘部门从事档案管理、文件管理、信息管理、综合办公工作的应用型人才①。

2018 年公布的《档案学标准》规定，档案学专业本科培养目标是培养具备档案学基础理论知识，掌握现代管理知识、信息技术和档案管理专业技能，适应在各级档案局、各级各类档案馆，机关、团体、企事业单位的档案部门、信息部门、文秘部门从事文件管理、档案管理、信息管理、秘书工作的复合型、应用型和创新型专门人才②。

不过，许多高校制定了各自的档案学本科培养目标。例如，武汉大学信息管理学院公布的档案学专业本科人才培养目标是：本专业培养具有系统的档案学基础知识和政务信息管理的基本知识，具备一定的文化素质和修养，掌握应用现代信息技术的基本技能，能在国家机关、企事业单位以及各种信息机构从事档案管理、信息管理和信息服务的复合型、实用型高级人才③。

南京大学信息管理学院制定的档案学本科培养目标是：培养理论基础厚、知识面宽、专业能力强、从事档案和行政管理工作的，具备扎实的专业基础理论知识和同信息科学、管理科学相关的理论知识的档案专业专门人才④。

---

① 中华人民共和国教育部高等教育司．普通高等学校本科专业目录和专业介绍[M]．北京：高等教育出版社，2012：338.

② 教育部高等学校教学指导委员会．普通高等学校本科专业类教学质量国家标准[M]．北京：高等教育出版社，2018：873.

③ 武汉大学信息管理学院．档案学专业本科人才培养方案[EB/OL]．[2019-09-07]．http：//sim. whu. edu. cn/info/1039/1043. htm.

④ 南京大学信息管理学院．档案学专业介绍[EB/OL]．[2019-09-07]．http：//im. nju. edu. cn/content. do？mid = 6&mmid = 61&pid = 616&cid = d11430ca-4b0e-11e5-91d4-002454d0cc1b.

(三)信息资源管理本科培养目标

《普通专业》规定，信息资源管理本科教育培养目标是培养具备系统的信息资源管理理论知识，掌握现代管理知识、先进信息技术和信息资源管理专业技能，能在党政军机关、人民团体以及工商企业、金融机构、学校、科研院所等单位的信息中心、网络管理中心、计算机软件企业研发与服务机构、数据管理企业、司法系统电子取证机构、各类信息资源开发和咨询服务机构、各种类型的大中型计算机网络数据资源管理部门、国家各级信息化与信息产业行政管理机构等单位从事数据管理、网络系统资源管理、信息资源系统规划建设与维护、信息资源产业与行业管理等方面工作的应用型人才①。

在实践教学过程中，许多高校制定了各自的信息资源管理本科培养目标。例如，中国人民大学信息资源管理学院公布的信息资源管理专业本科培养目标是：主要培养熟练掌握信息资源管理理论、数据资源管理原理与技术方法，可胜任电子数据组织、定位、加工、存储、检索、处置和挖掘应用等工作的高级复合型人才②。

四川大学公共管理学院制定的信息资源管理专业本科培养目标是：本专业培养具有现代管理学基础理论素养，掌握计算机科学技术和信息技术的基本知识及应用能力，能在不断变化的技术环境下进行信息资源管理的复合型高级人才。

二、研究生层次的培养目标

我国教育部在《授予博士、硕士学位和培养研究生的学科专业简介》(后简称《博硕专业》)中提出了图书馆学、情报学、档案学硕士生和

---

① 中华人民共和国教育部高等教育司．普通高等学校本科专业目录和专业介绍[M]．北京：高等教育出版社，2012：339.

② 中国人民大学信息资源管理学院．学士教育[EB/OL]．[2019-2-17]．http：//irm. ruc. edu. cn/more. php? cid=234.

博士生的培养目标。结合不同培养单位自行确定的专业培养目标，在此对图书馆学、情报学、档案学、信息资源管理、图书情报硕士的培养目标做简要说明。

（一）图书馆学硕士生培养目标

《博硕专业》指出，图书馆学硕士生培养目标是培养德、智、体全面发展并具有坚实宽广的图书馆学基础理论知识、较系统深入的专门知识和较强的综合素质和能力的专门人才，较为熟练地掌握一门外语，能阅读本专业的外文资料，熟练掌握计算机应用知识，全面了解所从事的研究领域的现状和发展趋势，能独立进行科学研究，能胜任大中型文献情报机构的中高层管理工作①。

然而，许多高校制定了各自的图书馆学硕士生培养目标。例如，中国人民大学信息资源管理学院公布的图书馆学硕士生培养目标是：主要培养熟练掌握现代文献管理、信息管理理论与技术方法，可胜任文献管理、信息资源管理与开发利用等工作的高级复合型人才②。

南京大学信息管理学院制定的图书馆学硕士培养目标是：培养品德良好，学风严谨，敬业进取的德智体全面发展，具有扎实的图书馆学基本理论、基础知识和技能，掌握图书馆信息化新技术，对本学科发展中的前沿课题进行较深入的研究并获得一定进展，满足社会各界对信息资源评价、采集、组织、开发和利用需要的高层次专门人才③。

---

① 国务院学位委员会办公室，教育部研究生工作办公室．授予博士、硕士学位和培养研究生的学科专业简介[M]．北京：高等教育出版社，1999：523.

② 中国人民大学信息资源管理学院．硕士教育[EB/OL]．[2019-09-07]．http：//irm. ruc. edu. cn/more. php？ cid=235.

③ 南京大学信息管理学院．图书馆学硕士专业介绍[EB/OL]．[2019-09-07]．http：//im. nju. edu. cn/content. do？ mid = 6&mmid = 62&pid = 623&cid = 603d30bb-4b12-11e5-91d4-002454d0cc1b.

（二）情报学硕士生培养目标

《博硕专业》指出，情报学硕士生教育培养目标是培养应在德、智、体三方面全面发展，具有情报学领域坚实的基础理论、系统的专门知识和必要的相关学科知识，熟练利用计算机处理和管理信息，较为熟练地掌握一门外国语，能阅读本专业的外文资料。具有较强的分析问题和解决问题的能力。能在高等学校和专业研究机构从事教学与科研工作，同时也能在企事业单位从事管理工作和实际信息工作①。

在实践教学中，许多高校制定了各自的情报学硕士生培养目标。例如，南京大学信息管理学院制定的情报学硕士生培养目标是：培养具有扎实情报学基本理论、基础知识和技能，能够深入研究情报学领域内的前沿课题并有所进展的高层次专门人才，以满足社会对信息管理专门人才的需求②。

吉林大学管理学院制定的情报学硕士生培养目标是：培养掌握马克思主义基本理论，热爱祖国，遵纪守法，具有良好的道德品质和较强的事业心，积极为社会主义现代化建设服务，树立实事求是和勇于创新的科学精神，掌握情报学学科坚实的基础理论和系统的专门知识、必要的信息管理与信息系统专门知识与实践技能及经验，具有从事本领域科学研究工作和独立承担专业实践工作的能力，德、智、体全面发展且能适应社会、经济和科学技术发展需要的高层次信息管理专门人才③。

---

① 国务院学位委员会办公室，教育部研究生工作办公室．授予博士、硕士学位和培养研究生的学科专业简介[M]．北京：高等教育出版社，1999：525.

② 南京大学信息管理学院．情报学硕士专业介绍[EB/OL]．[2019-09-07]. http：//im. nju. edu. cn/content. do？ mid = 6&mmid = 62&pid = 623&cid = 23081bb6-97cd-11e4-a3c2-40a8f01ece83.

③ 吉林大学管理学院．情报学专业硕士研究生培养方案[EB/OL]．[2019-09-07]. http：//gl. jlu. edu. cn/info/1034/2783. htm.

（三）档案学硕士生培养目标

《博硕专业》指出，档案学硕士生教育培养目标是培养德智体全面发展，具有扎实的档案学基础理论和系统的专业知识的专门人才；毕业生应了解本学科国内外的现状和发展趋势，具备独立从事档案学的研究能力。较为熟练地掌握一门外国语，能阅读本专业的外文资料。能胜任国家机关或高等院校、科研机构的档案管理、教学和科研工作①。

在实践教学中，许多高校制定了各自的档案学硕士生培养目标。例如，中国人民大学信息资源管理学院公布的档案学硕士生培养目标是：主要培养熟练掌握现代档案管理理论与信息技术，可胜任文件管理、档案管理、信息管理、知识管理等工作的高级复合型人才②。

吉林大学管理学院制定的档案学硕士生培养目标是：培养掌握马克思主义基本理论，热爱祖国，遵纪守法，具有良好的道德品质和较强的事业心，积极为社会主义现代化建设服务，树立实事求是和勇于创新的科学精神，掌握档案学学科坚实的基础理论和系统的专门知识、必要的电子档案管理技术和计算机应用技能，具有从事该领域科学研究工作的能力和独立承担专业业务工作的能力，德、智、体全面发展且能适应社会、经济和科学技术发展需要的高层次档案管理专门人才③。

（四）信息资源管理硕士生培养目标

虽然信息资源管理专业目前还未纳入《博硕专业》，但是国内招收信息资源管理硕士研究生的培养单位都制定了信息资源管理硕士培养目

① 国务院学位委员会办公室，教育部研究生工作办公室．授予博士、硕士学位和培养研究生的学科专业简介[M]．北京：高等教育出版社，1999：526.

② 中国人民大学信息资源管理学院．硕士教育[EB/OL]．[2019-09-07]．http：//irm. ruc. edu. cn/more. php？ cid＝235.

③ 吉林大学管理学院．档案学专业硕士研究生培养方案[EB/OL]．[2019-09-07]．http：//gl. jlu. edu. cn/info/1034/2784. htm.

标。例如，中国人民大学信息资源管理学院公布的信息资源管理专业硕士培养目标是：主要培养熟练掌握信息资源管理理论、数据资源管理原理与技术方法，可胜任电子数据组织、定位、加工、存储、检索、处置和挖掘应用等工作的高级复合型人才①。

南京大学信息管理学院制定的信息资源管理硕士生培养目标是：培养掌握图书情报专业知识和技能，能够综合运用管理、经济、法律、计算机知识解决图书情报工作中的实际问题，具有较高职业素养，胜任图书情报行业的实际工作，适应国民经济与社会信息化、文化建设需要的高层次、应用型、复合型专门人才②。

（五）图书情报硕士培养目标

图书情报硕士专业学位研究生的培养目标是培养掌握图书情报专业知识和技能，能够综合运用管理、经济、法律、计算机知识解决图书情报工作中的实际问题，具有较高职业素养，胜任图书情报行业的实际工作，适应国民经济与社会信息化、文化建设需要的高层次、应用型、复合型专门人才③。

中国人民大学信息资源管理学院公布的图书情报硕士的培养目标是：主要培养熟练掌握现代文献管理、信息管理理论与技术方法，可胜任文献管理、信息管理与服务工作的高级应用型人才④。

南京大学信息管理学院制定的图书情报硕士培养目标是：培养掌握

---

① 中国人民大学信息资源管理学院．硕士教育[EB/OL].[2019-09-07]. http://irm.ruc.edu.cn/more.php? cid=235.

② 南京大学信息管理学院．图书情报硕士专业介绍[EB/OL].[2019-09-07]. http://im.nju.edu.cn/content.do? mid = 6&mmid = 62&pid = 625&cid = 387e80e0-4b13-11e5-91d4-002454d0cc1b.

③ 佚名．图书情报硕士专业学位研究生指导性培养方案[EB/OL].[2019-09-07]. http://www.chinakaoyan.com/info/article/id/13613.shtml.

④ 中国人民大学信息资源管理学院．硕士教育[EB/OL].[2019-09-07]. http://irm.ruc.edu.cn/more.php? cid=235.

图书情报专业知识和技能，能够综合运用管理、经济、法律、计算机知识解决图书情报工作中的实际问题，具有较高职业素养，胜任图书情报行业的实际工作，适应国民经济与社会信息化、文化建设需要的高层次、应用型、复合型专门人才①。

（六）图书馆学博士生培养目标

《博硕专业》指出，图书馆学博士生教育培养目标是培养德智体全面发展，并具有坚实宽广的图书馆学基础理论知识、系统深入的专门知识和优秀的综合素质与能力的高级专门人才；对所从事的研究领域的历史、现状及前沿有全面深入的了解，至少掌握一门外国语，能熟练地阅读本专业的外文资料，具有一定的写作能力和进行国际学术交流的能力，熟练掌握计算机应用知识。能独立从事创新性的科学研究；能胜任高等学校的教学和研究工作或大型文献信息机构的高层次管理工作②。

在实践教学中，许多高校制定了各自的图书馆学博士生培养目标。例如，南京大学信息管理学院制定的图书馆学博士生培养目标是：培养品德良好，学风严谨，敬业进取的德智体全面发展，具有扎实的图书馆学基本理论、基础知识和技能，掌握图书馆信息化新技术，对本学科发展中的前沿课题进行较深入的研究并获得一定进展，满足社会各界对信息资源评价、采集、组织、开发和利用需要的高层次专门人才③。

中山大学资讯管理学院制定的图书馆学博士生培养目标是：以中山大学人才培养总体目标“德才兼备、领袖气质、家国情怀”为框架，培

① 南京大学信息管理学院．图书情报硕士专业介绍[EB/OL]．[2019-09-07]．http：//im. nju. edu. cn/content. do？ mid = 6&mmid = 62&pid = 625&cid = 387e80e0-4b13-11e5-91d4-002454d0cc1b.

② 国务院学位委员会办公室，教育部研究生工作办公室．授予博士、硕士学位和培养研究生的学科专业简介[M]．北京：高等教育出版社，1999：523.

③ 南京大学信息管理学院．图书馆学博士专业介绍[EB/OL]．[2019-09-07]．http：//im. nju. edu. cn/content. do？ mid=6&mmid=62&pid=621&cid=0f6e6f1d-97ce-11e4-a3c2-40a8f01ece83.

养遵守中华人民共和国宪法和法律、拥有远大理想和人文关怀、心系民族复兴和人类进步、具备道德修养和奉献精神、尊重学术、具有科学思维和领导才能、掌握图书馆学基础理论和专业知识、熟悉科学研究方法、掌握1~2门外国语，能够胜任图书馆及信息资源管理相关领域实践、科研和教学工作的精英和帅才①。

（七）情报学博士生培养目标

《博硕专业》指出，情报学博士生教育培养目标是培养在德、智、体三方面全面发展，具有情报学领域坚实宽广的基础理论、系统深入的专门知识和较为广博的相关学科知识的高级专门人才，学位获得者应熟练利用计算机处理和管理信息。至少掌握一门外国语，能熟练地阅读本专业的外文资料，具有一定的写作能力和进行国际学术交流的能力，具有独立从事科学研究和实际工作的能力。能胜任高度等学校和专业研究机构的教学与科研工作②。

在实践教学中，许多高校制定了各自的情报学博士生培养目标。例如，南京大学信息管理学院制定的情报学博士生培养目标是：培养系统掌握情报学的基本理论，具有宽广和坚实的基础，了解本学科的发展历史，现状和最新动态，能够发现问题并独立解决问题，学位论文具有重要的学术意义或应用价值并具有一定的创新性的高级专业人才③。

---

① 中山大学资讯管理学院．图书馆学（120501）博士研究生培养方案［EB/OL］．［2019-09-07］．http：//ischool. sysu. edu. cn/cn/content/% E5% 8D% 9A% E5% A3%AB%E5%9F%B9%E5%85%BB.

② 国务院学位委员会办公室，教育部研究生工作办公室．授予博士、硕士学位和培养研究生的学科专业简介［M］．北京：高等教育出版社，1999：524-525.

③ 南京大学信息管理学院．情报学博士专业介绍［EB/OL］．［2019-09-06］．http：//im. nju. edu. cn/content. do？mid=6&mmid=62&pid=621&cid=fefea91f-4b11-11e5-91d4-002454d0cc1b.

(八)档案学博士生培养目标

《博硕专业》指出，档案学博士生教育培养目标是培养德、智、体全面发展，具有坚实宽厚的档案学基础理论和系统深入的专业知识的高级专门人才，毕业生具备独立从事档案学研究并能做出创造性成果。至少掌握一门外国语，能熟练地阅读本专业的外文资料，具有一定的写作能力和进行国际学术交流的能力，能胜任高等院校、科研机构、国家机关等部门的档案教学、研究或管理工作①。

在实践教学中，许多高校制定了各自的档案学博士生培养目标。例如，吉林大学管理学院制定的图书情报与档案管理学科博士研究生培养方案把该一级学科的培养目标定义为如下 4 个方面②：①掌握马克思主义的基本原理，热爱祖国，遵纪守法，品德优良，学风严谨，具有实事求是、不断追求新知、勇于创造的科学精神，积极为社会主义建设服务；②掌握本学科坚实宽广的基础理论和系统深入的专门知识，具有独立从事科学研究和教学工作、组织解决重大实际问题的能力，并在科学或专门技术上做出创造性成果；③至少掌握一门外国语，能熟练阅读外文资料，具有撰写学术论文和进行国际学术交流的能力；④有健康的体魄。

(九)信息资源管理博士生培养目标

目前，国内有几所高校制定了信息资源管理博士生培养目标。中国人民大学信息资源管理学院公布的信息资源管理专业博士培养目标是：主要培养能从事高层次信息资源管理、信息资源开发利用理论研究和实

---

①　国务院学位委员会办公室，教育部研究生工作办公室．授予博士、硕士学位和培养研究生的学科专业简介[M]．北京：高等教育出版社，1999：525-526.

②　吉林大学管理学院．图书情报与档案管理学科博士研究生的培养方案[EB/OL]．[2019-09-06]．http：//gl. jlu. edu. cn/info/1036/2772. htm.

践工作的高级专门人才①。

上海大学图书情报档案系公布的信息资源管理博士生培养目标是：培养信息技术基础与管理基础扎实，胜任国家机构、政党团体和各种企业事业单位信息资源管理工作及高等学校信息资源管理专业教学和科研工作的高层次研究型人才。特别是要求掌握管理科学与工程、信息资源管理、图书情报与档案学基本理论，熟悉现代信息技术及其应用，具有信息技术、管理与文史领域交叉学科知识，有很强的科学研究意识和能力，有战略思维和创新意识与能力，熟练一门以上外语，具有较强的表达能力和沟通能力②。

第四节　我国图书馆职业教育的课程设置

课程设置和培养目标是培养方案的重要组成部分。这里主要对本科与研究生层次的专业课程设置做如下说明。

一、本科层次的课程设置

国内不同高校往往基于《普通专业》中“图书情报与档案管理类”专业本科核心课程和《本科质量标准》中设置的课程，设置了本校图书馆学、档案学和信息资源管理专业课程体系。

（一）图书馆学本科生教育课程设置

《普通专业》规定，图书馆学本科生教育教育的核心课程包括：图书馆学基础、文献目录学、信息资源建设、信息组织、信息检索、信息

---

① 中国人民大学信息资源管理学院．博士教育[EB/OL]．[2019-09-06]．http://irm.ruc.edu.cn/more.php?cid=236.

② 上海大学图书情报档案系．信息资源管理专业（99J100）攻读博士学位研究生培养方案[EB/OL]．[2019-09-06]．http://www.tqd.shu.edu.cn/Default.aspx?tabid=14293.

服务、信息分析、图书馆管理和数字图书馆等①。《图书馆学标准》规定，图书馆学本科专业课程体系由通识类课程、公共基础类课程、专业基础类课程、专业类课程组成。公共基础类课程包括计算机技术应用类、数学类和管理学类课程。专业类课程又由理论、方法、服务、信息技术、管理类课程组成，其中，理论类课程包括图书馆学基础、信息资源建设、图书史和图书馆学史、图书馆学方法论、目录学、文献学；方法类课程包括信息组织、信息资源编目、图书馆学研究方法、文献计量学、古籍版本学、网络信息组织、网络信息传播；服务类课程包括信息服务、信息素养、信息检索、信息分析、儿童图书馆、图书馆与阅读推广、社群信息学；信息技术类课程包括数据库系统、计算机网络、图书馆自动化、数字图书馆、信息安全、信息系统分析与设计；管理类课程包括图书馆管理、信息政策与法律、图书馆营销与公共关系②。

基于上述建议课程，国内许多高校设置了各自的图书馆学本科生教育主干(核心)课程，或者必修课程和选修课程。例如，武汉大学信息管理学院公布的图书馆学本科专业核心课程是：信息管理与传播导论、信息经济导论、图书馆学基础、信息资源建设、信息组织原理、信息组织实务、信息组织(实验)、信息描述、信息描述(实验)、信息检索、信息用户与服务、信息咨询与决策、知识产权管理、图书馆学研究方法、目录学概论、数字图书馆导论、图书馆与信息中心管理、高级语言程序设计、高级语言程序设计(实验)、数据库原理与应用、数据库原理与应用(实验)、信息系统设计与应用、全球视野下的图书情报事业③。

---

① 中华人民共和国教育部高等教育司．普通高等学校本科专业目录和专业介绍[M]．北京：高等教育出版社，2012：337.

② 教育部高等学校教学指导委员会．普通高等学校本科专业类教学质量国家标准[M]．北京：高等教育出版社，2018：869.

③ 武汉大学信息管理学院．图书馆学专业本科人才培养方案[EB/OL]．[2019-09-06]．http：//sim. whu. edu. cn/info/1039/1040. htm.

中山大学资讯管理学院公布的图书馆学本科生教育课程由公共必修课和公共选修课、专业必修课和专业选修课组成，其中，专业必修课包括学科大类基础课程（含高等数学（四）、信息管理概论、信息管理概论、信息组织导论、档案学概论）、专业基础课程（含信息检索导论、程序设计、信息描述）和专业核心课程（含信息分类与标引、图书与图书馆史、信息资源共享、信息检索工具与方法、数字图书馆、文献保护与修复、图书馆管理系统、网络信息获取、图书馆学研究方法与前沿）和专业实践课程（含毕业实习、毕业论文）；专业选修课包括计算思维导论、管理学原理、信息伦理与政策、计算机网络、知识产权、信息服务营销、大数据分析导论、文献计量学、数据可视化、信息用户、图书馆学英文经典选读、文献学、数据库、信息素养、图书馆管理、信息资源建设与服务、知识管理、科研训练、情报学基础、网络开发工具与技术、参考咨询服务、图书馆战略管理与绩效管理、目录学、图书馆服务项目策划与管理、公共图书馆与公共文化服务、古籍编目与整理、信息与社会、信息行为研究、跨文化交流与管理①。

（二）档案学本科生教育课程设置

《普通专业》规定，档案学本科生教育的核心课程有档案学概论、档案学管理、科技档案管理学（或企业档案管理、专门档案管理）、档案保护技术学、档案信息资源开发利用（含档案文献编纂学）、文书学、电子文件管理和中外档案事业史②。《档案学标准》规定，档案学本科专业课程体系由通识课程、基础课程、专业课程组成，其中，通识课程开设有关哲学、自然科学、社会科学、人文艺术等方面的课程；基础课程分为公共基础课程和学科基础课程，公共基础课程包括思想政治理论、

① 中山大学资讯管理学院．图书馆学培养方案［EB/OL］．［2019-09-06］．http：//ischool. sysu. edu. cn/cn/content/benkejiaoyu-tushuguanxue.

② 中华人民共和国教育部高等教育司．普通高等学校本科专业目录和专业介绍［M］．北京：高等教育出版社，2012：338.

国防教育、大学语文、高等数学、外语、体育、心理健康等方面的相关课程；学科基础课程包括历史学基础、管理学基础、现代信息技术、信息资源管理、社会科学研究方法；专业课程分为专业主干(专业必修)课程和专业方向(专业选修)课程，其中，专业主干课程包括档案学概论、文书学(或文秘学)、档案管理学、科技档案管理(或企业档案管理、专业档案管理)、档案保护技术、档案信息资源开放利用、电子文件管理、中外档案事业史；专业方向课程则由各高校根据自身特点与具体情况设置①。

基于上述建议课程，国内许多高校设置了各自的档案学本科生教育的主干(核心)课程。例如，武汉大学信息管理学院公布的档案学专业核心课程是：档案学基础、文书与秘书学、档案管理学、电子文件管理、中外档案事业、档案文献编研、档案文献遗产保护、电子政务概论、政务信息管理、档案法规学等②。

中国人民大学公布的档案学本科主要课程是：管理学原理、信息管理基础、信息检索、信息组织、信息记录技术、信息政策与法规、数据库系统、文档自动化系统设计、档案学概论、文书学、档案管理学、电子文件管理、知识管理、档案文献编纂学、档案鉴辨学、档案保护技术学、中国档案事业史、中国古代典籍、明清史与明清档案、方志学、中国政治制度史、社会调查研究方法等③。

(三)信息资源管理本科生教育课程设置

《普通专业》规定，信息资源管理本科生教育的核心课程有：信息

① 教育部高等学校教学指导委员会．普通高等学校本科专业类教学质量国家标准[M]．北京：高等教育出版社，2018：875-876.

② 武汉大学信息管理学院．档案学专业本科人才培养方案[EB/OL]．[2019-09-07]．http：//sim. whu. edu. cn/info/1039/1043. htm.

③ 中国人民大学信息资源管理学院．学士教育[EB/OL]．[2019-09-07]．http：//irm. ruc. edu. cn/more. php？cid=234.

资源管理基础、信息资源组织的理论与方法、信息检索原理与应用、数据分析与挖掘技术应用、数据库系统管理、数据存储技术、数据信息维护与恢复迁移技术、计算机网络资源系统设计与运行维护、计算机网络资源管理、数据中心的运行维护、数据信息风险控制与安全管理、信息资源产业、信息资源政策与法规和 CIO 制度等①。

基于上述建议课程，一些高校建立了独具特色的信息资源管理本科生教育主干(核心)课程。例如，中国人民大学公布的信息资源管理本科主要课程是：管理学原理、信息资源管理导论、信息组织、信息检索、数据库系统、程序语言、数据结构、离散数学、管理信息系统、经济学原理导论、数据管理、数据分析基础、数据仓库、数据挖掘、Web 分析与文本挖掘、社会网络分析、互联网信息分析、数字保存、信息安全、项目管理等②。

二、硕士研究生层次的课程设置

《博硕专业》对我国图书馆学、情报学和档案学硕士生教育课程进行了初步规划，主要包括基础理论课和专业课两个模块。

(一)图书馆学硕士生教育课程设置

《博硕专业》规定，图书馆学硕士生教育课程由基础理论课和专业课组成，其中，基础理论课有文献学研究、图书馆学方法论；专业课包括图书馆学基本理论专题、目录学研究、书目情报需求与服务组织、文献分类与主题研究、检索语言研究、文献编目研究、图书馆管理与自动化、中外信息咨询研究、中国目录学史、古籍整理方法论、文献史专

① 中华人民共和国教育部高等教育司．普通高等学校本科专业目录和专业介绍[J]．北京：高等教育出版社，2012：339.

② 中国人民大学信息资源管理学院．学士教育[EB/OL]．[2019-09-07]. http：//irm. ruc. edu. cn/more. php？ cid=234.

题、文献出版研究、信息资源知识产权研究①。

基于上述建议课程，许多高校制定了各自的图书馆学硕士生教育主干(核心)课程。例如，中国人民大学信息资源管理学院公布的图书馆学硕士主要课程有：理论信息学、图书馆学情报学前沿、信息资源管理、信息检索前沿研究、现代信息技术、数字图书馆理论与实践、图书馆现代化管理、社会科学信息理论与方法、网络资源组织与利用、信息分析与决策、信息用户心理分析、信息检索语言、信息政策与法规、信息传播原理与方法等②。

吉林大学管理学院公布的图书馆学硕士生教育课程由必修课和选修课组成，其中，必修课包括第一外国语、中国特色社会主义理论与实践研究、马克思主义与社会科学方法论、科学道德与学术规范、管理研究方法(Ⅱ)、定量分析方法、信息检索理论与技术、信息组织理论与技术、信息资源管理、图书馆学原理；选修课包括信息经济理论、知识产权研究(Ⅱ)、文献计量学、数字图书馆理论与方法(选)、信息咨询与服务、网络信息安全与控制(Ⅱ)、数据仓库与数据挖掘、数据描述语言(选)③。

(二)情报学硕士生教育课程设置

《博硕专业》规定，情报学硕士生教育课程由基础理论课和专业课组成，其中，基础理论课有情报学理论与应用、情报分析研究、计算机情报检索、情报管理与决策、计算机情报系统、网络信息资源开发利用；专业课包括信息资源管理、情报用户与服务、情报咨询理论与应

---

① 国务院学位委员会办公室，教育部研究生工作办公室．授予博士、硕士学位和培养研究生的学科专业简介[M]．北京：高等教育出版社，1999：524.

② 中国人民大学信息资源管理学院．硕士教育[EB/OL]．[2019-09-07]．http：//irm. ruc. edu. cn/more. php？ cid=235.

③ 吉林大学管理学院．图书馆学专业硕士研究生培养方案[EB/OL]．[2019-09-07]. http：//gl. jlu. edu. cn/info/1034/2782. htm.

用、信息经济学、情报计量学、情报政策与知识产权、情报检索算法、数据库系统设计与评价、计算机情报网络技术、智能情报系统①。

基于上述建议课程，许多高校制定了各自的情报学硕士生教育的主干(核心)课程。例如，中国人民大学信息资源管理学院公布的情报学硕士主要课程有：理论信息学、信息经济学、信息法学、信息资源管理、竞争性情报、社科信息理论与实践、电子政务基础、电子政务系统、知识管理原理、知识管理方法与技术、电子信息与网络信息、信息检索、信息安全与保护、信息分析与决策、信息咨询等②。

吉林大学管理学院公布的情报学硕士生教育课程由必修课和选修课组成，其中，必修课包括第一外国语、中国特色社会主义理论与实践研究、马克思主义与社会科学方法论、科学道德与学术规范、管理研究方法(Ⅱ)、定量分析方法、信息检索理论与技术、信息组织理论与技术、信息资源管理、情报科学理论与方法；选修课包括网络数据库开发(选)、网络规划与管理(选)、网络信息安全与控制(Ⅱ)、电子商务信息管理、信息经济理论(选)、UML 建模语言(Ⅱ)、数据仓库与数据挖掘、企业竞争情报分析(Ⅱ)、数据描述语言、信息生态学③。

(三)档案学硕士生教育课程设置

《博硕专业》规定，档案学硕士生教育课程由基础理论课和专业课组成，其中，基础理论课包括历代古籍名著选读、文件工作的组织与控制、档案计算机管理系统开发、中外档案著作选读、信息记录与存储、信息资源管理；专业课包括国家档案事业管理、科技档案学导论、档案

---

① 国务院学位委员会办公室，教育部研究生工作办公室．授予博士、硕士学位和培养研究生的学科专业简介[M]．北京：高等教育出版社，1999：525.

② 中国人民大学信息资源管理学院．硕士教育[EB/OL]．[2019-09-07]．http：//irm. ruc. edu. cn/more. php？ cid=235.

③ 吉林大学管理学院．情报学专业硕士研究生培养方案[EB/OL]．[2019-09-07]．http：//gl. jlu. edu. cn/info/1034/2783. htm.

文献编纂与历史研究、档案学理论与历史、外国档案学、档案制成材料耐久性研究、档案保护专题研究、档案复制技术研究、档案库房研究①。

基于上述建议课程，许多高校制定了各自的档案学硕士生教育的主干(核心)课程。例如，中国人民大学信息资源管理学院公布的档案学硕士主要课程有：理论信息学、信息资源管理、信息检索前沿研究、现代信息技术、档案学理论研究、文件档案计算机管理、中外档案著作选读、企业档案管理、比较档案学、电子文件管理、知识管理、档案价值论、档案文献保护条件与控制、档案文献材料耐久性研究、档案文献有害生物防治、新型信息载体的保护、文献修复技术、文献信息安全技术等②。

吉林大学管理学院公布的档案学硕士生教育课程由必修课和选修课组成，其中，必修课包括第一外国语、中国特色社会主义理论与实践研究、马克思主义与社会科学方法论、科学道德与学术规范、管理研究方法(Ⅱ)、定量分析方法、信息检索理论与技术、信息组织理论与技术、信息资源管理(Ⅱ)、档案学理论与方法；选修课包括信息经济理论、电子档案管理理论与技术、企业档案管理实务、信息咨询与服务、网络信息安全与控制(Ⅱ)、知识产权研究、文献计量学、数据描述语言③。

(四)信息资源管理硕士生教育课程设置

由于信息资源管理专业目前未列入《授予博士、硕士学位和培养研究生的学科专业简介》，因此，教育部暂时没有推荐该专业的课程。国

① 国务院学位委员会办公室，教育部研究生工作办公室．授予博士、硕士学位和培养研究生的学科专业简介[M]．北京：高等教育出版社，1999：526.

② 中国人民大学信息资源管理学院．硕士教育[EB/OL]．[2019-09-07]. http：//irm. ruc. edu. cn/more. php? cid=235.

③ 吉林大学管理学院．档案学专业硕士研究生培养方案[EB/OL]．[2019-09-07]. http：//gl. jlu. edu. cn/info/1034/2784. htm.

内招收此专业硕士研究生的不同高校往往制定了各自的必修课程与选修课程，且彼此之间差异比较明显。例如，中国人民大学信息资源管理学院公布的信息资源管理硕士生教育主要课程有：信息分析导论、理论信息学、信息检索前沿、政府信息资源管理研究、企业信息资源管理研究、信息资源开发利用、信息分析与咨询服务、信息获取的原理与方法、信息分析的方法技术、信息分析软件工具的使用、信息分析能力训练、数据挖掘与商务智能、预测与决策、竞争情报分析、知识管理、数据仓库与数据挖掘技术、信息预测等①。

武汉大学信息资源管理专业硕士生教育课程体系由公共必修课、学科通开课、研究方法必修课、选修课、补修课组成，其中，公共必修课包括第一外语(德语、日语、法语、俄语、硕士英语任选其一)、马克思主义与社会科学方法论、中国特色社会主义理论与实践研究；学科通开课包括计算机网络理论与技术、信息系统工具、数据库技术与应用(上述 3 选 2)，信息管理国际学术前沿，图书情报与档案管理研究方法论；研究方法必修课包括专业英语、信息服务管理研究、信息经济分析、信息资源法律问题研究、信息资源管理原理、信息资源计量问题研究(上述 6 选 5)；选修课包括信息产业组织、信息检索进展、信息资源、信息组织研究、体育、电子商务信息管理与服务、企业信息资源管理研究、网络信息资源开发与利用、信息安全研究、信息分析与竞争情报研究、战略管理与决策研究、政府信息资源管理研究；补修课包括高级语言程序设计、管理学原理、数据结构、数据库系统原理、经济学原理。

(五)图书情报硕士生教育课程设置

《图书情报硕士专业学位研究生指导性培养方案(试行)》把图书情

① 中国人民大学信息资源管理学院．硕士教育[EB/OL]．[2019-2-17]．http：//irm. ruc. edu. cn/more. php？ cid=235.

报硕士分为公共必修课、专业核心课和专业选修课3部分，其中公共必修课包含政治理论、外语；专业核心课包含信息资源建设、信息组织、信息检索、信息服务、图书情报行业发展前沿、数字图书馆关键技术、各类型图书馆(信息中心)管理、图书情报基础、情报分析与研究、图书情报学研究方法、图书情报职业伦理与法律、竞争情报、信息系统(信息资源数据库)、学科服务与参考工作、古籍整理与保护、信息资源长期保存、实践领域案例分析；专业选修课由各培养单位根据培养目标与师资特色来确定①。

与上述建议课程不同，中国人民大学信息资源管理学院公布的图书情报硕士生教育的主要课程有：图书情报学理论与方法、信息采集、编目与索引、信息检索、数据模型与决策、数字图书馆研究、企业竞争情报、信息加工处理、WEB及其应用等②。

吉林大学管理学院公布的图书情报硕士生教育课程体系由公共课、核心课、任选课和实践课组成，其中，公共课包括第一外国语、马克思主义经典著作选读、科学社会主义理论与实践；核心课包括图书情报学研究方法、信息检索理论与技术、信息组织、信息咨询与服务、信息资源管理、信息系统分析与设计、情报分析与研究、企业竞争情报分析；任选课包括数字图书馆关键技术、网络数据库开发、数据描述语言、网络规划与管理、数据仓库与数据挖掘、信息经济分析、图书情报职业伦理与法律；实践课包括图书情报专业实践③。

---

① 佚名．图书情报硕士专业学位研究生指导性培养方案[EB/OL]．[2019-09-07]．http：//www.chinakaoyan.com/info/article/id/13613.shtml.

② 中国人民大学信息资源管理学院．硕士教育[EB/OL]．[2019-02-17]．http：//irm.ruc.edu.cn/more.php? cid=235.

③ 吉林大学管理学院．吉林大学图书情报硕士专业学位研究生培养方案[EB/OL]．[2019-09-07]．http：//gl.jlu.edu.cn/info/1035/2779.htm.

第五节　图书馆职业教育能力评价指标体系的构建

图书馆职业教育能力评价是加强图书馆职业教育能力建设的关键问题。本书基于图书馆职业教育能力概念的定义，从确立构建图书馆职业教育能力评价指标原则入手，通过初选与筛选相关指标，最终确立图书馆职业教育能力评价指标体系①。

一、图书馆职业教育能力指标体系构建原则

构建图书馆职业教育能力指标体系应考虑以下几项原则：

(一)科学性原则

图书馆职业教育能力指标体系的建立要以科学思想为指导依据，既能反映图书馆职业教育能力的特点，又能遵循严密的科学逻辑，即图书馆在职业教育能力初始指标的选取上要以现存的客观事实为依据，各指标的内容有迹可循；且同一类指标间界限清晰，上下位类指标隶属关系清晰，层次分明；应避免含糊不清或逻辑混乱的指标出现。

(二)代表性原则

代表性指虽然评价指标的构建应考虑全面性原则，涵盖的方面应足够全面，但构建的指标应也要以可靠性、代表性和效用性为基准，即选取的指标应是图书馆职业教育能力在各个方面的典型代表，能够突出地反映现实的近况。参考评价体系的研究人员能够快速掌握图书馆职业教育能力评价的重点和基本框架，能够切实地理解其中各要素。

---

①　盛小平，喻楠清．图书馆职业教育能力评价指标体系的构建[J]．图书情报工作，2017，61(14)：21-28.

（三）全面性原则

评价体系的构建应尽量涵盖图书馆职业教育和图书馆职业教育能力的各个方面，能通过合乎实际的调研全面地了解某国、某个地区或某LIS学校图书馆职业教育能力的现状，同时也能为图书馆职业教育能力的提升提供参考依据。

（四）权威性原则

权威性原则是指图书馆职业教育能力评价体系的提出和确立应得到大多数图书情报学专业领域的权威专家的认可，而并非由单个研究员臆想而得到的。因此，在确立图书馆职业教育能力评价体系的过程中，应了解该领域各权威专家的意见，并进行意见的搜集，最后确定评价体系。

（五）实用性原则

图书馆职业教育能力评价体系确立不仅是为研究人员了解各国图书馆职业教育能力现状而提出的，其最终目的是为各国图书馆职业教育能力的提升而在各项能力的差距和优势上提供参考依据，从而使图书馆职业保持可持续性发展。因此，在指标确立方面，应来源于现实工作，并能反应其现状和特点。

二、图书馆职业教育能力评价指标的初选

由于国家或地区层面的图书馆职业教育能力实质上集中反映了该国家或地区内相关教育机构实施图书馆职业教育能力的整体水平，因此，需要从宏观角度设计图书馆职业教育能力评价指标。虽然目前没有专文论述图书馆职业教育能力评价指标，但是相关成果或标准可提供适当参考。国际图联颁布的《专业的图书馆/信息教育计划指南（2012）》既要求通过课程设计和教学实践开发来改进学生的人际交流技能、团队工作能

力、时间和任务管理技能、分析与问题解决技能，也要求教学科研人员应该拥有其所需的学术和专业资格、管理能力和领导才能。ALA 颁布的《图书馆与信息研究硕士培养计划认可标准(2015 年)》规定提供图书馆与信息研究硕士培养计划的教育机构应该在教学规划、专业设置、学位授予、教学质量评估等方面达到一定的要求。已有研究表明，图书馆学专业人才培养模式与学生就业能力有紧密关系；每年发布的美国图书馆学与信息科学硕士毕业生就业情况报告，从学生就业率与就业领域等方面反映了美国图书馆职业教育的竞争能力。另外，一个国家或地区的图书馆职业教育能力往往与其设置图书馆职业教育机构的数量正相关，也与其完善的职业教育培养模式有正向关系。基于上述认识，可以初步把国家或地区层面图书馆职业教育能力的评价指标定义为如下 10 类：

(1)院校设置能力，是指一个国家或地区能够设置多少图书馆学与情报学(LIS)教育与人才培养机构的整体能力，主要包括设置 LIS 专科学校、LIS 本科院校和 LIS 研究生院的能力。

(2)培养模式能力，是指在一个国家或地区内，LIS 院校或相关组织开展 LIS 专业教育、函授教育、继续教育、短期培训、业余学习等方面的整体能力。

(3)教学方法能力，是指在一个国家或地区内，LIS 院校为实现教学目标和提高教学质量，采用多种科学实用的教学方法或方式的整体能力，主要包括采用讲授法、讨论法、案例分析法、情景分析法、体验式教学法、写作法等方法的能力。

(4)远程教学能力①，是指在一个国家或地区内，LIS 学校能够借助校外教学基地或网络教学平台，为校外学生提供远程的课堂学习和指导以及信息交流、帮助学生完成学业以获得 LIS 专业学位或证书的整体能力，主要包括提供校外基地教学、提供以在线课程为主和面授课程为

① 由于 ALA 非常重视 LIS 学院图书馆与信息研究硕士培养计划的远程教学能力评估，所以在初选图书馆职业教育能力评价指标体系时，把它从教学方法能力中单列出来，以突出其重要性。

辅的教育、提供面授课程为主和以在线课程为辅的教育、实施完全的在线教育、采用卫视或电视教学方法等方面的能力。

(5)师资力量，是指一个国家或地区开展 LIS 教育的师资规模、结构与学识水平，主要包括 LIS 师资数量、教授人数占师资总人数之比、副教授人数占师资总人数之比、获博士学位教师占师资总人数之比等指标。

(6)专业设置能力，是指在一个国家或地区内，LIS 院校为实现培养目标和教学目的，科学地设置专业类型和制定相关培养计划的整体能力，主要包括设置图书馆学、情报学、图书馆学与情报学、档案学、图书情报与档案管理、出版发行学、信息资源管理、信息管理、医学信息学等专业的能力。

(7)学位授予能力，是指一个国家或地区 LIS 院校能够为完成 LIS 学业的学生授予相应等级学位或学历证书的能力，主要包括授予中专学历、大专学历、本科学历/学士学位、双学士学位、研究生学历/硕士学位、双硕士学位、硕士生证书、研究生学历/博士学位和博士后证书等方面的能力。

(8)课程设置能力，是指 LIS 院校依据培养目标、专业方向和职业需求，科学地设置专业课程及其教学计划的整体能力，主要包括设置公共基础课、专业基础课、专业必修课、专业选修课和公共选修课等方面的能力。

(9)教育认可(或评估)能力，是指 LIS 教育的主管机构或行业组织对 LIS 院校是否具备某一学科的教学资格或对某种专业的教学质量是否达到合格要求来进行评估的能力，主要包括建立有效的评估主体、LIS 教学质量评估标准、LIS 院校评估标准、LIS 培养计划评估标准、LIS 课程体系评估标准和完备的教学质量评估程序等方面的能力。

(10)学生就业能力，是指一个国家或地区 LIS 专业毕业生获得工作机会和职业发展的整体能力，主要包括就业率、本专业的就业率、深造比率和就业领域等指标。其中，就业率指 LIS 专业的毕业生就业人数占学生总人数的比重；本专业的就业率指 LIS 专业的毕业生从事本领域工作的人数占学生总人数的比重；深造比率指 LIS 专业的毕业生继续留在本领域进行深造的学生人数占学生总人数的比重；就业领域能反映 LIS 专业毕业生就业面的宽广程度，在不同领域中的分布状况也可以反映出 LIS 专业学生在不同行业中的被认可程度。

三、图书馆职业教育能力评价指标体系的确立

考虑到一般受访对象可能对图书馆职业教育能力问题不太了解或很难准确回答调查问题，不宜采用问卷调查法来验证图书馆职业教育能力评价指标体系，因此，本文采用德尔菲法对上述初始指标的有效性进行分析，并确立最终的图书馆职业教育能力指标体系。

(一)第一轮专家调查结果分析

2016 年 12 月 27—30 日，以上述图书馆职业教育能力初始指标为基础并采用了 0~9 重要性标度，设计第一轮专家调查问卷(见附录 2)，向中国人民大学、中南大学、中山大学、华南师范大学、吉首大学、安徽大学图书情报领域的 18 位教授和副教授进行了咨询，回收 18 份有效问卷。一级指标专家评分和二级指标专家评分分别如表 4-6 和表 4-7 所示。

表 4-6　**图书馆职业教育能力一级指标专家评分统计(第一轮)**

一级指标	第一轮数据统计				
	最小分值	最大分值	重要性均值	满分频率	变异系数
院校设置能力	5	9	7.764 7	0.529 4	0.190 6
培养模式能力	5	8	6.764 7	0	0.185 0
教学方法能力	4	9	7.764 7	0.411 8	0.190 6
远程教学能力	2	9	5.588 2	0.058 8	0.400 4

续表

一级指标	第一轮数据统计				
	最小分值	最大分值	重要性均值	满分频率	变异系数
师资力量	7	9	8.411 8	0.588 2	0.094 5
专业设置能力	5	9	7.823 5	0.352 9	0.158 1
学位授予能力	5	9	7.352 9	0.294 1	0.214 7
课程设置能力	4	9	7.941 2	0.411 8	0.175 1
教育认可(或评估)能力	4	9	7.647 1	0.294 1	0.172 6
学生就业能力	2	9	7.529 4	0.294 1	0.249 0

表 4-7　**图书馆职业教育能力二级指标专家评分统计(第一轮)**

一级指标	二级指标	第一轮数据统计				
		最小分值	最大分值	重要性均值	满分频率	变异系数
院校设置能力	设置 LIS 专科学校	0	8	5.176 5	0	0.454 3
	设置 LIS 本科院校	5	9	7.470 6	0.235 3	0.157 8
	设置 LIS 研究生院	3	9	7.25	0.235 3	0.249 3
培养模式能力	开展专业教育	5	9	7.87 5	0.411 8	0.152 9
	开展短期培训	3	9	6.75	0.176 5	0.250 8
	开展继续教育	4	8	6.625	0	0.220 8
	开展函授教育	4	8	5.764 7	0	0.217 1
	开展业余学习	0	9	5.176 5	0.058 8	0.479 3
教学方法能力	采用讨论法	6	9	7.529 4	0.176 5	0.133 8
	采用讲授法	3	9	7.294 1	0.294 1	0.215 5
	采用案例分析法	5	9	7.882	0.352 9	0.141 0
	采用情景分析法	4	9	7.176 5	0.176 5	0.221 6
	采用体验式教学法	4	9	7.823 5	0.470 6	0.208 3
	采用写作法	4	9	7.176 5	0.176 5	0.204 5

续表

一级指标	二级指标	第一轮数据统计				
		最小分值	最大分值	重要性均值	满分频率	变异系数
远程教学能力	提供校外基地教学	2	9	6.294 1	0.117 7	0.340 6
	提供以在线课程为主和面授课程为辅的教育	2	9	5.823 5	0.058 8	0.344 7
	提供面授课程为主和以在线课程为辅的教育	2	9	6.588	0.117 7	0.326 7
	实施完全的在线教育	1	8	5.294 1	0	0.404 9
	采用卫视或电视教学方法	0	8	5.529 4	0	0.443 5
师资力量	LIS 师资数量	4	9	7.235 3	0.176 5	0.204 6
	教授人数占师资总人数之比	4	9	7.411 8	0.352 9	0.218 9
	副教授人数占师资总人数之比	3	9	7.117 7	0.235 3	0.242 8
	获博士学位老师占师资总人数之比	4	9	7.352 9	0.294 1	0.230 3
专业设置能力	设置图书馆学专业	6	9	8.117 6	0.470 6	0.122 3
	设置情报学专业	5	9	7.750	0.294 1	0.157 6
	设置图书馆学与情报学专业	4	9	7.882 4	0.411 8	0.178 8
	设置档案学专业	2	9	7.058 8	0.117 6	0.242 7
	设置图书情报与档案管理专业	4	9	7.352 9	0.352 9	0.235 3
	设置出版发行学专业	3	8	6.588 2	0	0.208 2
	设置信息资源管理专业	5	9	7.529 4	0.294 1	0.170 1
	设置信息管理专业	0	9	6.588 2	0.117 6	0.326 7
	设置医学信息学专业	0	8	5.411 8	0	0.480 3
学位授予能力	提供中专学历	0	9	4.588 2	0.058 8	0.528 6
	提供大专学历	0	8	5.117 6	0	0.417 5
	提供本科学历/学士学位	6	9	7.500	0.235 3	0.149 5
	提供双学士学位	3	9	6.875	0.117 7	0.229 3
	提供研究生学历/硕士学位	2	9	7.588 2	0.411 8	0.233 2
	提供双硕士学位	1	9	6.647 1	0.117 7	0.360 5
	提供硕士生证书	0	8	5.882 4	0	0.395 6
	提供研究生学历/博士学位	3	9	7.470 6	0.235 3	0.227 5
	提供博士后证书	3	9	6.647 1	0.058 8	0.243 4

续表

一级指标	二级指标	第一轮数据统计				
		最小分值	最大分值	重要性均值	满分频率	变异系数
课程设置能力	设置必要的公共基础课	2	9	6.941 2	0.294 1	0.307 6
	设置必要的专业基础课	6	9	8.117 6	0.588 2	0.150 1
	设置必要的专业必修课	5	9	8.117 6	0.588 2	0.156 3
	设置必要的专业选修课	5	9	7.764 7	0.294 1	0.147 8
	设置必要的公共选修课	3	8	6.352 9	0	0.242 2
教育认可(或评估)能力	建立了有效的评估主体	5	9	7.352 9	0.294 1	0.192 0
	建立了 LIS 教学质量评估标准	5	9	8.058 8	0.588 2	0.166 9
	建立了 LIS 院校评估标准	5	9	7.352 9	0.117 6	0.151 6
	建立了 LIS 培养计划评估标准	6	9	7.529 4	0.235 3	0.149 4
	建立了 LIS 课程体系评估标准	6	9	7.588 2	0.117 6	0.123 8
	建立完备的教学质量评估程序	6	9	7.647 1	0.117 6	0.102 8
学生就业能力	就业率	6	9	7.941 2	0.411 8	0.137 0
	本专业的就业率	5	9	7.764 7	0.235 3	0.140 6
	深造比率	5	9	7.470 6	0.176 5	0.150 5
	就业领域	2	9	7	0.058 8	0.247 4

表 4-6 和表 4-7 显示，所有初始指标的重要性均值均大于 5，表明这些指标重要性程度较高，可以予以保留；但一级指标“远程教学能力”和二级指标“设置 LIS 专科院校”“开展短期培训”“开展业余学习”“提供校外基地教学”“提供以在线课程为主和面授课程为辅的教育”“提供面授课程为主和以在线课程为辅的教育”“实施完全的在线教育”“采用卫视或电视教学方法”“设置信息管理专业”“设置医学信息学专业”“提供中专学历”“提供大专学历”“提供双硕士学位”“提供硕士生证书”“设置必要的公共基础课”的变异系数大于 0.25，说明专家们对于这些指标的认同程度存在较大的差异，需要对初始指标进行修订。

结合专家建议，对第一轮专家调查问卷做如下修改：①删除“远程教学能力”，将其二级指标中的“实施完全的在线教育”和“实施在线教育与课堂教育并存的远程教学法”纳入“教学方法能力”中。②删除“院校设置能力”中的“设置 LIS 专科院校”和“学位授予能力”中的“提供中专学历”与“提供大专学历”。因为目前国内仅有一所中专院校和一所大专院校开设有“图书情报与档案管理”专业，占据比重少，影响范围小，综合各专家的意见，予以删除。③把“培养模式能力”中的某些二级指标做了调整，删除“开展短期培训”和“开展业余学习”两项指标，并添加“提供高等教育自学考试”“提供电大教育”和“提供面向非 LIS 专业学生开设的在校课程”3 项二级指标。④删除“学位授予能力”中的“提供双硕士学位”和“提供硕士生证书”指标，这是因为目前在我国 LIS 教育并未设有此两项学位。⑤删除“专业设置能力”中的“设置图书情报与档案管理专业”和“设置信息管理专业”指标，因为“图书情报与档案管理”仅为专科教育开设的专业，“信息管理”也不是我国本科或研究生教学目录指定的专业。

(二)第二轮专家调查结果分析

利用修订后的专家调查问卷(包括 9 项一级指标和 47 项二级指标，参见附录 3)，仍采用 0~9 重要性标度评分，在 2017 年 1 月 3—10 日对上次咨询的专家进行第二轮调查，回收有效答卷 17 份，其二级指标专家评分和三级指标专家评分分别如表 4-8 和表 4-9 所示。

表 4-8　**图书馆职业教育能力一级指标专家评分统计(第二轮)**

一级指标	第二轮数据统计				
	最小分值	最大分值	重要性均值	满分频率	变异系数
院校设置能力	5	9	7. 266 7	0. 266 7	0. 190 9
培养模式能力	5	9	7	0. 133 3	0. 187 0
教学方法能力	6	9	7. 6	0. 4	0. 177 9
师资力量	6	9	8. 333 3	0. 6	0. 117 1
专业设置能力	6	9	7. 933 3	0. 2	0. 100 7

续表

一级指标	第二轮数据统计				
	最小分值	最大分值	重要性均值	满分频率	变异系数
学位授予能力	7	9	7.933 3	0.333 3	0.111 4
课程设置能力	7	9	8	0.333 3	0.105 6
教育认可(或评估)能力	6	9	7.8	0.333 3	0.138 8
学生就业能力	7	9	8.066 7	0.266 7	0.087 2

表 4-9　**图书馆职业教育能力二级指标专家评分统计(第二轮)**

一级指标	二级指标	第二轮数据统计				
		最小分值	最大分值	重要性均值	满分频率	变异系数
院校设置能力	设置 LIS 本科院校	5	9	7.666 7	0.4	0.175 5
	设置 LIS 研究生院	5	9	7.533 3	0.266 7	0.165 4
培养模式能力	开展专业教育	7	9	8.2	0.533 3	0.114 8
	开展继续教育	5	9	6.933 3	0.2	0.214 4
	开展函授教育	2	8	5.466 7	0	0.266 6
	提供高等教育自学考试	2	8	5	0	0.272 6
	提供电大教育	8	0	4.6	0	0.383 6
	提供面向非 LIS 专业学生开设的在校课程	4	9	6.733 3	0.133 3	0.234 6
教学方法能力	采用讨论法	6	9	7.666 7	0.4	0.168 4
	采用讲授法	5	9	7.666 7	0.333 3	0.168 4
	采用案例分析法	6	9	7.733 3	0.266 7	0.133 6
	采用情景分析法	4	9	7	0.133 3	0.202 0
	采用体验式教学法	6	9	7.666 7	0.4	0.161 0
	采用写作法	6	9	7.4	0.133 3	0.123 0
	实施完全的在线教育	3	8	5.933 3	0	0.224 9
	实施在线教育与课堂教育并存的远程教学法	4	9	6.466 7	0.066 7	0.201 3

续表

一级指标	二级指标	第二轮数据统计				
		最小分值	最大分值	重要性均值	满分频率	变异系数
师资力量	LIS 师资数量	5	9	7.333 3	0.266 7	0.190 5
	教授人数占师资总人数之比	4	9	7.933 3	0.533 3	0.187 4
	副教授人数占师资总人数之比	4	9	7.666 7	0.333 3	0.195 1
	获博士学位老师占师资总人数之比	5	9	7.733 3	0.333 3	0.150 4
专业设置能力	设置图书馆学专业	6	9	8.266 7	0.6	0.124 9
	设置情报学专业	6	9	8.266 7	0.6	0.124 9
	设置图书馆学与信息科学专业	6	9	7.666 7	0.266 7	0.145 1
	设置档案学专业	4	9	7.466 7	0.333 3	0.174 4
	设置出版发行学专业	3	8	6.466 7	0	0.183 6
	设置信息资源管理专业	5	9	7.333 3	0.133 3	0.176 0
	设置医学信息学	4	8	6.866 7	0	0.163 9
学位授予能力	提供本科学历/学士学位	5	9	7.933 3	0.4	0.146 6
	提供双学士学位	5	9	7.2	0.2	0.175 7
	提供研究生学历/硕士学位	7	9	8.2	0.4	0.094 5
	提供研究生学历/博士学位	7	9	8.066 7	0.333 3	0.099 0
	提供博士后证书	5	9	7.133 3	0.133 3	0.182 5
课程设置能力	设置必要的公共基础课	5	9	7.333 3	0.266 7	0.183 4
	设置必要的专业基础课	6	9	8.133 3	0.666 7	0.160 1
	设置必要的专业必修课	6	9	8.2	0.666 7	0.147 2
	设置必要的专业选修课	5	9	7.6	0.266 7	0.163 4
	设置必要的公共选修课	4	9	6.666 7	0.066 7	0.185 2
教育认可(或评估)能力	建立有效的评估主体	6	9	7.866 7	0.333 3	0.134 8
	建立 LIS 教学质量评估标准	5	9	8.133 3	0.6	0.160 1
	建立了 LIS 院校评估标准	6	9	7.8	0.333 3	0.138 8
	建立了 LIS 培养计划评估标准	6	9	7.866 7	0.4	0.158 4
	建立了 LIS 课程体系评估标准	6	9	7.933 3	0.266 7	0.121 2
	建立完备的教学质量评估程序	6	9	8	0.333 3	0.115 7

续表

一级指标	二级指标	第二轮数据统计				
		最小分值	最大分值	重要性均值	满分频率	变异系数
学生就业能力	就业率	7	9	8. 266 7	0. 466 7	0. 096 6
	本专业的就业率	5	9	7. 866 7	0. 4	0. 158 4
	深造比率	5	9	7. 4	0. 066 7	0. 133 2
	就业领域	5	9	6. 866 7	0. 066 7	0. 212 2

表 4-9 显示，一级指标“培养模式能力”中的二级指标“提供电大教育”重要性均值小于 5，且“提供函授教育”、“提供高等教育自学考试”和“提供电大教育”3 项二级指标的变异系数均远远大于 0. 25，因此需要删除这 3 项指标，形成包括 9 项一级指标和 44 项二级指标在内的图书馆职业教育能力评价指标体系(见表 4-10)。

四、图书馆职业教育能力评价指标权重的确立

利用层次分析法，对最后得到的图书馆职业教育能力一级指标和二级指标的判断矩阵、最大特征根 λmax、一致性指标 CI 和一致性比例 CR 进行计算后发现，所有的判断矩阵的一致性比例 CR<0. 1，即说明各一级指标与二级指标的判断矩阵均满足一致性，得出的相关指标的权重(见表 4-10)具有可靠性和合理性。

表 4-10　　**图书馆职业教育能力指标体系权重表**

一级指标	权重 ω	二级指标	权重 ω	合成权重 W'
院校设置能力(B_1)	0. 0432	设置 LIS 本科院校(C_{11})	0. 583 3	0. 025 2
		设置 LIS 研究生院(C_{12})	0. 416 7	0. 018
培养模式能力(B_2)	0. 0314	开展专业教育(C_{21})	0. 714 8	0. 022 4
		开展继续教育(C_{22})	0. 167 5	0. 005 3
		提供面向非 LIS 专业学生开设的在校课程(C_{23})	0. 117 7	0. 003 7

续表

一级指标	权重 ω	二级指标	权重 ω	合成权重 W'
教学方法能力（B_3）	0.0682	采用讨论法（C_{31}）	0.248 1	0.016 9
		采用讲授法（C_{32}）	0.194 9	0.013 3
		采用案例分析法（C_{33}）	0.105 7	0.007 2
		采用情景分析法（C_{34}）	0.079 3	0.005 4
		采用体验式教学法（C_{35}）	0.146 8	0.01
		采用写作法（C_{36}）	0.149 1	0.010 2
		实施完全的在线教育（C_{37}）	0.027 9	0.001 9
		实施在线教育与课堂教育并存的远程教学法（C_{38}）	0.048 4	0.003 3
师资力量（B_4）	0.231	LIS 师资数量（C_{41}）	0.199 9	0.046 2
		教授人数占师资总人数之比（C_{42}）	0.354 9	0.082
		副教授人数占师资总人数之比（C_{43}）	0.206 6	0.047 7
		获博士学位老师占师资总人数之比（C_{44}）	0.238 6	0.055
专业设置能力（B_5）	0.1204	设置图书馆学专业（C_{51}）	0.295 7	0.035 6
		设置情报学专业（C_{52}）	0.295 7	0.035 6
		设置图书馆学与信息科学专业（C_{53}）	0.134 3	0.016 2
		设置档案学专业（C_{54}）	0.109 2	0.013 1
		设置出版发行学专业（C_{55}）	0.031	0.003 7
		设置信息资源管理专业（C_{56}）	0.086 1	0.010 4
		设置医学信息学专业（C_{57}）	0.048	0.005 8
学位授予能力（B_6）	0.1204	提供本科学历/学士学位（C_{61}）	0.221 1	0.026 6
		提供双学士学位（C_{62}）	0.079 6	0.009 6
		提供研究生学历/硕士学位（C_{63}）	0.349 2	0.042
		提供研究生学历/博士学位（C_{64}）	0.278 6	0.033 5
		提供博士后证书（C_{65}）	0.071 5	0.008 6

续表

一级指标	权重 ω	二级指标	权重 ω	合成权重 W'
课程设置能力（B_7）	0.1367	设置必要的公共基础课（C_{71}）	0.105 4	0.014 4
		设置必要的专业基础课（C_{72}）	0.328 1	0.044 9
		设置必要的专业必修课（C_{73}）	0.364 9	0.049 9
		设置必要的专业选修课（C_{74}）	0.152 8	0.020 9
		设置必要的公共选修课（C_{75}）	0.048 8	0.006 7
教育认可（或评估）能力（B_8）	0.0944	建立有效的评估主体（C_{81}）	0.138 4	0.013
		建立 LIS 教学质量评估标准（C_{82}）	0.252	0.023 8
		建立了 LIS 院校评估标准（C_{83}）	0.118 3	0.011 2
		建立了 LIS 培养计划评估标准（C_{84}）	0.138 4	0.013 1
		建立了 LIS 课程体系评估标准（C_{85}）	0.162 7	0.015 4
		建立完备的教学质量评估程序（C_{86}）	0.190 3	0.018
学生就业能力（B_9）	0.1543	就业率（C_{91}）	0.497 9	0.076 8
		本专业的就业率（C_{92}）	0.284	0.043 8
		深造比率（C_{93}）	0.145 6	0.022 5
		就业领域（C_{94}）	0.072 5	0.011 2

五、图书馆职业教育能力的计算

基于图书馆职业教育能力指标体系及其权重，可以计算图书馆职业教育能力，公式如下：

$$W_A = W_{B1} + W_{B2} + W_{B3} + W_{B4} + W_{B5} + W_{B6} + W_{B7} + W_{B8} + W_{B9} \quad \text{（式 1）}$$

在式（1）中，W_A 代表图书馆职业教育能力总分值，W_{B1}，W_{B2}，W_{B3}，…，W_{B9} 分别代表一级指标专项能力 B_1，B_2，B_3，…，B_9 的得分。这些专项能力的计算分别解释如下：

（1）W_{B1}、W_{B2}、W_{B3}、W_{B4}、W_{B5}、W_{B6}、W_{B8}、W_{B9} 的计算公式是：

$$W_{B1} = \left(\sum_{j=1}^{n} W'_{ij} \times C_{ij}\right) \times 100,\ (i = 1,\ 2,\ 3,\ \cdots 9)\ 且\ 0 < C_{ij} \leqslant 1 \quad (式2)$$

式(2)中，B_i 代表第 i 项图书馆职业教育能力，W_{Bi} 代表第 i 项能力的得分。C_{ij} 代表 B_i 的下级能力，W'_{ij} 代表 C_{ij} 的合成权重，C_{ij} 的计分存在以下4种情况：

第一，在计算 W_{B2}、W_{B3}、W_{B5}、W_{B6} 和 W_{B8} 时，若在调查过程中，存在 C_{ij} 项，则该项 C_{ij} 得分为1；若不存在 C_{ij} 项，则该项 C_{ij} 得分为0。

第二，在计算 W_{B1} 时，需要建立院校设置的基数标准。若选取100所LIS院校作为获得 C_{1j} 满分(即 $C_{1j} = 1$)的基准，则可用实际LIS院校数与之比来计算 C_{1j}。

第三，在计算 W_{B4} 时，首先要求得 C_{41}、C_{42}、C_{43} 和 C_{44} 分值。例如，在计算 C_{41}(代表LIS师资数量)时，若以1 000人作为获得 C_{41} 满分(即 $C_{41} = 1$)的基准，以实际LIS师资总人数与之比来计算 C_{41}。C_{42}、C_{43} 和 C_{44} 分值可按同样方式处理。

第四，在计算 W_{B9} 时，需要对"就业领域(C_{94})"建立基准。由于LIS专业毕业生就业领域包括事业单位、企业或公司、政府部门、继续深造、自我创业，可以此5个领域作为获得 C_{94} 满分(即 $C_{94} = 1$)的基准，并用LIS毕业生实际就业领域数与之比来计算 C_{94}。

(2)在计算 W_{B7} 时，由于课程主要分为本科生课程和研究生课程，所以要把两者相加才能得到总分，其计算公式是：

$$W_{B7} = \sqrt{W'_{11}\left(\sum_{j=1}^{n} W'_{7j} \times C_{7j} \times N\right)} + \sqrt{W'_{12}\left(\sum_{i=1}^{m} W'_{7i} \times C_{7i} \times M\right)},$$

$$(i = 1,\ 2,\ \cdots,\ 5)\ 且(j = 1,\ 2,\ \cdots,\ 5) \quad (式3)$$

在式(3)中，W_{B7} 代表课程设置能力总分，W'_{11} 代表 C_{11} 项"设置LIS本科院校"的合成权重，W'_{7j} 代表 C_{7j} 项的合成权重，N代表 C_{7j} 项开设的课程数。当LIS教育设置的课程模块包括 C_{7j} 项时，则 C_{7j} 得分为1分，否则，C_{7j} 得分为 0 分，因此，$\sqrt{W'_{11}\left(\sum_{j=1}^{n} W'_{7j} \times C_{7j} \times N\right)}$ 求出的分值代表本科阶段课程设置能力分值。同样，式中 W'_{12} 代表 C_{12} 项“设置 LIS 研究生院”的合成权重，W'_{7i} 代表 C_{7i} 项的合成权重，M 代表 C_{7i} 项开设的课程数，当课程模块包括 C_{7i} 项时，则 C_{7i} 得分为 1 分，否则，C_{7i} 得分为 0 分，因此，$\sqrt{W'_{12}\left(\sum_{i=1}^{m} W'_{7i} \times C_{7i} \times M\right)}$ 求出的分值代表研究生阶段课程设置能力分值。

第六节　提升我国图书馆职业教育能力的对策

为保障我国图书馆职业发展亟需的专业人才，必须加强我国图书馆职业教育，不断增强我国图书馆职业教育能力，这可以从如下几个方面着手。

一、面向更广泛的信息职业，培养新时代所需的专业人才

学科专业教育主要目的之一就是为相关职业培养专业人才。我国图书馆学、情报学、档案学、信息资源管理专业教育也不例外。过去相当长的一段时期，我国图书馆学教育比较注重学科教育，而对“面向职业”重视不够，导致图书馆学专业毕业生没有明显的职业竞争力优势①。然而，与 20 世纪相比，如今社会、经济、文化、教育以及科技环境都发生了显著变化，这些变化已对图书馆职业工作产生了广泛而深远的影响，其中包括这样一种现象——在世界许多地方，创造、储存、传播数

① 肖希明. 面向职业的图书馆学教育研究[J]. 中国图书馆学报，2008，34(2)：75-76.

字化信息成为图书馆的日常工作①。随着泛在信息环境的形成，美国图书情报学院在 2003 年发起了“信息学院运动”(iSchools 运动)，迅速得到国内外图书情报学院的响应，如今成员来自世界各地的 80 多所学校。iSchools 的研究人员把注意力集中在提高人们的生活、公司的生产力、产业的创新周期、技术的设计、技术和信息使用的管理政策、向社区提供信息服务等方面②，而不仅仅局限于传统的图书馆工作。例如，如今美国罗格斯大学（Rutgers University)传播与信息学院修订了原图书馆与信息科学硕士计划，代之以新的信息硕士计划，强调以人为本、信息技术密集、数据驱动和职业导向，能够促使学生在不同的信息和技术环境中提供专业知识、领导和创新，包括分析、发现和描述个人、群体、社区和组织的信息需求、问题、挑战和目标；设计、开发和实施创新和互动的信息系统、服务、技术、指导、政策和组织结构，以解决已发现的需求、问题、挑战和目标；使用可衡量的标准来评估系统、程序和服务的有效性；代表、考虑和倡导不同同事、专业人员、客户、赞助人、用户群体和公民的利益，以确保公平的知识和物质的获取和使用；领导、创新和充当信息职业和各自社区变革的推动者；确立和维护以道德为基础的政策和实践，掌握与隐私、获取、知识产权、知识自由、多样性和安全有关的知识；考虑并采用各种作为文化、社会、知识和技术产品的信息解决方案，以服务于各地用户；维护职业与学术领域有关信息实践、可访问性、使用和以用户为中心的系统设计的标准③。

目前，中国人民大学信息资源管理学院、武汉大学信息管理学院、南京大学信息管理学院和中山大学资讯管理学院已成为 iSchools 联盟成

---

① 邓胜利，司莉，苏小波，等．面向更宽广的信息职业，创新 LIS 教育——第三届中美数字时代图书馆学情报学教育国际研讨会综述[J]．图书情报知识，2010(6)：98-104.

② The iSchool Movement [EB/OL]. [2019-02-21]. https：//ischools. org/stories/ischool-movement/.

③ Master of information [EB/OL]. [2019-02-22]. https：//comminfo. rutgers. edu/academics/graduate/master-information.

员。特别是在2010年10月9—10日召开的“第三届中美数字时代图书馆学情报学教育国际研讨会”上，参会的信息管理学院院长/系主任联合发布了“LIS面向更宽广的信息职业行动倡议”，强调图书情报学教育要以职业需求为导向，应面向更广泛的信息职业培养人才，既要为传统的用人单位如图书馆、档案馆等培养专业人才，也要为企业、银行、商务机构、网络公司、信息安全管理机构等培养新型信息服务人才①。

因此，今后我国信息管理学院(系)应该积极响应该倡议，面向更广泛的信息职业，制定新的培养方案，同时把我国图书馆职业教育融入国际化发展趋势之中，通过设置国际化课程、采用国际化教学方式、引入国际优质教材和教学软件、建立国际化教师队伍以及实施多模式国际联合培养等方式，如中外合作办学、成立国际联合学院、创立交流合作项目等，培养一大批具有国际视野且能满足新时代我国信息职业发展所需的专业人才。

二、加强图书馆职业教育制度建设，支持图书馆职业教育的可持续发展

图书馆职业教育制度是保证、协调、约束和规范图书馆职业教育活动与行为的各种法律、规章、条例、文件、规则与程序的总称②。加强图书馆职业教育制度建设是支持图书馆职业教育能力可持续发展的根本措施。其中，加强专业教学质量标准建设、制定不同层次的教育认可标准、实施专业教育认可制度是重中之重。

(一)加强专业教学质量标准建设

专业教学质量标准(或称为专业教学标准)是开展专业教学的基本

① 佚名．LIS面向更宽广的信息职业行动倡议[J]．中国图书馆学报，2010(6)：124-125.

② 盛小平．图书馆职业发展与制度建设[M]．北京：科学出版社，2016：250.

文件，是明确培养目标和规格、组织实施教学、规范教学管理、加强专业建设、开发教材和学习资源的基本依据，是评估教育教学质量的主要标尺，同时也是社会用人单位选用学校毕业生的重要参考。加强与图书馆职业相关的专业教学质量标准建设，对于提升我国图书馆职业教育能力和专业人员核心竞争力都具有重要意义。

可喜的是2018年1月30日我国教育部发布了第一个高等教育教学质量国家标准——《普通高等学校本科专业类教学质量国家标准》，其中包括《图书馆学标准》和《档案学标准》。这两个标准分别从专业概述(包含内涵、学科基础、人才培养方向)、适用专业范围、培养目标、培养规格(包含专业的学制、授予学位、参考总学时或学分、知识要求、能力要求、素质要求)、课程体系、师资队伍(包含师资队伍结构、教师背景和水平要求)、教学条件(包含信息资源、教学设施、经费投入)和质量管理(包含质量管理机制和质量管理制度)8个方面规范了我国图书馆学和档案学本科教学要求①。它将成为提高我国图书馆学本科教育能力的法宝。遗憾的是，《普通高等学校本科专业类教学质量国家标准》并未包含信息资源管理专业教学质量国家标准。因此，今后，我国应该加强信息资源管理本科专业教学质量标准建设和图书情报与档案管理专业研究生教学质量标准建设，从而建立并健全我国图书馆职业教育教学质量国家标准，以支持我国图书馆职业教育能力的可持续发展。

(二)制定不同层次的教育认可标准和实施专业教育认可制度

所谓“认可”(accreditation)，是指某个组织或机构正式承认某个学院或大学或学习计划已经达到某种预定的资格或标准的过程②。认可的

① 教育部高等学校教学指导委员会．普通高等学校本科专业类教学质量国家标准[M]．北京：高等教育出版社，2018：867-879.

② Selden W K. Accreditation：A Struggle over Standards in Higher Education[M]. New York：Harper & Brothers，1960：6.

目的是增强和维持高等教育的质量和完整性，使之值得公众信任①。美国高等教育认可委员会(Council of Higher Education Accreditation, CHEA)认为：高等教育的认可是一种基于自我评估与同行评审，为公共责任与学术质量的提高而进行的合议化过程。通常存在两种类型的认可，即"机构认可"与"专业或计划认可"，前者把机构作为一个整体，利用突出实现机构使命和目标的定性标准对整个机构进行评估，但不专门评估单个的教学计划；后者是对单个教学计划或科目是否达到指定标准的评估②。

美国LIS教育长期实施教育认可制度。在1923年以前，美国图书馆学院学会(AALS)负责图书馆学院认可工作，之后，ALA成为美国教育部批准的唯一的LIS学院认可机构。经过先后制定的1925年《图书馆学院最低标准》(Minimum Standard for Library Schools)、1933年《图书馆学院最低要求》(Minimum Requirement for Library Schools)、《1951年认可标准》(Standards for Accreditation, 1951)、《1972年认可标准》(Standards for Accreditation, 1972)、1992年《图书馆学与信息研究硕士培养计划认可标准》(Standards for Accreditation of Master's Program in Library and Information Studies)、2008年《图书馆与信息研究硕士培养计划认可标准》(Standards for Accreditation of Master's Programs in Library & Information Studies 2008)、2015年《图书馆与信息研究硕士培养计划认可标准》(后简称《2015年认可标准》)，美国LIS教育认可制度获得了可持续发展。如今，ALA认可委员会(COA)负责美国LIS硕士培养计划的认可，而且美国LIS教育认可制度在认可标准制定原则、适用学科领

① White G W. Building Collections for Accreditation: A Case Study [J]. Collection Building, 1999, 18(2): 49-57.

② Baker R L. Evaluating Quality and Effectiveness: Regional Accreditation Principles and Practices[J]. The Journal of Academic Librarianship, 2002, 28(1): 3-7.

域、认可对象、基本条款等方面发生了许多变革。这体现在[①]：①认可标准制定原则实现了由重“量”到重“质”的变革。重“量”是指在制定标准时要求对受评院系的各个方面进行定量的规定。重“质”是指在制定标准时侧重于对受评院校的教育效益的评估，而不是强调该学科有多少教师、设备，毕业要达到多少学分等量化的要求[②]。②美国 LIS 教育认可制度适用学科领域实现了由“图书馆学”到“LIS”的转变。③美国图书馆学与信息科学教育认可对象从早期的各类型图书馆学院发展到有图书馆学与信息科学硕士学位授予权的院系。④认可标准基本条款有了许多变化，《2015 年认可标准》由系统规划、课程、教职工、学生、管理和经费与资源 5 项条款组成，并对具体内容做了一些修改[③]。

英国对 LIS 教育实施职业认可制度，始于 1964 年英国图书馆协会(The Library Association，LA)制定并实施的《图书馆学院最低标准》。成立于 1957 年的英国信息科学家协会(The Institute of Information Scientists，IIS)也制定了大学信息科学教学计划的认可政策和程序，成为英国另外一个 LIS 认可机构，并在 1977 年发布了《信息科学标准》。到 1980 年，LA 和 IIS 开发了不同方法的认可工具。1999 年 LA 和 IIS 共同构建了“联合认可工具”。2002 年，LA 与 IIS 合并成为“图书馆与信息专业人员特许协会”(The Chartered Institute of Library and Information Professionals，CILIP)，此后由 CILIP 认可委员会负责英国和爱尔兰共和

---

① 王智博，盛小平．美国图书馆学与信息科学教育认可制度的变革与启示[J]．图书情报工作，2013，57(24)：39-43.

② 赵光林．美国图书馆学信息学教育认可制度[J]．图书馆杂志，2003(6)：68-71.

③ ALA. Standards for Accreditation of Master's Programs in Library and Information Studies [EB/OL]. [2019-09-06]. http://www.ala.org/educationcareers/sites/ala.org.educationcareers/files/content/standards/Standards_2019_ALA_Council-adopted_01-28-2019.pdf.

国17所大学共60多门学士和硕士层次课程的认可①。CILIP实施的LIS教育认可标准分为LIS教学计划认可标准和LIS课程认可标准两类，涉及认可的必备材料、支撑材料与测评要素，且都按照教学计划与PKSB的相关性、学习提供者正在为学生提供高质量的学习体验、学习提供者与其主管建立密切联系以确保教学计划与学生相关、员工熟悉当前职业实践活动、鼓励学生与CILIP建立密切联系5个维度来进行评估②。

如今，我国没有实施LIS教育的认可制度。然而，建立我国LIS教育认可制度具有十分重大的意义，因为这不仅是贯彻国家高等教育改革政策、培养职业导向需求人才的制度依据，也是实现我国图书馆职业教育制度创新的重大举措，还是有效发挥LIS教育认可制度功能来确实提高LIS教育质量的制度依据。这些LIS教育认可功能主要包括：①为LIS教育机构提供LIS教学计划、政策或标准来提高LIS教育质量与水平，协助那些被认可的教育机构招收LIS专业学生和获得来自政府、企业或个人的资金投入，接受外部监督，保持高质量的教学水平，对尚未得到认可的LIS院系形成一种推动力来提高其教学质量；②使政府有关主管和统计部门能够定期地了解LIS的教育情况，以定量评估LIS教育的发展；③使行业组织监管和督促LIS教育机构按照行业的要求培养出有专业能力的合格人才；④为社会公众提供相关LIS教育机构的资历、水平、成绩与社会责任，促进社会公众对该机构LIS教育质量活动的了解与参与；⑤使图书馆专业人员能够评估LIS教育计划的合适性、效果与质量，并参与理论研究与实务工作；⑥使学生可以有目的地选择能够得到社会和行业承认的LIS教育机构。

我国应该借鉴国外成功经验，并结合国内实践情况，针对不同等级的LIS教育认可对象，建立相应不同层次的LIS教育认可标准，且与业

① Huckle M. Professional Accreditation of Library and Information Courses in the United Kingdom[J]. Cadernos BAD, 2003(1): 74-86.

② 喻楠清，盛小平，蔡嘉玲．英国图书馆学与信息科学教育认可制度及启示[J]．图书馆论坛，2015(8): 145-150.

已建立的各类 LIS 专业教学质量标准(如《本科质量标准》)衔接起来。我国可以按照培养目标、课程体系、教职员工、学生、行政管理与经费支持、教学资源与设备 6 个主要评估要素来设计不同层次的 LIS 教育认可标准，但应该注意如下原则：①不同层次的 LIS 教育认可标准应该在 6 个要素方面具有各自的独特性、科学性与实用性；②通过认可来提升 LIS 专业教育质量，对 LIS 教育提供建设性的评鉴；③在制订及完善认可标准过程中，应听取图书馆专业人员和 LIS 教育者的意见，并接受他们的协助；④在进行 LIS 教育的认可过程中，应尽量和其他专业学科的认可机构合作；⑤认可标准须兼顾 LIS 专业教育和学校自主行使政策的原则；⑥认可标准应强调教育质量而非数量的评估；⑦认可标准应代表 LIS 专业教育的最低要求；⑧认可标准的主要评估要素须能反映 LIS 专业教育的重点。为推动实施 LIS 教育认可，可以成立全国 LIS 教育认可委员会或分支机构，负责国内 LIS 教育的认可，同时规范 LIS 教育认可程序，落实 LIS 专业教育认可制度。

三、实现 LIS 学科教育的融合，在一级学科口径上培养专业人才

国内早在 20 世纪 80 年代就对图书情报学界对图书馆学与情报学的融合或“一体化”展开了激烈讨论，形成了“赞成”与“反对”两个针锋相对的阵营和代表人物，即使到如今，国内也未在图书馆学、档案学、情报学、信息资源管理学科融合上形成统一共识。这里姑且不讨论是否应该更改“图书情报与档案管理”一级学科名称，但在数字与网络环境下，图书馆学、档案学、情报学、信息资源管理学科具有许多共性和共同的基础知识①，可以实现学科教育的融合，在一级学科口径上培养社会亟

① 佚名．数字时代中国图书情报与档案学类教育发展方向及行动纲要[J]．图书情报知识，2007(1)：112-113.

需的专业人才[①]。这是因为：

(一)面临相同的挑战

档案馆、图书馆和博物馆虽然在传统和历史上专业领域各不相同，但是它们作为文化收藏机构面临共同的新挑战，在新的领域，如组织与治理、创建有效的数字表示、管理数字馆藏、支持信息服务、评价信息服务等，构建共同实践的核心事务，使所有毕业生共同分享知识、技能和跨机构经验，并为档案馆、图书馆和博物馆提供更好的专业能力，以应对他们在网络信息环境中面临的挑战。这种融合理念源自这样一个事实：图书馆、档案馆和博物馆在共同的社会、组织、政治、经济和法律环境下运行，存在处理组织内外战略、政策和管理问题的相同课程[②]。例如，在管理方面，毕业生将负责促成、管理和可能领导高效的文化遗产机构，并解决以下问题：公共机构和为公共利益运行的组织的责任是什么？如何编制和监控预算？法律和税务机关需要什么样的财务报告？公共记忆机构可以采用何种可持续的经营模式？如何做好有效管理变革的准备？又如，在文化政策方面，图书馆、档案馆和博物馆共享政府、法律和经济环境。毕业生需要能够确定：哪些法律涉及图书馆、档案和博物馆(例如版权、文化财产)且这种法律环境是如何变化的？目前是否存在影响档案馆、图书馆或博物馆运作方式的问题？文化机构是否为社会作出贡献并提供适当的投资回报？如何测量这种投资回报？出版与发行模式如何改变学术与公共传播的方式？新的社会和技术环境如何影响机构目标和战略？图书馆、档案馆和博物馆的传统使命在哪些方面受到信息环境变化的挑战？总之，在数字化、网络化环境下，博物馆、档案馆和图书馆专业人员需要掌握新的专业和研究技能，也需要进行更多

① 彭斐章，陈传夫．论数字环境下我国图书馆学情报学研究生教育制度的创新[J]．津图学刊，2001(1)：1-6.

② Trant J. Emerging Convergence? Thoughts on Museums, Archives, Libraries and Professional Training[J]. Museum Management and Curatorship, 2009, 24(4): 369-386.

的跨学科、跨机构的研究和实践，而这些研究和实践需要开设跨越传统培养计划的共享课程，推广图书馆学、档案学、情报学、信息资源管理学科的融合教育。

(二)就业领域扩大的需求

如今LIS领域毕业生就业前景越来越广阔，包括大学图书馆、学校图书馆、公共图书馆、州图书馆和国家图书馆、专业图书馆、信息中心如法律图书馆、卫生和医疗信息机构。数字环境不仅正在改变传统LIS就业部门的角色，而且催生一些新的就业机会。这些机会存在于知识管理、记录管理、内容与数据管理、网页开发等许多领域。因此，LIS教育工作者必须努力使课程适应非常广泛和多样化的职业背景需求①。这就需要实现图书馆学、档案学、情报学、信息资源管理学科的融合教育。

(三)培养目标相似

不论在本科层次，还是研究生层次，图书馆学、档案学、情报学、信息资源管理学科的培养目标相互之间都有某种相似之处(见本章第三节)。例如，在本科层次，图书馆学、档案学、信息资源管理学科的培养目标都是培养具备系统的本学科(即图书馆学或档案学或信息资源管理)基础理论知识，掌握现代管理知识、先进信息技术和专业工作技能，能在政府部门、各类企事业单位从事信息管理与服务工作的复合型专门人才②③。

---

① Partridge H, Carroll M, Hanisch J, et al. Building the Profession Together: Towards Holistic Library and Information Science Education[EB/OL]. [2019-09-06]. https://eprints.qut.edu.au/50109/1/Partridge_Carroll_Hanisch_Henninger_ALIA_Lib_Tech_2011.pdf.

② 教育部高等学校教学指导委员会．普通高等学校本科专业类教学质量国家标准[M]．北京：高等教育出版社，2018：867.

③ 教育部高等学校教学指导委员会．普通高等学校本科专业类教学质量国家标准[M]．北京：高等教育出版社，2018：873.

（四）培养要求相似

例如，在本科层次，2018 年我国颁布的《图书馆学标准》和《档案学标准》都在知识、能力、素质方面提出了类似的要求：在知识方面，都要求本科毕业生应该具备广博的通识知识、扎实的基础知识和全面的专业知识，尽管专业知识对不同学科学生而言是不同的，但要求相同；在能力方面，都要求本科毕业生应该具备较强的基本能力（如学习能力、交流能力、合作能力、组织管理与基础能力）和专业能力（如信息与知识或档案的获取、组织、应用与创新能力）；在素质方面，都要求本科毕业生应该具备良好的思想道德素质、文化素质、专业素质和身心素质①②。这些学科在信息资源管理人才培养中分别具有不同的任务，但在大学中这些学科应集中于同一教学单位，不宜分散设置。

（五）LIS 学科融合教育在国内外崭露头角

2012 年，国际图书馆协会和机构联合会（IFLA）理事会设立一个工作组，探讨档案馆、博物馆和图书馆专业人员的教育融合问题。目前，一些迹象表明这种融合教育正在加速扩散。美国 LIS 学科教育走过了从最初单独的图书馆学教育到 LIS 教育，再到信息科学（information sciences）教育的融合发展道路，而信息科学教育不再是仅仅传授图书馆学和情报学知识，而是聚焦于“信息”，涉及计算机、管理信息系统、软件工程、电信、LIS 等领域知识的融合教学。如今，在美国 ALA 认可的 58 所 LIS 研究生院中，几乎找不到单纯的“图书馆学系”③。美国图

① 教育部高等学校教学指导委员会．普通高等学校本科专业类教学质量国家标准[M]．北京：高等教育出版社，2018：868.

② 教育部高等学校教学指导委员会．普通高等学校本科专业类教学质量国家标准[M]．北京：高等教育出版社，2018：873-874.

③ 彭斐章，陈传夫．论数字环境下我国图书馆学情报学研究生教育制度的创新[J]．津图学刊，2001(1)：1-6.

书馆馆员、档案保管员和博物馆保管员专业教育的融合是以 ALA 认可的硕士计划为基础的。其中，有 20 所 ALA 认可的院校能提供档案研究、学术图书馆、公共图书馆、学校图书馆、专业图书馆的研究生融合教育。可喜的是，国内有几所高校在研究生培养方面已经采用一级学科招生与培养模式，正在探索图书馆学、档案学、情报学、信息资源管理学科的融合教育。

然而，从整体上看，我国图书馆学、档案学、情报学、信息资源管理学科融合教育并未形成共识和规模。因此，我国积极推动图书馆学、档案学、情报学、信息资源管理学科融合教育的发展，在一级学科口径上培养社会需要的专业人才。这需要改革现行的以二级学科专业为主的培养模式，对于本科教育和研究生教育都采用一级学科培养模式，以不同的二级学科作为可供选择的培养方向；同时以一级学科招生而非不同的二级学科招生。此外，借鉴国外 LIS 学科融合教育的经验，改革教学内容与教学方式。

四、加强师资队伍建设，不断充实和优化师资力量

LIS 师资力量是反应图书馆职业教育能力的关键指标。近几年来，我国 LIS 院系的师资队伍有了较大改进，极大地提升了我国 LIS 职业教育特别是学科教育水平。2017 年 4—5 月，笔者通过网络调查我国 28 所已完整发布 LIS 师资力量信息的 985 或 211 院校、44 所 ALA 认可的已完整发布 LIS 师资力量信息的美国院校，得到如表 4-11 所示的数据。数据显示，在属于“985”或“211”高校的 LIS 院系中，我国 LIS 师资力量不会弱于美国 ALA 认可的 LIS 院系，其中，教授和副教授占师资总人数之比、平均每个 LIS 院系拥有的教授和副教授人数，我国还稍有优势，不过，我国获博士学位老师占师资总数之比和每个 LIS 院系拥有博士学位的老师的平均数，比美国稍弱。在 44 所 ALA 认可的院系中，有 23 所 LIS 院校教师均获得博士学位，占 LIS 院校总数的一半，并且获博士学位老师占师资总数之比最低的亚利桑那大学信息资源和图书馆学学

表 4-11　　**中美 LIS 院校师资力量与结构的比较**

	LIS 师资总数/平均数	教授人数/占师资总数比/平均数	副教授人数/占师资总数比/平均数	讲师、助教和兼职教师人数/占师资总数比/平均数	获博士学位老师人数/占师资总数比/平均数
中国 28 所 LIS 院系①	589/21.0	228/38.7%/8.1	216/36.7%/7.7	145/24.6%/5.2	366/62.1%/13.1
美国 44 所 LIS 院系②	716/16.3	170/23.7%/3.9	233/32.5%/5.3	312/43.6%/7.1	635/88.7%/14.4

① 28 所我国 LIS 院校分别是：北京大学信息管理系、中国人民大学信息资源管理学院、中国农业大学图书馆、北京师范大学政府管理学院、南开大学商学院、辽宁大学历史学院、吉林大学管理学院、东北师范大学计算机科学与信息技术学院、华东师范大学经济与管理学部工商管理学院、上海大学图书情报档案系、南京大学信息管理学院、苏州大学社会学院、南京理工大学经济管理学院、河海大学商学院、安徽大学管理学院、福州大学图书馆、南昌大学管理学院/人文学院、山东大学管理学院/历史文化学院、郑州大学信息管理学院、武汉大学信息管理学院、华中师范大学信息管理学院、中山大学资讯管理学院、华南师范大学经济与管理学院、西南大学计算机与信息科学学院软件学院、四川大学公共管理学院、西北大学公共管理学院、西安电子科技大学经济与管理学院、兰州大学管理学院。

② 44 所 ALA 认可的 LIS 院系分别是：纽约州立大学奥尔巴尼分校计算和信息学院信息研究系、美国天主教大学图书馆学与信息科学学院、多米尼加大学图书馆学与信息科学研究生院、德雷克塞尔大学信息科学和技术学院、纽约州立大学布法罗分校图书馆和信息研究学院、恩波里亚州立大学图书馆和信息管理学院、佛罗里达州立大学图书馆和信息研究学院、夏威夷大学、印地安那大学图书馆学与信息科学学院、肯特州立大学图书馆学与信息科学学院、肯塔基大学图书馆学与信息科学学院、路易斯安那州立大学图书馆学与信息科学学院、密歇根大学信息学院、密苏里-哥伦比亚大学信息科学学和教学技术学院、马里兰大学信息研究学院、俄克拉荷马大学图书馆和信息研究学院、普拉特大学信息学院、纽约市立大学昆斯学院图书馆和信息研究研究生院、罗德岛大学图书馆和信息研究研究生院、南卡罗莱纳大学图书馆学与信息科学学院、南佛罗里达大学信息学院、南密西西比大学图书馆学与信息科学学院、圣凯萨琳学院图书馆资料研究硕士计划与信息管理系、圣约翰大学图书馆学与信息科学系、田纳西大学信息科学学院、华盛顿大学信息学院、韦恩州立大学图书馆学与信息科学学院、威斯康辛大学密尔沃基分校信息研究学院、威斯康辛大学麦迪逊分校图书馆和信息研究学院、雪城大学信息研究学院、圣何塞州立大学图书馆学与信息科学学院、新泽西州立大学传播与信息学院图书馆学与信息科学系、德克萨斯女子大学图书馆和信息研究学院、德克萨斯大学奥斯丁分校信息学院、北卡罗莱纳中心大学图书馆学与信息科学学院、北卡罗莱纳大学查珀尔希尔分校图书馆学与信息科学学院、长岛大学帕默图书馆学与信息科学学院、伊利诺大学厄巴纳-尚佩恩分校信息科学研究生院、克拉里恩大学图书馆学系、阿拉巴马大学图书馆和信息科学学院、亚利桑那大学信息资源和图书馆学学院、加州大学洛杉矶分校信息研究系、丹佛大学莫格里奇教育学院、北德克萨斯大学图书馆学与信息科学系。

院也达到了63.2%，而这些LIS院系教师获得的学位不仅来源于管理学，还涉及法律学、哲学、语言、管理学、教育学、文学、计算机与工程等多门学科领域，且不少图书情报学领域的资深教授已同时获得多项学科领域的硕士学位、博士学位甚至博士后。美国这种LIS师资学科背景与结构值得我国借鉴，今后我国LIS院系不仅应该增加拥有博士学位的教师，提升师资拥有博士学位的比例，而且应该通过公开招聘来吸收拥有跨学科博士学位或硕士学位的人才加入教师队伍，从而不断优化LIS师资学科结构，以便更好地为社会培养宽口径、高技能的专业人才。

五、改革教学内容与课程设置，努力提高学生专业知识与技能

2018年颁布的《图书馆学标准》和《档案学标准》分别为图书馆学、档案学本科生培养确立了课程体系，包括课程体系总体框架和课程设置。因此，已开设图书馆学或档案学本科课程的国内高校必须认真贯彻与执行标准，按照标准要求及其确定的课程体系改革原有的教学课程。

从已有的调查结果来看，“不断学习和获取新知识的能力”“过硬的专业技术工作能力”“扎实的专业基础知识”“正确的职业价值观”“宽广的知识面”“团队精神和协调沟通能力”是图书馆学毕业生职业竞争力的核心因素，但是，51%、44%和25.2%的被调查者分别认为所学过的专业课程仅仅“基本适应工作需求，但需更新”“理论性太强，与实践脱节”“内容陈旧，跟不上时代发展”①。这就说明，图书馆学专业教育要有明确的职业导向，并根据图书馆职业环境变化与职业发展要求，改革现行图书馆学教学内容，将反映学科与事业发展的前沿知识、理论、技术与方法，及时吸收到教学内容中，优化专业课程设置。这种情况同样

① 肖希明，宋琳琳，水亮，等．图书馆学专业教育与图书馆馆员职业竞争力——来自图书馆馆员的调查与分析[J]．图书情报知识，2008(1)：17-21.

适用于档案学、信息资源管理等本科专业。

事实上，早在第三届"中美数字时代图书馆学情报学教育国际研讨会"上，与会院长/系主任就强调为了适应 LIS 教育面向更宽广的信息职业，需要积极改革 LIS 课程体系，比如，在强化信息采集、组织、检索、分析、评价、服务、开发利用等本学科核心课程基础地位的同时，根据学科和职业的发展状况，补充新知识，确保课程内容的前沿性，增强学生运用现代技术手段进行信息管理的能力①，包括在数字化、网络化环境下熟练利用计算机技术和网络技术及其他相关信息技术手段获取、分析、评价、组织、开发、管理和提供信息与知识的核心能力②。

① 佚名. LIS 面向更宽广的信息职业行动倡议[J]. 中国图书馆学报，2010(6)：124-125.

② 马费成. 数字时代图书情报专业教育的目标及其实现[J]. 图书馆建设，2001(1)：21-24.

第五章　图书馆学科服务能力研究

图书馆是一种服务性机构，服务性是图书馆与生俱来的社会属性①。从古代图书馆到近代图书馆、再到现代图书馆以至智慧图书馆，许多新型的图书馆服务方式不断涌现，并得到广泛推广与应用，图书馆职业服务能力由此获得了跳跃式的发展。图书馆职业服务能力可分为图书馆传统服务能力、现代服务能力，其中，图书馆传统服务能力是指图书馆和图书馆馆员为用户提供传统的服务方式或内容，如文献收藏、文献借阅、文献传递、文献共享、馆际互借、专业教学、讲座、培训、学术出版、学术交流、资料翻译、古籍修复、编制专题、举办展览、开展志愿服务、提供未成年人服务、提供老年人服务、提供残疾人服务、提供场地等方面的能力；图书馆现代服务能力是指图书馆和图书馆馆员为用户提供诸如情报研究、参考咨询、信息（或知识）咨询、信息（或知识）组织、信息（或知识）共享、阅读推广、学科服务、定题服务、专家服务、职业规划、电子商务、信息产品开发、系统设计、数据管理、数字监护、质量管理、战略决策、知识管理等各种服务方式或内容的能力。

图书馆学科服务能力是集中体现图书馆职业服务能力高低的关键指标。美国早在20世纪50年代就出现了学科馆员概念，六七十年代得到

---

① 黄宗忠. 图书馆学导论[M]. 武汉：武汉大学出版社，1988：135-136.

较大发展①，如今已经形成了完备的学科馆员制度②。我国清华大学于1998年率先在国内实行学科馆员制度，随后西安交通大学、北京大学、武汉大学、东南大学、南开大学相继进行了有益的尝试。如今高校图书馆学科服务在我国获得了快速发展，呈现欣欣向荣之势。本章就学科服务能力理论与实践问题作初步分析。

第一节　学科服务与学科服务能力的界定

一、学科服务的定义

关于学科服务的定义，现已涌现出多种观点，比较典型的有以下几种：

(1)学科服务是以用户为中心的，通过学科馆员依托于图书馆各种信息资源，面向特定用户和机构，建立基于教学科研的、多方位的、新的服务模式和服务机制③。

(2)学科服务是以用户需求(现实需求与潜在需求)为中心、以学科建设与发展为导向，以专业化个性化资源建设与服务为手段，有机融入用户教学科研环境及信息素养提升全过程，为用户构建全方位、立体化、高效能信息支撑保障环境的一种深层次创新服务模式④。

(3)学科服务是一种以用户为中心，以用户需求为驱动力，以一定的学科资源(包括印刷型和数字型资源)为基础，应用一定的技术手段，

① 邱葵．美国高校图书馆的学科馆员与学科服务[J]．国家图书馆学刊，2016(12)：13-23.

② 刘琼．中美大学学科馆员的初步比较研究[J]．大学图书馆学报，2005(4)：13-16.

③ 蔡丽静，鄂丽君．基于中美大学图书馆比较分析的LDSA创新体系研究[M]．北京：海洋出版社，2016：17-18.

④ 廉立军．高校图书馆学科化服务机制研究[M]．北京：国家图书馆出版社，2015：33-35.

主要通过学科馆员进行的系统面向用户的信息服务①。

综上所述，学科服务是指图书馆和图书馆馆员(特别是高校图书馆与图书馆馆员)针对用户在教学、科研等活动中对信息和知识的需求，开发、管理和利用学科信息资源与工具，提供相关信息服务或知识服务的过程。

二、学科服务能力的界定

图书馆学科服务能力是指图书馆利用自身信息资源、信息技术和服务人员的优势，以有效满足用户的学科信息与知识需求为目标，充分运用各种信息技术与工具，有效整合各类学科信息资源，并向用户提供增值的信息、知识与方案以解决用户教学和科研所遇问题的能力。通常情况下，图书馆学科服务的有效开展需要学科馆员、信息资源、技术设备、管理机制等多种要素的投入与支持，所以图书馆学科服务能力并非单纯的学科馆员能力或学科资源能力，而是集成了图书馆馆员、资源、技术、管理等要素而形成的综合能力。

第二节　学科服务能力要素的四种观点

目前对于学科服务能力要素，涌现出如下四种不同观点：

一、两要素观点

从某种意义上说，图书馆学科服务能力是图书馆展现给学科用户的综合服务实力。它包括基础服务能力和服务运作能力两大部分。其中，基础服务能力又分为客观要素能力和主观要素能力；服务运作能力是图书馆具体实施学科知识服务的各项能力，是图书馆的知识资源、技术资

① 韩丽．高校图书馆学科化服务的实践发展[M]．昆明：云南大学出版社，2014：21-22.

源、组织管理资源以及学科馆员的知识和技能等在学科知识服务实践中的应用体现，包括学科知识获取能力、学科知识组织能力、学科知识创新能力、学科知识服务提供能力、学科知识服务评价能力等①。

二、三要素观点

以学科馆员为核心来确定学科服务能力的要素，将学科服务能力要素划分为学科馆员的知识服务能力、专业服务能力、评价反思和创新服务能力②。然而，这种要素划分方法只重点考察了学科服务人员的能力，而没有全面反映高校图书馆开展学科服务的各方面的主观条件，忽视了高校图书馆在学科资源、软硬件技术、管理等方面所具备的能力。

三、五要素观点

将学科服务能力要素划分为教学科研能力、学科情报能力（职业能力）、专业能力、信息技术应用能力、信息素养教育能力③。不过，这种方法的要素划分标准不够统一，有些要素是按照学科服务开展的主观条件确定的，比如学科情报能力、信息技术应用能力等；有些要素则是按照学科服务的内容进行划分的，比如信息素养教育能力。

四、六要素观点

将学科服务能力划分为人才、资源、资金、制度、服务、环境等6个方面的要素④。但这种要素划分方法同样存在划分标准不一致的问

---

① 宋姬芳．大学图书馆学科知识服务能力框架与提升策略[J]．大学图书馆学报，2017(2)：47-55.

② 韩丽．高校图书馆学科化服务的实践发展[M]．昆明：云南大学出版社，2014：148-150.

③ 张红琳．基于职称评审机制的图书馆学科化服务能力探讨[J]．四川图书馆学报，2014(6)：81-83.

④ 楚存坤，孙思琴，韩丰谈．基于层次分析法的高校图书馆学科服务评价模式[J]．大学图书馆学报，2014(6)：86-90.

题，其中的“服务”要素是按照学科服务内容进行划分的，不应与其他5个要素并列。

第三节　高校图书馆学科服务能力要素的研究假设

不同于上述四种观点，这里把高校图书馆学科服务能力划分为学科服务人员能力、学科服务资源能力、学科服务技术能力、学科服务管理能力4个一级要素。

一、学科服务人员能力

学科服务人员能力是指参与学科服务活动的高校图书馆馆员所应具备的基本素质、知识经验和业务技能。学科服务人员是高校图书馆学科服务活动的重要参与者，其能力会对学科服务活动的完成质量产生直接影响。一般来讲，学科服务人员能力主要包括以下几点：①基本素质，即学科服务人员自身所具备的一些个人基本素质，比如良好的学习能力、外语应用能力、沟通交流能力、团队合作能力等。②知识经验，即学科服务人员在服务过程中所应掌握的知识和经验，比如学科服务人员应掌握扎实的学科专业知识，能够灵活地运用自己掌握的知识和经验来满足高校师生在教学和科研活动中的信息和知识需求。同时还应具备较高的信息素养，了解信息管理和图书馆管理的基础知识和基本方法。③业务技能，即学科服务人员针对学科服务的具体特点所必需的工作技能。事实上，学科服务对高校图书馆馆员提出了更高的要求。学科服务人员应树立以用户为中心的服务理念，及时准确地识别和满足学科用户多样化的教学和科研需求。同时还要以更加积极良好的服务态度，融入学科用户的信息环境①。学科服务人员应具备一定的教学能力和科研能

---

① Kesselman M A, Wastein S B. Creating Opportunities: Embedded Librarians [J]. Journal of Library Administration, 2009, 49(4): 383-400.

力，以便顺利地嵌入高校师生的教学和科研活动中去①，并在其中发挥力所能及的作用。由于学科用户的需求日益个性化和多样化，学科服务人员应为其提供教学和科研所需的各种信息和知识，满足用户对信息和知识的需求。

基于上述分析，可以提出以下几点研究假设：

A1：学科服务人员应具备较强的学习能力；

A2：学科服务人员应具备较强的外语应用能力；

A3：学科服务人员应具备良好的沟通交流能力；

A4：学科服务人员应具备较强的团队合作能力；

A5：学科服务人员应掌握扎实的学科专业知识；

A6：学科服务人员应具备较高的信息素养；

A7：学科服务人员应树立以用户为中心的服务理念；

A8：学科服务人员应具备积极良好的服务态度；

A9：学科服务人员应能及时准确地识别用户的需求；

A10：学科服务人员应具备较强的教学能力；

A11：学科服务人员应具备较强的科研能力；

A12：学科服务人员应能提供用户所需的各种信息或知识。

二、学科服务资源能力

学科服务资源能力是指高校图书馆科学合理地开发、组织、存储、共享和利用学科资源的能力。丰富的学科资源是学科服务顺利开展的前提和基础，否则便会陷入“巧妇难为无米之炊”的局面。高校图书馆通过对学科资源进行科学合理的开发、管理和利用，生产出相应的信息产品和知识产品，以满足高校师生在教学和科研活动中对信息和知识的多样化需求。一般来说，学科服务资源能力主要包括以下几点：①学科资

① 初景利，孔青青，栾冠楠．嵌入式学科服务研究进展[J]．图书情报工作，2013，57(22)：11-17.

源开发能力，即高校图书馆通过及时发现、获取等方式不断开发新的学科资源的能力。在信息技术高度发达的今天，图书馆内外均蕴含了丰富的学科资源，比如图书馆外部的 OA 资源①。为了便于学科资源在高校图书馆学科服务过程中的有效利用，高校图书馆应及时发现图书馆内外的各种学科资源，并通过采购、索要、借用、交换等方式进行获取，不断丰富馆藏学科资源的类型和数量。②学科资源组织能力，即高校图书馆通过筛选、分类、整合等方式对学科资源进行合理地组织和配置的能力。学科资源的有效组织，有利于学科服务人员对学科资源的利用，进而提高学科服务的效率和效果。高校图书馆应对学科资源进行合理地组织，不断优化学科资源的配置②，并对图书馆外部的学科资源进行有效整合。③学科资源存储能力，即高校图书馆对各种学科资源进行长期有效保存的能力。高校图书馆作为重要的信息资源存储机构，应对不同物质载体的学科资源，包括纸质学科资源、数字学科资源、网络学科资源等，进行更加专业细致的分门别类的保管和长期保存工作，以便于学科服务人员借助相关信息技术实现对学科资源的高效利用。④学科资源传递能力，即高校图书馆通过一定方式和途径将学科资源提供和传递给学科用户，实现学科资源共享的能力。高校图书馆应具备较强的学科资源传递能力，以提高学科资源的提供和共享效率，便于高校师生对学科资源的获取和利用。⑤学科资源评价能力，即高校图书馆对学科资源的质量、配置和利用率等指标进行科学评价并根据评价结果进行及时调整的能力。高校图书馆应对学科资源进行定期评估，发现存在的问题，并及时做出调整，以适应学科服务的需要。⑥学科资源利用能力，即高校图书馆充分挖掘学科资源利用价值的能力。高校图书馆的内部和外部都蕴含着丰富的学科资源，如何充分挖掘这些学科资源的利用价值，将在一

① 刘晓霞，王宗亮．学科馆员与学科资源建设的实证研究[J]．图书馆杂志，2012(8)：43-46，36.

② 李海霞，陆萍．专家访谈在高校图书馆学科资源建设中的应用研究[J]．情报理论与实践，2014，37(10)：98-102.

定程度上影响或决定了学科服务的效率和效果。

基于上述分析，可以提出以下几点研究假设：

B1：高校图书馆应制定明确的学科资源建设规划；

B2：高校图书馆应拥有较为丰富和高质量的学科资源；

B3：高校图书馆应及时发现图书馆内外的学科资源；

B4：高校图书馆应能高效获取图书馆内外的学科资源；

B5：高校图书馆应能有效组织图书馆内部的学科资源；

B6：高校图书馆应能有效整合图书馆外部的学科资源；

B7：高校图书馆应能有效存储和长期保存各种学科资源；

B8：高校图书馆应能有效进行学科资源的传递和共享；

B9：高校图书馆应定期对学科资源做出科学合理的评价；

B10：高校图书馆应充分挖掘学科资源的利用价值。

三、学科服务技术能力

学科服务技术能力是指高校图书馆拥有、管理和利用各种软硬件等技术开展学科服务的能力。学科服务的顺利开展，离不开对各种技术的有效利用。学科服务所需的技术主要包括硬件技术、软件技术和网络技术，比如相关的设施、设备、工具、系统等。这些技术的有效利用，不仅可以切实提升高校图书馆对学科资源的开发、管理和利用效率，同时还能更加高效地服务学科用户，丰富高校图书馆与学科用户的互动方式和途径，提高双方的互动效率，以便高校图书馆更好地识别和满足学科用户的各种需求。一般来讲，学科服务技术能力主要包括以下几点：①技术引进能力，即高校图书馆通过采购、租用等方式引进各种硬件技术和软件技术的能力。为适应学科服务开展的需要，高校图书馆应首先提高相关技术的引进能力，合理购置各种硬件设备、软件系统等，不断提高图书馆软硬件技术的现代化水平，以便利用更加先进的技术手段来满足高校师生在教学和科研活动中的各种需求。②技术吸收能力，即高校图书馆不断吸收各种先进技术，并对现有和新引进的各种软硬件技术进行有效整合的能力。高校图书馆在引进新技术的同时，还应实现新技术与现有技术的有机融合，形成“1+1>2”的技术合力，综合利用各种软硬件技术开展学科服务。③技术开发能力，即高校图书馆为适应学科服务开展的需要，利用自身或外部力量开发各种软硬件技术的能力。高校图书馆应具备一定的技术开发能力，以适应用户需求多样化的发展趋势，通过开发各种定制化技术来满足学科用户的个性化需求。④技术利用能力，即高校图书馆利用相关硬件、软件和网络等技术开展学科服务的能力。各种现代化的先进技术的利用，是提升学科服务效率的重要途径。高校图书馆应借助相关技术，提升学科资源的开发和利用效率①，同时为学科用户提供更加优质的服务，比如借助QQ、微博、微信、视频网站、互联网直播平台等社会化媒体开展学科服务。高校图书馆还应努力在现有软硬件技术的基础之上，搭建集成化的功能强大的学科服务平台，并借助专业化的学科服务平台提升学科服务的效率和质量。⑤技术维护能力，即高校图书馆对学科服务相关的硬件技术和软件技术进行有效维护的能力。高校图书馆应做好软硬件技术的维护保养工作，定期检查和维护相关的硬件设备和软件系统，减少故障率，努力避免因技术故障而导致学科服务无法顺利开展。⑥技术更新能力，即高校图书馆在引进新技术的同时，不断淘汰各种落后技术，实现技术持续升级换代的能力。高校图书馆应对当前使用的各种软硬件技术进行评估，及时淘汰落后的技术，避免因技术落后而影响学科服务的效率。

基于上述分析，可以提出以下几点研究假设：

C1：高校图书馆应拥有多种支撑学科服务的软硬件技术；

C2：高校图书馆应能有效引进各种支撑学科服务的软硬件技术；

C3：高校图书馆应能有效吸收与融合各种支撑学科服务的新技术；

C4：高校图书馆应能利用自身或外部力量开发各种支撑学科服务

① Goans D, Leach G, Vogel T M. Beyond HTML: Developing and Re-imagining Library Web Guides in a Content Management System[J]. Library Hi Tech, 2006, 24(1): 29-53.

的新技术；

C5：高校图书馆应能利用先进的硬件设备开展学科服务；

C6：高校图书馆应能利用先进的软件技术开展学科服务；

C7：高校图书馆应能利用先进的网络技术开展学科服务；

C8：高校图书馆应能维护和保养各种支撑学科服务的软件和硬件；

C9：高校图书馆应能定期评估各种支撑学科服务的软件和硬件；

C10：高校图书馆应能淘汰在学科服务方面比较落后的软硬件技术。

四、学科服务管理能力

学科服务管理能力是指高校图书馆对学科服务活动进行科学高效地计划、组织、指挥、协调和控制的能力。高校图书馆对学科服务的管理水平，最终会影响到学科服务的质量。在学科服务过程中，高校图书馆通过发挥计划、组织、指挥、协调和控制等基本管理职能，并与学科服务的具体特点相结合，对学科服务的开展进行全方位管理，努力做到学科服务的科学化、高效化和规范化，并为学科用户提供兼具标准化和个性化的高质量服务。一般来讲，学科服务管理能力主要包括以下几点：①学科服务规划能力，即高校图书馆确定学科服务总体发展目标，并对学科服务进行整体规划和顶层设计的能力。科学的规划是确保学科服务顺利开展的基础，高校图书馆首先应结合学科用户的教学和科研需求以及自身的实际情况，合理确定学科服务的总体发展目标。同时积极探索实现目标的方式和途径，对学科服务进行整体规划和顶层设计，建立和完善相关的规章制度，并设计出科学高效的学科服务流程体系①，提高学科服务效率，为学科用户创造更大的价值。②学科服务组织能力，即高校图书馆成立相应的学科服务组织机构，并建立良好的分工合作关系

① 张晓艳．基于知识管理的高校图书馆学科服务研究[J]．图书馆论坛，2011(3)：133-135，160.

的能力。学科服务的有效开展，离不开科学合理的组织建设。高校图书馆应加强学科服务的人力资源管理，成立专门的学科服务组织机构，建立规模合适的学科服务队伍，加强学科服务人员的培训，处理好成员间的分工协作关系，提高学科服务的效率。③学科服务运营能力，即高校图书馆在学科服务过程中的服务内容创新、学科用户维护和宣传推广能力。在学科服务过程中，高校图书馆应不断创新学科服务的内容，拓展学科服务的方式，加强学科用户的运营与维护，同时还应强化学科服务的宣传推广工作，扩大学科服务的知名度、影响力和美誉度。高校图书馆还应在服务过程中不断地优化和完善学科服务的各个方面，及时发现和解决存在的各种问题和不足，提高在不同信息环境和服务场景下的应变能力。④学科服务保障能力，即高校图书馆通过采取有效措施保障学科服务长期顺利开展的能力。学科服务的持续有效开展，离不开高校图书馆强有力的资金保障，离不开图书馆领导的高度重视和大力支持，也离不开图书馆各部门的积极配合和协助。⑤学科服务评估能力，即高校图书馆对学科服务及其人员进行科学公正的考核和评价的能力。学科服务的评价以及学科服务人员的绩效考核是高校图书馆学科服务管理的重要方面，高校图书馆应为学科服务人员建立科学合理的绩效考核机制①，以激发学科服务人员的工作积极性。另外，还应建立完善的学科服务质量评价制度，以便准确评估自身的学科服务水平，发现学科服务中存在的各种问题和不足，为学科服务的不断完善奠定基础。

基于上述分析，可以提出以下几点研究假设：

D1：高校图书馆应具有明确的学科服务发展目标；

D2：高校图书馆应制定合理的学科服务发展计划；

D3：高校图书馆应设计科学高效的学科服务流程；

D4：高校图书馆应组建专业化的学科服务团队；

---

① 初景利．我国图书馆学科服务的难点与突破[J]．中华医学图书情报杂志，2012，21(4)：1-4.

D5：高校图书馆应拥有足够数量的学科服务人员；

D6：高校图书馆应组织学科服务人员的培训学习；

D7：高校图书馆应对学科服务工作进行明确的分工；

D8：高校图书馆应不断创新和丰富学科服务的内容；

D9：高校图书馆应不断拓展学科服务的方式和途径；

D10：高校图书馆应建立和维护与用户的良好互动关系；

D11：高校图书馆应加强学科服务的宣传推广工作；

D12：高校图书馆应及时发现学科服务过程中的问题和不足；

D13：高校图书馆应及时解决学科服务过程中的问题；

D14：高校图书馆应为学科服务提供必要的资金保障；

D15：高校图书馆领导应重视和支持学科服务的开展；

D16：高校图书馆各部门应协助和配合学科服务的开展；

D17：高校图书馆应建立完善的学科服务人员绩效考核制度；

D18：高校图书馆应建立科学合理的学科服务质量评价制度。

第四节　高校图书馆学科服务能力要素的实证分析

为了验证上述学科服务能力要素的研究假设，我们设计了一份包含学科服务人员能力、学科服务资源能力、学科服务技术能力、学科服务管理能力 4 个维度、共 50 个题项的 5 分制量表的“高校图书馆学科服务能力要素调查问卷”（见附录 4），并于 2017 年 8 月至 2017 年 9 月期间，以高校图书馆馆员、高校教师、高校学生为主要调查对象，采取纸质问卷与网络问卷相结合的发放方式，共发放问卷 300 份，回收得到有效问卷 252 份。通过利用 SPSS 软件对回收的问卷进行数据分析，最终确定高校图书馆学科服务能力的要素。

一、效度与信度分析

首先，利用 SPSS 数据分析软件对调查问卷的 50 个题项进行效度分析和信度分析。结果表明，在利用 Pearson 相关系数分析得出的“题项与其总分的相关性”中，50 个题项与其总分均达到了显著水平，即显著性(双侧)< 0. 01，而且 Pearson 值均处于 0. 512~0. 740 之间，由此说明全部 50 个题项均达到了效度检验的要求。同时，利用克隆巴赫 α 系数对问卷题项进行信度检验时发现，α 系数值为 0. 967，“题项已删除的克隆巴赫 α 值”均不高于 0. 967，且“校正的题项总计相关性”的数值均在 0. 4 以上，表明问卷的可靠性较高，符合信度检验的要求。

二、因子分析

在对高校图书馆学科服务能力要素调查问卷进行因子分析时，要求变量间应具有较强的相关性。在对调查问卷进行 KMO 和 Bartlett 检验后发现，KMO 数值为 0. 894(见表 5-1)，大于 0. 8 的要求，显著性水平为 0. 000<0. 05，表明变量间有共同因子的存在，适合进行因子分析。

表 5-1 **KMO 和 Bartlett 的检验**

取样足够度的 KMO 度量		0. 894
Bartlett 的球形度检验	近似卡方值	10808. 131
	自由度	1225
	显著性	0. 000

利用主成分分析法来萃取因子。在不限定萃取因子的个数时，可以得到 10 个共同因子。但在这 10 个共同因子中，一些因子包含的成分(即题项)较少，还有一些因子包含的成分比较杂乱，无法从中找到共同特征并进行命名。因此，在后续的因子分析中，依次限定共同因子的个数为 9、8、7、6、5、4 个。当限定萃取因子的个数为 4 个时，因子分析的结果较为理想，此时解释的总方差为 55. 859%(见表 5-2)，高于 50. 000%，符合要求。

表 5-2　　因子解释的总方差

成分	初始特征值			提取平方和载入			旋转平方和载入		
	合计	方差%	累加%	合计	方差%	累加%	合计	方差%	累加%
1	19.976	39.952	39.952	19.976	39.952	39.952	9.933	19.867	19.867
2	3.457	6.913	46.865	3.457	6.913	46.865	6.982	13.964	33.831
3	2.365	4.731	51.595	2.365	4.731	51.595	5.510	11.021	44.852
4	2.132	4.264	55.859	2.132	4.264	55.859	5.503	11.007	55.859
5	1.689	3.378	59.237						
6	1.545	3.090	62.327						
7	1.355	2.710	65.037						
8	1.300	2.600	67.637						
9	1.095	2.190	69.826						
10	1.056	2.113	71.939						
11	0.955	1.909	73.848						
……	……	……	……						
50	0.050	0.101	100.000						

注：提取方法为主成分分析法。

利用主成分分析法和 Kaiser 标准化正交旋转法，可以得到这 4 个共同因子的旋转成分矩阵(见表 5-3)。其中，因子 1 包含 18 个题项，即 D1-D18，可命名为“学科服务管理能力”；因子 2 包含 10 个题项，即 C1-C10，可命名为“学科服务技术能力”；因子 3 包含 10 个题项，即 B1-B10，可命名为“学科服务资源能力”；因子 4 包含 12 个题项，即 A1-A12，可命名为“学科服务人员能力”。

表 5-3　　　　旋转成分矩阵

题项	成分			
	学科服务管理能力	学科服务技术能力	学科服务资源能力	学科服务人员能力
D8	0.773	0.137	0.213	0.222
D10	0.737	0.050	0.182	0.260
D9	0.732	0.171	0.178	0.281
D11	0.704	0.187	0.025	0.237
D13	0.696	0.144	0.393	0.143
D3	0.688	0.300	0.208	0.117
D7	0.684	0.269	0.267	0.149
D15	0.680	0.096	0.214	0.131
D2	0.675	0.337	0.142	0.236
D1	0.674	0.236	0.084	0.212
D5	0.652	0.225	0.078	0.244
D18	0.640	0.151	0.266	0.241
D4	0.631	0.323	0.185	0.096
D6	0.625	0.137	0.357	0.258
D12	0.587	0.159	0.254	0.288
D17	0.574	0.317	0.151	0.299
D16	0.571	0.184	0.217	0.123
D14	0.512	0.247	0.120	0.246
C6	0.226	0.787	0.218	0.074
C3	0.239	0.741	0.251	0.094
C8	0.188	0.701	0.179	0.101
C7	0.288	0.673	0.206	0.222
C2	0.173	0.664	0.140	0.275
C9	0.190	0.660	0.300	0.144

续表

题项	成　分			
	学科服务管理能力	学科服务技术能力	学科服务资源能力	学科服务人员能力
C5	0. 222	0. 646	0. 277	0. 099
C4	0. 092	0. 641	0. 273	0. 140
C1	0. 233	0. 637	0. 184	0. 145
C10	0. 293	0. 621	0. 043	0. 097
B8	0. 337	0. 301	0. 716	0. 140
B5	0. 287	0. 131	0. 708	0. 187
B9	0. 295	0. 297	0. 627	0. 052
B6	0. 141	0. 342	0. 610	0. 082
B10	0. 407	0. 277	0. 603	0. 048
B4	0. 155	0. 223	0. 591	0. 337
B7	0. 061	0. 463	0. 558	0. 156
B3	0. 199	0. 297	0. 537	0. 310
B1	0. 354	0. 382	0. 495	0. 201
B2	0. 325	0. 202	0. 456	0. 211
A9	0. 143	0. 185	0. 275	0. 658
A2	0. 156	0. 288	−0. 029	0. 652
A11	0. 330	0. 339	−0. 055	0. 625
A7	0. 262	0. 061	0. 286	0. 597
A4	0. 239	0. 082	0. 419	0. 592
A8	0. 223	0. 022	0. 285	0. 571
A1	0. 416	0. 090	−0. 112	0. 568
A6	0. 322	0. 030	0. 189	0. 559
A12	0. 123	0. 344	0. 229	0. 549
A10	0. 108	0. 448	−0. 052	0. 534

续表

题项	成分			
	学科服务管理能力	学科服务技术能力	学科服务资源能力	学科服务人员能力
A5	0.293	0.082	0.142	0.525
A3	0.321	0.048	0.323	0.492

注：提取方法为主成分分析法，旋转方法为 Kaiser 标准化正交旋转法，旋转在 7 次迭代后收敛。

三、因子信度分析

通过因子分析得到的高校图书馆学科服务能力要素，为了保证其可靠性，还应对其进行信度检验。通过克隆巴赫 α 系数检验后发现，上述 4 个共同因子的 α 数值均高于 0.800（见表 5-4），表明这 4 个共同因子内部的各个题项具有较高的可信度，通过因子分析得到的高校图书馆学科服务能力要素是有效的。

表 5-4　**因子信度分析**

因子	克隆巴赫 α 系数	基于标准化项的克隆巴赫 α 系数	题项数目
学科服务人员能力	0.884	0.890	12
学科服务资源能力	0.908	0.910	10
学科服务技术能力	0.917	0.920	10
学科服务管理能力	0.953	0.954	18

四、高校图书馆学科服务能力指标体系的确立

高校图书馆学科服务能力要素实证分析的结果，与此前理论分析的结果相吻合，表明高校图书馆学科服务能力由学科服务人员能力、学科服务资源能力、学科服务技术能力、学科服务管理能力 4 个一级要素以

及50个二级要素组成。因此，可以从学科服务能力要素的角度来确立高校图书馆学科服务能力指标体系(见表5-5)。

表5-5　高校图书馆学科服务能力指标体系

一级指标	二级指标
学科服务人员能力	学科服务人员应具备较强的学习能力
	学科服务人员应具备较强的外语应用能力
	学科服务人员应具备良好的沟通交流能力
	学科服务人员应具备较强的团队合作能力
	学科服务人员应掌握扎实的学科专业知识
	学科服务人员应具备较高的信息素养
	学科服务人员应树立以用户为中心的服务理念
	学科服务人员应具备积极良好的服务态度
	学科服务人员应能及时准确地识别用户的需求
	学科服务人员应具备较强的教学能力
	学科服务人员应具备较强的科研能力
	学科服务人员应能提供用户所需的各种信息或知识
学科服务资源能力	高校图书馆应制定明确的学科资源建设规划
	高校图书馆应拥有较为丰富和高质量的学科资源
	高校图书馆应及时发现图书馆内外的学科资源
	高校图书馆应能高效获取图书馆内外的学科资源
	高校图书馆应能有效组织图书馆内部的学科资源
	高校图书馆应能有效整合图书馆外部的学科资源
	高校图书馆应能有效存储和长期保存各种学科资源
	高校图书馆应能有效进行学科资源的传递和共享
	高校图书馆应定期对学科资源做出科学合理地评价
	高校图书馆应充分挖掘学科资源的利用价值

续表

一级指标	二级指标
学科服务技术能力	高校图书馆应拥有多种支撑学科服务的软硬件技术
	高校图书馆应能有效引进各种支撑学科服务的软硬件技术
	高校图书馆应能有效吸收与融合各种支撑学科服务的新技术
	高校图书馆应能利用自身或外部力量开发各种支撑学科服务的新技术
	高校图书馆应能利用先进的硬件设备开展学科服务
	高校图书馆应能利用先进的软件技术开展学科服务
	高校图书馆应能利用先进的网络技术开展学科服务
	高校图书馆应能维护和保养各种支撑学科服务的软件和硬件
	高校图书馆应能定期评估各种支撑学科服务的软件和硬件
	高校图书馆应能淘汰在学科服务方面比较落后的软硬件技术
学科服务管理能力	高校图书馆应具有明确的学科服务发展目标
	高校图书馆应制定合理的学科服务发展计划
	高校图书馆应设计科学高效的学科服务流程
	高校图书馆应组建专业化的学科服务团队
	高校图书馆应拥有足够数量的学科服务人员
	高校图书馆应组织学科服务人员的培训学习
	高校图书馆应对学科服务工作进行明确的分工
	高校图书馆应不断创新和丰富学科服务的内容
	高校图书馆应不断拓展学科服务的方式和途径
	高校图书馆应建立和维护与用户的良好互动关系
	高校图书馆应加强学科服务的宣传推广工作
	高校图书馆应及时发现学科服务过程中的问题和不足
	高校图书馆应及时解决学科服务过程中的问题
	高校图书馆应为学科服务提供必要的资金保障
	高校图书馆领导应重视和支持学科服务的开展
	高校图书馆各部门应协助和配合学科服务的开展
	高校图书馆应建立完善的学科服务人员绩效考核制度
	高校图书馆应建立科学合理的学科服务质量评价制度

第五节　我国高校图书馆学科服务能力的调查分析

基于高校图书馆学科服务能力指标体系，我们设计出由50个题项组成的5分制量表的“我国高校图书馆学科服务能力调查问卷”(参见附录5)，并于2017年9月至2017年11月，以高校图书馆馆员、高校教师、高校学生为调查对象，采取纸质问卷与网络问卷相结合的方式，共发放问卷320份，剔除无效问卷后得到258份。在问卷回收后，利用SPSS数据分析软件对调查问卷的50个题项进行效度分析和信度分析。结果表明，在利用Pearson相关系数分析得出的“题项与其总分的相关性”中，50个题项与其总分均达到了显著水平，即显著性(双侧)< 0.01，而且Pearson值均处于0.450~0.843之间，由此说明全部50个题项均达到了效度检验的要求。同时，利用克隆巴赫α系数对问卷题项进行信度检验时发现，α系数值为0.984，“题项已删除的克隆巴赫α值”均不高于0.984，且“校正的题项总计相关性”的数值均在0.4以上，表明问卷的可靠性较高，符合信度检验的要求。基于调查结果，可以从构成学科服务能力的4个维度分别解析我国高校图书馆学科服务能力现状。

一、学科服务人员能力的调查分析

学科服务人员能力的问卷调查结果显示(5分制折算为百分制，后面对问卷数据的处理方式相同)，我国学科服务人员的“学习能力”得分为69.22分，“外语应用能力”得分为63.64分，“沟通交流能力”得分为69.77分，“团队合作能力”得分为68.76分，“学科专业知识”得分为69.69分，“信息素养”得分为70.93分，“服务理念”得分为68.37分，“服务态度”得分为69.30分，“用户需求的识别与分析能力”得分为66.51分，“教学能力”得分为66.43分，“科研能力”得分为67.29分，“提供用户所需信息或知识的能力”得分为69.22分(见表5-6)。

表 5-6 我国高校图书馆学科服务人员能力的问卷调查结果

学科服务人员能力	调查问卷得分(百分制)	得分排名
学习能力	69.22	5
外语应用能力	63.64	12
沟通交流能力	69.77	2
团队合作能力	68.76	7
学科专业知识	69.69	3
信息素养	70.93	1
服务理念	68.37	8
服务态度	69.30	4
用户需求的识别与分析能力	66.51	10
教学能力	66.43	11
科研能力	67.29	9
提供用户所需信息或知识的能力	69.22	5

综合问卷调查的结果，学科服务人员能力所有 12 个指标的得分均介于 63.64 分与 70.93 分之间，均值为 68.26 分，指标间的最大分差只有 7.29 分，这说明我国高校图书馆已具备一定的学科服务人员能力，所有指标均达到了合格以上水平，且各指标的能力发展比较均衡。从指标排名来看，我国学科服务人员在信息素养、沟通交流能力、学科专业知识、服务态度、学习能力、提供用户所需信息或知识的能力、团队合作能力、服务理念等指标上的能力相对较强，得分均超过了学科服务人员能力的均值。其中，“信息素养”的得分排名最高，在所有的被调查者中，认为我国学科服务人员的信息素养已达到合格及以上水平的比例为 94.57%，表明我国学科服务人员普遍具备了较高的信息素养，对图书馆的资源、管理和业务等各方面的知识和情况都比较熟悉。“外语应用能力”的得分排名相对较低，虽然得分也超过了 60 分的合格线，但却有 71.71%的被调查者认为我国学科服务人员的外语应用能力仅为合

格水平或低于合格水平，表明我国学科服务人员的外语应用能力并不够强，与被调查者的预期还存在一定的差距。

二、学科服务资源能力的调查分析

学科服务资源能力的问卷调查结果显示，我国高校图书馆的“学科资源建设规划”得分为66.59分，“拥有学科资源的数量和质量”得分为68.91分，“学科资源的发现能力”得分为65.66分，“学科资源的获取能力”得分为66.28分，“馆内学科资源的组织能力”得分为66.82分，“馆外学科资源的整合能力”得分为64.34分，“学科资源的存储能力”得分为67.75分，“学科资源的传递与共享能力”得分为67.83分，“学科资源的评价能力”得分为66.12分，“学科资源的利用能力”得分为64.03分(见表5-7)。

表5-7　**我国高校图书馆学科服务资源能力的问卷调查结果**

学科服务资源能力	调查问卷得分(百分制)	得分排名
学科资源建设规划	66.59	5
拥有学科资源的数量和质量	68.91	1
学科资源的发现能力	65.66	8
学科资源的获取能力	66.28	6
馆内学科资源的组织能力	66.82	4
馆外学科资源的整合能力	64.34	9
学科资源的存储能力	67.75	3
学科资源的传递与共享能力	67.83	2
学科资源的评价能力	66.12	7
学科资源的利用能力	64.03	10

综合问卷调查的结果，学科服务资源能力所有10个指标的得分均

介于64.03分与68.91分之间，均值为66.43分，指标间的最大分差只有4.88分，这说明我国高校图书馆已具备一定的学科服务资源能力，所有指标均达到了合格以上水平，且各指标的能力发展比较均衡。从指标排名来看，我国高校图书馆在拥有学科资源的数量和质量、学科资源的传递与共享能力、学科资源的存储能力、馆内学科资源的组织能力、学科资源建设规划等指标上的能力相对较强，得分均超过了学科服务资源能力的均值。其中，“拥有学科资源的数量和质量”的得分排名最高，在所有的被调查者中，认为我国高校图书馆拥有的学科资源数量和质量已达到合格及以上水平的比例为91.86%，表明我国高校图书馆已拥有了较为丰富和高质量的学科资源，可以有力支撑学科服务的开展。“学科资源的利用能力”的得分排名相对较低，虽然得分也超过了60分的合格线，但却有62.02%的被调查者认为我国高校图书馆的学科资源利用能力仅为合格水平或低于合格水平，表明我国高校图书馆并没有充分挖掘学科资源的利用价值，尤其是在对馆外学科资源的利用方面，还存在着较大的不足。

三、学科服务技术能力的调查分析

学科服务技术能力的问卷调查结果显示，我国高校图书馆的“学科服务技术的数量和质量”得分为67.05分，“学科服务技术的引进能力”得分为65.35分，“学科服务技术的吸收与融合能力”得分为65.81分，“学科服务技术的开发能力”得分为63.33分，“利用硬件设备开展学科服务的能力”得分为65.81分，“利用软件技术开展学科服务的能力”得分为66.67分，“利用网络技术开展学科服务的能力”得分为68.84分，“学科服务技术的维护与保养能力”得分为66.90分，“学科服务技术的评估能力”得分为65.43分，“学科服务技术的更新能力”得分为65.35分(见表5-8)。

表 5-8　**我国高校图书馆学科服务技术能力的问卷调查结果**

学科服务技术能力	调查问卷得分(百分制)	得分排名
学科服务技术的数量和质量	67.05	2
学科服务技术的引进能力	65.35	8
学科服务技术的吸收与融合能力	65.81	5
学科服务技术的开发能力	63.33	10
利用硬件设备开展学科服务的能力	65.81	5
利用软件技术开展学科服务的能力	66.67	4
利用网络技术开展学科服务的能力	68.84	1
学科服务技术的维护与保养能力	66.90	3
学科服务技术的评估能力	65.43	7
学科服务技术的更新能力	65.35	8

综合问卷调查的结果，学科服务技术能力所有 10 个指标的得分均介于 63.33 分与 68.84 分之间，均值为 66.05 分，指标间的最大分差只有 5.51 分，这说明我国高校图书馆已具备一定的学科服务技术能力，所有指标均达到了合格以上水平，且各指标的能力发展比较均衡。从指标排名来看，我国高校图书馆在利用网络技术开展学科服务的能力、学科服务技术的数量和质量、学科服务技术的维护与保养能力、利用软件技术开展学科服务的能力等指标上的能力相对较强，得分均超过了学科服务技术能力的均值。其中，“利用网络技术开展学科服务的能力”的得分排名最高，在所有的被调查者中，认为我国高校图书馆利用网络技术开展学科服务的能力已达到合格及以上水平的比例为 93.41%，表明我国高校图书馆利用网络技术开展学科服务的能力较强，能够使用博客、微博、微信、QQ 等多种流行的网络工具开展学科服务。“学科服务技术的开发能力”的得分排名相对较低，虽然得分也超过了 60 分的合格线，但却有 62.79%的被调查者认为我国高校图书馆的学科服务技术的开发能力仅为合格水平或低于合格水平，表明我国高校图书馆在利

用自身或外部力量开发各种支撑学科服务的新技术方面还存在较大的不足。

四、学科服务管理能力的调查分析

学科服务管理能力的问卷调查结果显示，我国高校图书馆的“学科服务发展目标”得分为 68.14 分，“学科服务发展计划”得分为 66.98 分，“学科服务流程”得分为 65.97 分，“学科服务团队建设”得分为 64.88 分，“学科服务人员数量”得分为 63.80 分，“学科服务人员培训”得分为 64.73 分，“学科服务人员分工与合作”得分为 64.42 分，“服务内容的创新能力”得分为 64.42 分，“服务方式的拓展能力”得分为 64.73 分，“用户关系的建立与维护能力”得分为 65.35 分，“学科服务的宣传推广能力”得分为 63.95 分，“发现学科服务暴露出的问题和不足”得分为 65.58 分，“解决学科服务暴露出的问题和不足”得分为 64.19 分，“学科服务的资金保障能力”得分为 61.86 分，“图书馆领导的重视与支持力度”得分为 64.96 分，“图书馆各部门的协助与配合程度”得分为 64.88 分，“学科服务人员绩效考核制度”得分为 61.63 分，“学科服务质量评价制度”得分为 62.09 分(见表 5-9)。

表 5-9 **我国高校图书馆学科服务管理能力的问卷调查结果**

学科服务管理能力	调查问卷得分(百分制)	得分排名
学科服务发展目标	68.14	1
学科服务发展计划	66.98	2
学科服务流程	65.97	3
学科服务团队建设	64.88	7
学科服务人员数量	63.80	15
学科服务人员培训	64.73	9
学科服务人员分工与合作	64.42	11
服务内容的创新能力	64.42	11

续表

学科服务管理能力	调查问卷得分(百分制)	得分排名
服务方式的拓展能力	64.73	9
用户关系的建立与维护能力	65.35	5
学科服务的宣传推广能力	63.95	14
发现学科服务暴露出的问题和不足	65.58	4
解决学科服务暴露出的问题和不足	64.19	13
学科服务的资金保障能力	61.86	17
图书馆领导的重视与支持力度	64.96	6
图书馆各部门的协助与配合程度	64.88	7
学科服务人员绩效考核制度	61.63	18
学科服务质量评价制度	62.09	16

综合问卷调查的结果，学科服务管理能力所有 18 个指标的得分均介于 61.33 分与 68.14 分之间，均值为 64.59 分，指标间的最大分差只有 6.81 分，这说明我国高校图书馆已具备一定的学科服务管理能力，所有指标均达到了合格以上水平，且各指标的能力发展比较均衡。从指标排名来看，我国高校图书馆在学科服务发展目标、学科服务发展计划、学科服务流程、发现学科服务暴露出的问题和不足、用户关系的建立与维护能力、图书馆领导的重视与支持力度、图书馆各部门的协助与配合程度、学科服务团队建设、学科服务人员培训、服务方式的拓展能力等指标上的能力相对较强，得分均超过了学科服务管理能力的均值。其中，“学科服务发展目标”的得分排名最高，在所有的被调查者中，认为我国高校图书馆的学科服务发展目标已达到合格及以上水平的比例为 91.47%，表明我国高校图书馆非常重视学科服务的发展，已将学科服务作为图书馆未来发展的战略重点，并制定有明确的学科服务发展目标。“学科服务人员绩效考核制度”的得分排名相对较低，虽然得分也超过了 60 分的合格线，但却有 74.03%的被调查者认为我国高校图书馆

的学科服务人员绩效考核制度仅为合格水平或低于合格水平，表明我国高校图书馆对学科服务人员的绩效考核工作还存在诸多不足，相关制度也不够科学和完善。

五、小结

我国高校图书馆学科服务能力现状调查的结果表明，自学科服务引入我国高校图书馆以来，经过 20 余年的学科服务能力建设实践，我国高校图书馆的学科服务能力已经得到了长足发展和进步，各项指标均已达到了合格水平，并正朝向更高的层次发展。但也应看到，虽然我国高校图书馆学科服务能力的建设力度不断加大、发展速度不断加快、发展趋势不断向好，但由于起步较晚、起点较低、基础薄弱，特别是在国家大力推进“双一流”高校建设的大背景下，高校师生的教学和科研需求日益多样化、个性化和专业化，所以现阶段我国高校图书馆学科服务能力显然还无法有效应对这样的新情况、新变化和新挑战，学科服务能力距离较好及以上水平还有一定的差距。在学科服务能力 4 个一级指标中，我国高校图书馆的学科服务人员能力、学科服务资源能力相对较强，而学科服务技术能力、学科服务管理能力则相对较弱。

从学科服务能力各二级指标来看，我国高校图书馆在不同指标上的能力存在一定的差异，有些指标表现相对突出，有些指标表现则不尽如人意。首先，在学科服务人员能力上，我国高校图书馆学科服务人员在信息素养、沟通交流能力、学习能力、提供用户所需信息或知识的能力、团队合作能力、服务理念等指标上的能力较强，而在学科专业知识、服务态度、用户需求的识别与分析能力、教学能力、外语应用能力、科研能力等指标上的能力较弱。其次，在学科服务资源能力上，我国高校图书馆在拥有学科资源的数量和质量、学科资源的传递与共享能力、学科资源的存储能力、馆内学科资源的组织能力、学科资源建设规划等指标上的能力较强，而在学科资源的获取能力、学科资源的评价能力、学科资源的发现能力、馆外学科资源的整合能力、学科资源的利用能力等指标上的能力较弱。再次，在学科服务技术能力上，我国高校图书馆在利用网络技术开展学科服务的能力、学科服务技术的数量和质量、学科服务技术的维护与保养能力、利用软件技术开展学科服务的能力等指标上的能力较强，而在学科服务技术的吸收与融合能力、学科服务技术的评估能力、学科服务技术的更新能力、学科服务技术的引进能力、学科服务技术的开发能力、利用硬件设备开展学科服务的能力等指标上的能力较弱。最后，在学科服务管理能力上，我国高校图书馆在学科服务发展目标、学科服务发展计划、学科服务流程、发现学科服务暴露出的问题和不足、用户关系的建立与维护能力、图书馆领导的重视与支持力度、图书馆各部门的协助与配合程度、学科服务团队建设、学科服务人员培训、服务方式的拓展能力等指标上的能力较强，而在服务内容的创新能力、解决学科服务暴露出的问题和不足、学科服务人员数量、学科服务人员分工与合作、学科服务的宣传推广能力、学科服务的资金保障能力、学科服务人员绩效考核制度、学科服务质量评价制度等指标上的能力较弱。

第六节 提升我国高校图书馆学科服务能力的对策

针对我国高校图书馆学科服务能力存在的问题，可以采取如下对策来提升学科服务能力。

一、加强高校图书馆学科馆员建设

为了弥补我国高校图书馆学科服务人员能力的不足，我国高校图书馆应该：

第一，择优聘用优秀的学科馆员。我国高校图书馆应该高度重视学科馆员人才的选拔与聘用，从学历学位、专业知识、敬业精神三方面优选学科馆员。要求学科馆员至少必须拥有学士以上学位，最好获得硕士学位或博士学位；要求学科馆员必须具备图书馆学情报学或信息资源管理等专业知识背景，同时懂得其他学科(比如化学、物理学、计算机科学等)知识；要求学科馆员必须具备很好的职业精神，对学科服务抱有极大的热情，能够精力十足地开展学科服务。为选拔优秀的学科馆员，可以通过两种途径：①内部竞聘。即根据学科服务的岗位要求，在图书馆内部考核与选拔适合学科服务的馆员，使其在学科服务岗位上发挥最大的作用。②外部招聘。通过拟定学科馆员任职条件和给予相对优厚的待遇，图书馆可面向国内外招聘优秀的人才来充实与壮大学科馆员队伍。

第二，实施学科馆员培训的常态化。培训是提升学科馆员能力的重要方式，高校图书馆应立足于本馆的实际情况，根据学科用户的教学和科研需求、所属高校的学科发展现状以及本馆学科馆员能力的特点，合理制定学科馆员的培训方案，因人而异，因材施教，通过培训来提升学科馆员能力。比如，针对学科馆员较弱的教学能力，高校图书馆可以充分利用所属高校的师资力量，请优秀教师为学科馆员进行教学能力培训，培训方式应尽量多样化，如培训讲座、现场观摩、体验式教学等。

第三，推进学科服务团队建设，实现学科服务团队成员的多元化。学科馆员能力存在着一定的个体差异，有的教学能力比较强，有的科研能力比较强；有的擅长于人文社会科学，有的擅长于理学或工学。因此，我国高校图书馆应该建立由不同专业背景人员组成的学科服务团队，实现学科馆员能力的多元化，并通过制定团队协作的共同目标，发挥学科团队的协作精神，从而大力提升学科服务能力。

二、优化高校图书馆学科服务资源建设

为丰富我国高校图书馆学科服务资源，提升图书馆学科服务资源能力，我国高校图书馆应该：

第一，充分做好学科资源建设规划。目前我国高校图书馆在学科资源建设上的一个问题就是学科资源建设与学科服务之间的相互分离和脱节，两者的联系不够紧密，学科资源建设对学科服务的支撑作用比较有

限，效果也不够明显。为了强化学科资源建设对学科服务的支撑作用，实现学科资源建设与学科服务的成功对接，我国高校图书馆应明确学科资源建设的目标和方向，并以学科服务为导向，着力做好学科资源建设的短期、中期与长期规划。

第二，优化馆藏资源配置，促进信息资源共享。高校图书馆应该基于本校学科分布与发展规划及其建设重点，优化馆藏资源配置，优先保障学校重点学科发展所需的信息资源，同时兼顾学校其他学科建设所需的信息资源；不仅需要提供和保障学科建设、人才培养与科学研究所需的纸质信息资源，而且应该十分注重数字信息资源(包括机构知识库、学科知识库)的建设，实现数字信息资源与纸质信息资源的优势互补与协调发展，并积极开展馆藏资源的评价工作，不断优化馆藏资源配置，大力促进学科信息资源的共享与利用。

第三，充分重视馆外学科资源。随着信息环境的日益泛在化，高校图书馆自身的学科资源已远远不能满足高校师生的教学和科研需求。事实上，馆外学科资源要远远多于馆内学科资源。然而，馆外学科资源往往较为分散。高校图书馆要想充分利用馆外学科资源，首先需要及时准确地发现和获取馆外学科资源，并对其进行合理的信息组织与知识组织，使其与馆内学科资源有效整合起来。因此，高校图书馆应该关注馆外学科资源的发展，并通过持续的收集、跟踪、组织、存储、共享，使其得到有效利用。

第四，加强学科资源的营销，使其得到最大的利用。虽然近年来我国高校图书馆的学科资源储量不断增加，但学科资源“藏”与“用”之间的矛盾也日渐突出，某些高校图书馆仅仅注重学科资源的建设，而忽视了已建成学科资源的利用，导致大量投资的学科资源利用率十分低下，而这种现象已经成为制约学科服务进一步发展的一大障碍。因此，高校图书馆或学科馆员不仅需要重视学科资源建设，而且要通过有效的宣传手段或营销措施使学科资源能被师生知晓，并使其得到最大程度的利用。

三、提升高校图书馆学科服务技术能力

我国高校图书馆只有提高学科服务技术能力，才能更有效地开展学科服务。因此，我国高校图书馆应该：

第一，实现技术引进与相关人才引进的协同发展。现阶段我国高校图书馆的学科服务技术能力之所以相对较弱，与相关技术人才的缺失不无关系。相关技术人才的缺失或不足，不仅会影响高校图书馆对学科服务技术的有效利用，同时也会影响学科服务技术的引进、吸收、融合、维护等各项工作。因此，技术人才在某种程度上决定了高校图书馆学科服务技术能力的高度。为此，我国高校图书馆在加大学科服务技术引进力度的同时，也应该加大技术人才的引进力度，为学科服务技术配备适合的技术人员。

第二，实现技术与服务的协同发展。技术运用在高校图书馆学科服务中发挥着重要作用，也是提高学科服务效率和效果的重要途径，技术的创新可以有效推动学科服务的创新。因此，我国高校图书馆不应将技术的发展与学科服务的发展割裂开来，而是应该加强技术与学科服务之间的内在联系，实现技术与学科服务的有效对接，强化信息技术对学科服务的支撑作用。比如，高校图书馆可以综合利用 LibGuides、博客、虚拟社区、QQ、微博、微信、视频网站等工具和平台开展学科服务，也可以利用 SQL 和 ASP 等技术设计出内容丰富、功能强大、体验较好的学科导航系统，还可以通过借助云技术和云服务来提升学科服务平台的学科资源建设能力和服务提供能力。此外，还可以利用核心存储系统 HDFS、Servlet+JSP、Spring JDBC、Android 应用开发技术、Mahout、文本分类技术以及云服务技术，构建智能化和专业化的学科服务平台，由此提升学科服务平台的服务能力。

第三，实现学科服务技术的创新发展。近年来，图书馆外部的技术创新步伐正不断加快，大数据、云计算和人工智能等新技术不断涌现。我国高校图书馆应重视学科服务技术的创新发展，提高学科服务技术能

力。例如，为实现学科服务技术的原始创新，高校图书馆应立足于本馆实际，根据学科服务的具体要求来加强学科服务技术的开发工作，特别应重视应用最新信息技术实现学科服务方式或方法的创新；为实现学科服务技术的集成创新，高校图书馆应着力实现新技术与现有技术的有机融合，建设系统化、集成化的学科服务平台；为实现学科服务技术的再创新，高校图书馆应重视最新信息技术的消化吸收，加强学科服务技术的改造和优化，拓展最新信息技术在学科服务中的应用。

四、提升高校图书馆学科服务管理能力

高校图书馆学科服务离不开管理的支持，通过提升高校图书馆学科服务管理能力可以更好地促进我国高校图书馆学科服务能力建设。因此，我国高校图书馆应该：

第一，建立完善的学科服务管理制度。现阶段我国许多高校图书馆对学科服务的计划、组织、指挥、协调和控制等各项管理工作的重视程度不够，至今仍没有建立完善的学科服务管理制度，学科服务工作主要依靠学科服务人员的自愿行动。因此，我国高校图书馆首先应根据学科服务的需要以及本馆实际情况，建立一套与之相适应的学科服务管理制度，落实学科馆员开展学科服务的责任、义务与权利，规范学科服务项目、流程与绩效要求，实现学科服务管理工作的标准化与规范化，从而提高学科服务效率与效益。

第二，通过个体、团队、部门、组织层次的文化变革持续提升高校图书馆的学科服务能力①。其中，个体层面的文化变革要求高校图书馆馆员应根据学科服务的具体要求，重塑自身的价值观、服务理念、服务态度、心智模式、工作方式等，主要包括：高校图书馆应树立以用户为中心、以用户需求为导向、以用户满意为宗旨的学科服务理念，把学科

① 李瑾，盛小平．组织文化视角下的高校图书馆学科服务能力建设研究[J]．图书馆，2017(12)：100-106.

用户放到更加重要的位置上，时刻关注学科用户信息环境、信息需求和满意度的变化；实现学科服务规范化与个性化的有机统一，以满足不同学科用户的多样化需求；大力倡导敬业精神，号召学科馆员不怕麻烦、甘于吃苦、甘于奉献，以更加积极饱满的热情投入到学科服务中。团队层面的文化变革要求做到分工合理，权责清晰，各司其职；确立团队协作的共同目标，密切学科馆员之间的沟通与协作；营造尊重学科馆员、充分肯定其工作价值的文化氛围，给予学科馆员一定的自主权和施展才华的空间，充分发挥学科馆员的主观能动性；秉持开放包容的精神，把学科用户纳入学科服务团队中去，成为学科服务团队的一分子，同时使学科馆员也成为教学或科研团队的一分子，实现学科服务团队与学科用户教学和科研团队的有机融合和对接。部门层面的文化变革要求学科服务团队与其他部门协同合作，取长补短；各部门明确各方职责和任务，各司其职，避免因责任不清而产生矛盾冲突，或加深误解。组织层面的文化变革要求建立促进学科服务的组织文化，支持、鼓励和引导学科馆员大胆进行服务创新，敢于试错。

第三，加强学科服务的馆际合作。由于某些高校图书馆学科服务受到本身拥有的资源、技术、平台与人员的约束而无法有效满足用户的需求，这时这些高校图书馆应该积极参与高校图书馆学科服务联盟，借助网络技术和其他成员图书馆在资源、技术、平台与人员上的优势，协同开展面向用户的学科服务，完成单个图书馆无法独自开展的学科服务，从而有效提升各高校图书馆的学科服务能力。

第四，建立或完善学科服务评价机制。高校图书馆应该建立科学的学科服务评价指标体系，或完善现有的学科服务评价指标体系，对学科服务工作绩效或问题进行有效的测评，并把测评结果作为图书馆领导决策、学科馆员职业升迁或奖惩、改进现有学科服务方式的重要依据。可以基于上述图书馆学科服务能力指标体系（见表5-5），并适当增加学科服务方式、学科服务效果的评价指标，由此构建全面、科学的学科服务评价指标体系。

第五，构建学科服务保障机制。高校图书馆可以从人员保障、资源保障、环境保障、制度保证、资金保障等方面构建学科服务的保障机制①。其中，人才保障就是要为学科服务提供足够合格的学科馆员；资源保障就是要为学科服务提供足够实用的文献资源，特别是最新的国内外科技文献；环境保障就是要为学科服务提供有效的支持环境与机制，包括各级领导的支持；制度保证就是要为学科服务提供规范的政策文件和相关规章制度，包括业务考核制度、奖惩制度、人员培训制度等；资金保障就是要为学科服务提供充足的资金支持，包括设立学科服务专项基金。

① 楚存坤，孙思琴，韩丰谈．基于层次分析法的高校图书馆学科服务评价模式[J]．大学图书馆学报，2014(6)：86-90.

第六章　图书馆危机管理能力研究

图书馆职业管理涉及图书馆战略管理、行政管理、业务管理、人力资源管理、设备与资产管理、财务管理、风险管理、危机管理等诸多方面。图书馆职业管理能力就是管理与维护图书馆事业与各项工作正常运行与可持续发展的能力，由图书馆战略管理能力、行政管理能力、业务管理能力、人力资源管理能力、设备与资产管理能力、财务管理能力、风险管理能力、危机管理能力等组成。本章主要论述图书馆危机管理、危机管理能力及其调查分析。

第一节　图书馆危机与危机管理的定义

图书馆危机是对图书馆系统造成严重威胁或破坏，需要图书馆人立即反应的高度震荡状态①，或是因某些因素影响扭曲基本价值或阻碍其目标的一种非正常状态②。图书馆危机与一般性危机相比，具有难预测、潜伏性长、复杂多变、影响范围广等特征。

对于图书馆危机管理的定义，存在多种不同观点：①图书馆危机管理是对图书馆发展过程中潜在的或已经遇到的危机采取有效措施以预防

---

① 刘兹恒，潘梅．图书馆危机管理的基本概念及内容[J]．图书与情报，2007(2)：32-41.

② 马学良，富平．数字时代图书馆服务危机管理——基于 SWOT 分析及实现[J]．图书情报工作，2009(23)：22-25，68.

和化解危机，甚至转危机为机遇①。②图书馆危机管理是对图书馆危机的管理，一般是由于决策者意见取向受到干扰或信息不全，事态不稳定须紧急决策，包括事前、事中、事后所有方面的管理②。③图书馆危机管理是对图书馆运作中出现的危机因子与危机事件从产生到消亡过程中的全程全面监控、处理的管理理论与管理实践③。总之，图书馆危机管理是图书馆为消除潜藏隐患，降低即将发生的图书馆危机风险，或化解正在发生的各种危机而采取有效行为与对策的过程。

第二节 三种图书馆危机管理理论

图书危机管理相关理论包括危机管理生命周期论、危机管理系统论以及权变管理理论。这三种理论对图书馆危机管理的产生与发展都有重要影响。

一、危机管理生命周期论

根据危机事件发展的时间顺序，可以将危机管理过程划分为不同的阶段，是管理界学者已达成的共识。美国奥古斯丁教授将危机管理划分为六个阶段④：第一阶段——危机的避免，即组织竭力减少风险，预防危机的发生；第二阶段——危机管理的准备，即制定危机预案与计划；第三阶段——危机的确认，即有效识别危机；第四阶段——危机的控制，即将危机损失控制在最低程度；第五阶段——危机的解决，即实施

① 徐涌，史聪慧．美国“拯救图书馆运动”及其对我国图书馆的启示[J]．图书馆建设，2006(1)：79-81.

② 刘凤琴，王荣．论现代图书馆的危机管理[J]．现代情报，2004(12)：93-94，97.

③ 刘兹恒．图书馆危机管理手册[M]．北京：国家图书馆出版社，2010：39.

④ 诺曼·R·奥古斯丁，安诺格·夏尔马，爱德琳·卜克斯纳，等．危机管理[M]．北京新华信商业风险管理有限责任公司，译．北京：中国人民出版社，2001：1-33.

危机应对方案；第六阶段——从危机中获利，即总结经验教训。米特洛夫和皮尔森则提出危机管理五阶段模型①：一是信号预测阶段，识别危机预警信息；二是准备与预防阶段，做好预防危机准备，减少损失；三是损失控制阶段，危机发生时尽力控制危机的蔓延与恶化；四是恢复阶段，将组织尽快从危机损害中恢复管理，实现正常运转；五是学习阶段，汲取危机经验教训，改进不足。罗伯特·希斯提出了4R模型，即危机管理可划分为缩减（Reduction）、预备（Readiness）、反应（Response）与恢复（Recovery）四阶段，认为危机管理是贯穿于整个事前、事中和事后所有方面的管理②。

不论是哪一种危机管理过程模型，都可以看出危机管理是一个动态发展的过程，危机从潜伏—爆发—消亡的整个动态过程可视为危机的一个生命周期，同样就对应有三个管理阶段：即危机事前管理、危机事中管理与危机事后管理（见图6-1）：

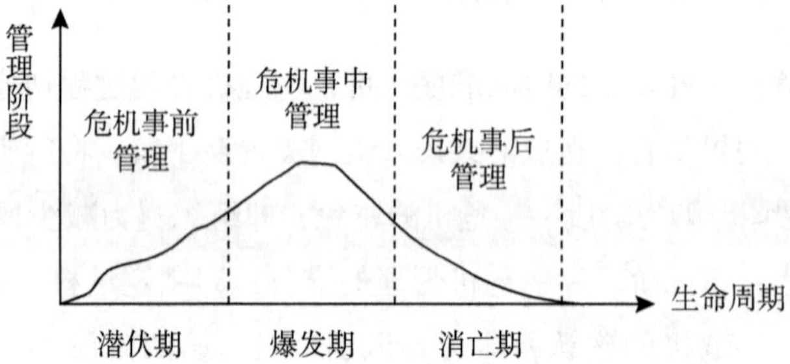

图6-1 基于生命周期的危机管理

对危机的每个阶段应采取不同的措施与方法进行管理，每一次危机——从产生到消亡的整个生命周期——的完美解决，都意味组织危机

① Mitrof I, Pearsonc M. Crisis Management: Diagnostic Guide for Improving Your Organization's Crisis-preparedness[M]. New York: Jossey-Bass Inc, 1993: 10-11.

② 罗伯特·希斯. 危机管理[M]. 王成，宋炳辉，金瑛，译. 北京：中信出版社，2004：20-23.

管理能力得到提升，组织的自我危机防御机制也更加完善。图书馆危机管理引入危机生命周期理论，有利于更清楚了解图书馆危机管理过程与每阶段对应的管理目标与任务，并且将图书馆危机管理视为动态过程，能灵活调整管理手段与方法，更有益于提升图书馆危机管理应急能力。

二、危机管理系统论

系统论主张一个复杂的系统是有结构的，结构受环境影响而变动，且不同结构层次之间具有关联性，共同构成一个有机整体，系统内各要素具有不同的作用，不能用整体代替局部。危机管理系统论的基本思想包括：①危机管理系统包含危机预防子系统、危机预警子系统、危机控制子系统、危机处理子系统、危机评估子系统、危机恢复子系统构，各个子系统相互关联，协调运作①；②危机管理系统存在于一定的系统环境中，受法律环境、制度环境、社会环境等影响，所以危机管理不仅需要有健全的危机预警机制、快速应急机制、信息沟通机制、绩效评价机制，还需要成熟的法制机制、培训机制等配合，在危机管理体系下共同发挥作用，实现危机管理目标②；③危机管理须坚持整体性原则（以整体效益最优为目标，充分发挥各子系统功能）、层次性原则（注重系统各层次之间的区别与联系，处理各层次之间的关系）、开放性原则（创造良好的外部环境，建立资源共享、快速便捷的信息管理体系）等③；④危机管理须进行系统的思考④。

---

① 张蓓，张光辉．基于系统论的农产品品牌危机管理研究[J]．科技管理研究，2009(9)：90-92.

② 王革．基于系统观的公共危机管理体系构建[C]//中国未来研究会．转型期的中国未来——中国未来研究会2011年学术年会论文集．中国未来研究会，2011：8.

③ 许奕锋．系统论视阈下的危机管理体系探析[J]．中外企业家，2011(16)：4-5.

④ 彼得·圣吉．第五项修炼：学习型组织的艺术与实践[M]．张成林，译．北京：中信出版社，2009：421-427.

危机管理系统论的运用离不开控制论与信息论原理。控制论的基本概念是系统、信息、反馈，即控制的对象是系统，靠“信息”完成控制过程，“反馈”得到控制效果；因为系统内部、系统与环境是相互联系的，这种作用就表现为物质、能量与信息的传递，所以信息论就是把系统看作通过信息提出、传输、加工、处理、实现有目的运动的一种研究方法。从 20 世纪 70 年代起，控制论与系统论的发展就趋向于统一，信息论是两者的基础①。目前，在图书馆领域，已有学者运用系统论、控制论和信息论构建了层次分明的图书馆危机比较评判系统、图书馆危机管理预警系统、图书馆危机管理信息系统等②。

三、权变管理理论

“权变理论”又称“应变理论”，是指组织随外部环境或内部条件的改变而随机应变。“权变管理理论”就是要在具体情境中研究具体管理方法，也就是“具体问题具体分析”，找到危机事件中的最优解决方式，其核心是研究组织子系统内部与各子系统之间的关系，以及组织受环境变数的影响③。所以，权变管理理论体现出三大特征：一是系统性，需要系统地选择管理方式；二是情景观，需要结合特定情境下的现实管理；三是多维性，管理是多种因素交互影响的结果，危机管理就是在多种影响因素交织下的一种权变突围④。在高效率的危机管理中，权变管理思想无处不在，如在危机决策过程中，须随危机情境的变化，决策者要将程序化决策与非程序有机结合，审时度势；在危机公关中，可以在

---

① 霍绍周．系统论[M]．北京：科学技术文献出版社，1988：132-138.

② 郭宏伟，花克勤．基于 SCI 三论原理的高校图书馆危机管理过程控制[J]．图书情报工作，2010(1)：20-23.

③ Luthans L. The Contingency Theory of Management：A Path Out of the Jungle [M]. NewYork：Business Horizons，1973：69-71.

④ 魏延军．权变管理——随机应变的艺术[M]．北京：企业管理出版社，2000：18-19，319.

战略层面增加预处理阶段，给危机事件留下权变空间①等。

图书馆管理引入权变管理理论，是希望改变以经验管理为主的管理方式，突破图书馆现有困境（如经费危机、图书馆功能萎缩等），促进各种类型图书馆的发展。正是因为权变管理理论要求“随机应变”，与图书馆危机管理理论在认识与实践上具有很强的相关性，所以采用权变思想与方法应对图书馆危机，分析危机产生的原因，在具体危机情境中做出相应决策，更能体现图书馆危机管理的灵活性与针对性②。

第三节　图书馆危机管理过程

管理学界一般将危机的生命周期划分为四个阶段，即潜伏期、爆发期、持续期、痊愈期或症状期、发作期、延续期、痊愈期③。危机处在潜伏期时，组织运行表面看上去一切正常，但环境的快速变化与组织自身诟病使危机诱因积累，呈现的危机征兆如不及时控制就会愈演愈烈，危机一触即发。所以，在危机潜伏期，如果缺乏危机意识，不仔细甄别危机征兆，预防危机发生，就可能任由危机全面爆发，迅速蔓延。在危机爆发期，危机处于失控状态，释放出巨大的破坏力，组织运行产生波动，组织公共形象恶化，组织管理者需要迅速处理危机，防止危机扩大。持续期危机已经得到一定控制，危机虽然还未平息，但危机蔓延速度放缓，危机影响趋于稳定，组织仍需加大危机管理力度，确保最终化解危机。在痊愈期，危机基本得到有效控制，组织开始恢复正常工作，但并不能因此懈怠，而要进一步巩固危机管理成果，总结学习危机管理经验，平复危机影响，提升组织危机管理水平。

① 杜岩，张玉恒，程永运．基于权变理论的企业公关危机策略研究[J]．山东经济，2009(3)：64-69.

② 黄宗忠．权变管理理论与图书馆管理[J]．图书与情报，1995(1)：8-14.

③ 郭际，吴先华，李南．企业危机管理演进的动态分析[J]．科研管理，2007(1)：89-96.

刘兹恒教授[①]将图书馆危机的生命周期过程分为：危机潜伏发展阶段、危机爆发扩散阶段、危机持续阶段、危机恢复痊愈阶段，对应地图书馆危机管理则由危机事前管理、危机事中管理、危机事后管理三个阶段组成，每一阶段的图书馆基本工作任务与职责都不同，图书馆危机事前管理的基本工作任务则包括危机预警与危机管理准备，危机事中管理则要进行危机控制与危机处理，危机事后管理就是对危机进行善后、管理评估以及总结学习。

笔者也赞同将图书馆危机生命周期划分为潜伏期、爆发期、持续期、痊愈期四个阶段，因此借鉴刘兹恒教授的图书馆危机管理过程划分法，将图书馆危机管理过程也对应分为三阶段(见图 6-2)：①危机预防阶段——危机潜伏期至爆发期；②危机处理阶段——危机爆发期到持续期；③危机善后阶段——危机持续期到危机痊愈期。图书馆危机管理过程是个不断循环的过程，某个危机事件的解决并不意味着整个危机管理过程的结束，而是对危机管理能力提出新的挑战，需要重新整合提升，这也意味着要注重图书馆日常工作中的危机预防，将非常态性的危机管理变为常态性的危机防范。

一、危机预防阶段

在危机预防阶段，图书馆危机处在潜伏期至爆发阶段，各种诱因在酝酿触发，以“量变”最终达到“质变”，即危机爆发。危机预防阶段包含两层含义[②]：一是预防危机事件发生，二是假如危机事件发生，要预先采取拟定措施避免危机恶化或扩大。在这一时期，虽然图书馆危机尚未真正发生，但可以发现一些征兆与预示，如能够及时发现图书馆危机的征兆，并采取应对措施，就能将“危机”消灭于萌芽状态，大大减少

① 刘兹恒．图书馆危机管理手册[M]．北京：国家图书馆出版社，2010：80.

② 《应急救援系列丛书》编委会．应急救援基础知识[M]．北京：中国石化出版社，2007：96-97.

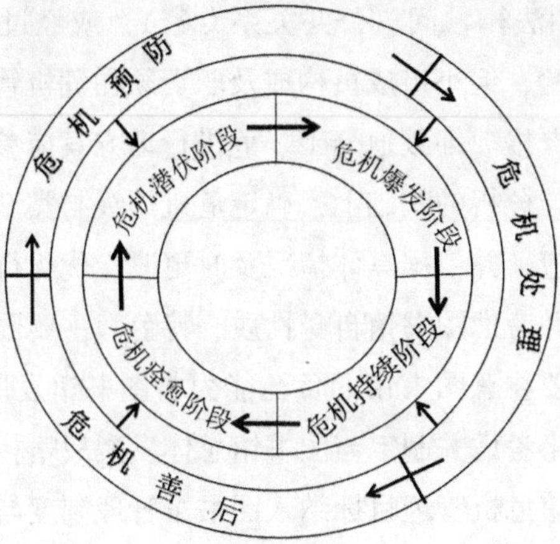

图 6-2 图书馆危机管理与危机生命周期关系模型

图书馆危机管理成本。图书馆危机管理的目的就是防微杜渐，所以危机预防阶段在整个危机管理过程中起着重要作用。

危机预防阶段工作任务首先是将图书馆的危险源进行全方位的普查，包括对人员组织结构、基础设施情况、经费安排、环境秩序等情况的掌握，通过危机预警系统收集到的信息分析，将危险源进行风险识别、评价，确定可能造成风险的危险源并重点监测与警报。其次，在危机管理经验基础上编写危机预案，危机预案是对可能发生的各级各类危机制定的行动方案，一般以完整的文档格式呈现，其内容包括危机组织构成、相关人员职责、物资、装备、知识培训等，具有科学性、实用性、针对性、可操作性特点①。

危机预防阶段除危机预警、编写危机预案外，还要制定好危机计划。危机计划框架由组织机构、行动方案、注意问题构成②。危机管理

① 王磊，高波．国外图书馆危机预案制定现状及启示[J]．大学图书馆学报，2008(3)：79-83.

② 罗贤春，谢阳群，胡昌平．图书馆危机管理计划[J]．中国图书馆学报，2007(4)：32-35.

小组是负责实施图书馆危机管理计划的具体组织机构，其小组成员一般具有专项技能(如法律顾问、公共关系专家)，或经过专业培训，或有一定危机处理经验，但小组成员构成及职责须在危机管理计划中明确规定，以便各成员严格、细致地分工。危机行动方案应参照危机预案来执行，在信息收集与分析的基础上，确定危机等级与类型，按照对应危机预案流程快速响应，并依据具体情况及时更改、优化行动方案。既需要注意用户期望，并考虑图书馆自身性质、特色、主要服务的人群以确定相应计划，也需要注意图书馆的负荷能力与图书馆发展战略，从财力、物力、人力方面来考虑并制定与图书馆总体发展战略相匹配的合适的危机计划，将图书馆危机管理目标纳入图书馆管理制度与图书馆组织文化发展体系中。

此外，危机预防阶段还要做一些准备工作，如危机演练培训，危机经费预算、物资装备的安排、危机管理组织领导体系的构建等，不仅要在危机计划中有所体现，还要在实际工作中执行到位，而且要养成一定的危机意识，树立正确的危机观，在坚守图书馆日常危机管理基础工作的同时，不断改进图书馆服务，发现并弥补图书馆管理方面的欠缺与不足，未雨绸缪，遏制危机的发生，才能更好地提高危机管理效率与效果。

二、危机处理阶段

危机处理阶段是图书馆处在危机爆发至延续期时，采取危机救援措施使其转危为安的管理过程。在此阶段，危机诱因积累到了一定程度，一旦爆发就会对图书馆产生极大的破坏，影响图书馆系统的正常运行，所以危机处理阶段的表现对图书馆危机管理的成败起着决定性作用。如果说危机预防阶段的准备工作尚未就绪，那么还能通过危机处理阶段的及时应对来极力挽回损失。因此，危机处理阶段能够对危机预防阶段未能“扼杀”的危机进行控制，是有效解决危机的关键阶段。

在危机处理阶段，进行有效的危机管理须注意的事项有①：①需提供及时准确的信息，危机信息可以通过预警系统收集得到，也可以通过对危机情境的实际调查获得，将获取的信息及时反馈至危机管理工作中心，才有利于危机管理相关的领导正确决策与执行计划；②要及时纠偏，虽然危机预案与危机计划都是为使危机处理过程有条不紊，但是危机情境的随时变化要求危机管理者及时纠正危机行动方案的偏差，发现问题并尽快找到解决问题方法；③危机处理工作要抓住关键环节，集中资源解决主要问题。在危机爆发后，危机现场控制很难一步到位，所以危机管理者应首先确保人员安全，并将救援力量与物资应用到最关键的环节。

危机处理阶段的一般过程包括危机分析、危机决策、危机响应、响应结束②。图书馆危机分析，与图书馆日常危机信息管理工作密不可分，将危机预警系统收集到的信息整理分析，结合危机情境对危机类型、危机等级、潜在影响进行判断，及时果断采取危机决策，这是危机处理的第一步。危机决策是指在危机情境中为遏制危机蔓延，在有限的资源条件下完成应对危机的具体措施的过程③。危机决策是一种非程序化决策，随危机情境的变化而具有弹性，要求决策者具有丰富的经验，能快速行动、果断决策，并能及时修正行为的综合能力。危机响应是在接到危机警报后，根据危机预案，采取控制措施防止、隔离危机蔓延。因为危机的突然爆发必然导致整个事态混乱无序，从而导致危机响应过程也面临一定困难④：一是决策难度加大。在危机形势不断变化情况下，危机决策也必须是程序化与非程序化形式的有机结合，这一时期危

① 刘刚．危机管理[M]．北京：中国人民大学出版社，2013：135-139.

② 罗贤春．图书馆危机管理二维框架及其实现[J]．中国图书馆学报，2009(2)：59-64.

③ 王庆宇．论中国公共危机决策机制的建构[D]．上海：华东师范大学，2005.

④ 肖鹏英．危机管理[M]．广州：华南理工大学出版社，2008：98-100.

机管理工作小组的负责人责任重大，要保证在危机决策中的权威，不仅依靠决策人的领导能力，更需要决策者的专业素质与经验。二是人员、物资配备问题。危机发生后需要大量救援人员来疏散人群、现场急救或是转移财产物资，需要整个图书馆系统各部门积极响应，并寻求其他组织帮助和救援。在现场救援物资紧缺的情况下，除了动用图书馆危机管理的战略物资储备之外，还可寻求政府帮助，调动一切可行资源进行紧急救助。三是协调沟通问题。在危机事件破坏图书馆信息系统正常运行的情况下，危机信息的传递以及救援组织的协调沟通显得至关重要。在危机响应过程中不同部门、不同组织的共同行动可能会出现“各自为政”现象，这就需要建立权责分明的危机响应运行机制，促进信息公开和共享，危机管理工作小组把握全局，危机管理系统中各部门组织各司其职、协调有序地开展救援工作。响应结束是在危机现场得到控、危机隐患消除后关闭危机响应程序，恢复图书馆正常秩序的过程。在这一阶段，除清理现场，常态恢复之外，还要对危机处理的过程与效果进行评估，危机工作小组要做好任务交接或转移、上报事故情况，并形成工作总结报告。

三、危机善后阶段

危机善后阶段是指图书馆工作恢复与图书馆危机管理能力提升的阶段①。经过危机预防与处理，图书馆危机事件开始趋于平息，危机损失也已经确认，图书馆逐渐恢复到正常控制状态。图书馆在危机善后阶段，不能因平息了危机事件就开始懈怠，而要积极分析、寻找危机发生原因，总结危机处理过程的经验教训，完善危机应急方案，加强馆员的危机意识，提防图书馆危机卷土重来。

① 徐淑慧．高校图书馆安全危机管理能力评价研究[D]．哈尔滨：哈尔滨工程大学，2010.

在危机善后阶段，有两个重要任务①：一是恢复正常秩序，巩固危机管理成果。首先要恢复图书馆基础设施、服务，修缮馆藏等；其次要恢复社会形象，安抚相关人员，尽快消除危机事件影响；二是总结、学习危机管理经验。对危机事件记录在卷，建立危机案例应对数据库，表彰危机管理过程中表现积极或有突出贡献的人和事，提出技术、管理制度、组织机构优化运行意见，推动危机管理理论与实践的发展。

总之，在整个危机管理过程中，危机管理计划是导向，危机预警系统是关键，危机管理工作小组是主力，危机管理制度是保障，危机终止与恢复是目的。

第四节　图书馆危机管理能力评价指标体系的构建

在对图书馆危机管理能力评价指标进行理论分析的基础上，在此利用专家访谈法来建立图书馆危机管理能力评价指标体系②。

一、图书馆危机管理能力要素解析

依据美国诺曼·R. 奥古斯丁(N. R. Augustine)提出的危机管理生命周期理论，可以将图书馆危机管理能力初步归纳为如下3类要素。

(一)图书馆危机预防能力

图书馆危机预防能力是指图书馆馆员对潜在危机做出较准确预警，并采取措施有效避免危机发生的能力，主要包括如下三个评价指标：

(1)危机意识。它指图书馆馆员能够认识到危机管理在图书馆发展中的重要性，对图书馆危机具有高度警惕感和居安思危意识，并能识别

① 王建军，眢冬平．动态能力、危机管理与企业竞争优势关系研究[J]．科研管理，2015(7)：79-85.

② 卢明芳，朱贝．图书馆危机管理能力评价指标体系的构建[J]．图书情报工作，2017，61(14)：15-20.

图书馆危机的预兆。

(2)危机预警能力。它指图书馆馆员能够及时掌握信息，分析危机动向，有效识别危机，并提前采取防御策略的能力，要求图书馆馆员可以利用危机预警系统进行危机预报或事先控制，防患于未然。

(3)危机管理规划能力。它指图书馆馆员依据图书馆内外部环境，制定专门的危机管理计划，确定危机管理目标、重点与程序，从而为今后图书馆馆员如何实施危机管理提供方法或指导的能力，要求图书馆馆员建立明确的危机管理目标和制订详细的危机管理计划，组建危机管理小组，并事先做好危机管理所需经费、物资与设备方面的准备。

(二)图书馆危机处理能力

图书馆危机处理能力是指图书馆馆员在危机事件爆发时采取有效措施，做出妥善处理，减少人员伤亡和财产损失，维护图书馆良好形象的能力，主要包括如下 4 个评价指标：

(1)图书馆危机分析能力。它指图书馆馆员对危机事件进行情境分析、评估危机影响的能力，着重体现在对当前危机形势、危机等级、可利用资源、即将产生的危机影响、危机行动部署等方面的分析，以便有效地控制危机事件。

(2)图书馆危机响应能力。它指在危机发生后图书馆馆员快速决策、果断采取措施、调动资源并有效控制危机局势的能力，主要体现为决策能力、组织执行能力、资源配置能力。其中，决策能力是指图书馆馆员在一定的环境或条件约束下采取非常规性决策，提出危机应对措施的能力；组织执行能力是指图书馆馆员组织人力、物力与财力开展危机管理的能力；资源配置能力是指图书馆馆员调配图书馆各种资源、确定资源使用次序、及时传递信息、合理安排时间以应对危机的能力。

(3)图书馆危机沟通能力。它是指图书馆内部或图书馆与其他组织间通过信息交流共享、协调行动，帮助化解或避免危机的能力。在图书馆危机发生后，图书馆既需要与政府、主管单位、社会媒体、读者、公众或其他组织进行有效沟通，以寻求帮助或消除公众焦虑、紧急疏散读者等，也需要沟通馆内员工来协作以有效处理危机。

(4)图书馆危机处理评估能力。它指图书馆馆员评估危机管理过程、技术与方法及其实施效果的能力，要求客观、公正、准确地评价危机管理过程中的每个阶段与每项措施。主要体现在组织领导层面上能够客观评估危机管理组织架构是否合适、决策是否合理等；在制度与技术层面上能够客观评估危机预警是否有效；在社会层面上能够客观评估沟通是否及时；在资源保障层面上能够客观评估危机救援物资储备是否充足、危机管理资金投入和人员是否到位、资源调度是否合理及时有效以及是否存在合理的资源管理机制等。

(三)图书馆危机善后能力

图书馆危机善后能力是指危机事件得到有效控制后，图书馆恢复正常状态与秩序并对图书馆系统进行恢复与整改的能力，主要包括如下两个评价指标：

(1)恢复能力。它指图书馆的重建与修复能力，即图书馆开始恢复正常状态与秩序，努力完善内部管理，重塑公共形象，重建图书馆建筑或修缮馆藏，恢复图书馆服务或对受灾人员进行心理安抚、损失赔偿等方面的能力。

(2)整改能力。它指对危机事件进行经验总结，将各类问题分析归类，提出整改措施并逐步落实的能力，这些整改措施包括经验总结、专业技能培训、技术升级与更新、管理制度优化等。

二、图书馆危机管理能力评价指标体系及其权重的确立

基于上述理论分析，可以初步提炼出图书馆危机管理能力初始指标(见表6-1)，然后利用德尔菲法对指标要素进行验证，并运用层次分析法确定各指标权重。

表 6-1　　图书馆危机管理能力评价初始指标体系

一级指标	二级指标	三级指标(具体释义)
图书馆危机预防能力	危机意识	具有图书馆应急常识
		支持图书馆危机管理工作
		图书馆制定相关规章制度，明确危机管理相关责任、义务
	危机预警能力	危机预警系统进行危机信息收集、分析处理、决策发布、监督反馈
		危机预案演练
	危机管理规划能力	制定危机计划
		组建危机管理小组
		危机经费预算、物资准备
图书馆危机处理能力	危机分析能力	危机情境分析
		危机识别与判断
		危机影响预估
	危机响应能力	负责人的决策领导能力
		各部门、组织执行能力
		资源配置能力
	危机沟通能力	与主管单位、政府部门协作沟通
		与社会媒体对话
		与读者、公众及组织协作沟通
		馆员内部协作沟通
	危机处理评估能力	评估危机造成的损失程度
		评估危机预警是否有效
		评估危机决策是否合理
		评估信息沟通是否及时有效
		评估资源储备是否充足

续表

一级指标	二级指标	三级指标(具体释义)
图书馆危机善后能力	恢复能力	公共形象恢复
		建筑、馆藏重建与修缮
		图书馆服务恢复
		人员心理安抚
	整改能力	经验总结
		专业技能培训(如开展危机讲座、培训)
		技术升级与更新(如系统更新、设备更新)
		优化管理制度(如设置危机管理小组，制定危机管理计划)

基于上述图书馆危机管理能力初始指标，本研究采用 9 分制标度法，设计了专家调查问卷(见附录 6)，于 2016 年 10 月 1 日至 26 日，咨询了暨南大学、南开大学、中山大学、华南师范大学、广东省立中山图书馆、吉首大学等单位的 14 位专家，这些专家主要由图书馆馆长或大学图书馆学情报学领域资深学者组成。之后，依据专家建议，修订了调查问卷，并于 2016 年 11 月 10 日至 12 月 8 日对上述专家进行了第二轮咨询，得到 12 位专家提供的有效数据。经数据处理后，一级指标、二级指标和三级指标的重要性均值、满分频率及变异系数分别如表 6-2、表 6-3、表 6-4 所示。

表 6-2　**图书馆危机管理能力一级指标专家评分统计(第二轮)**

一级指标	第二轮指标数据统计		
	重要性均值	满分频率	变异系数
图书馆危机预防能力	7.500	0.5	0.231
图书馆危机处理能力	7.917	0.5	0.157
图书馆危机善后能力	6.917	0.083	0.234

表 6-3　**图书馆危机管理能力二级指标专家评分统计(第二轮)**

二级指标	第二轮指标数据统计		
	重要性均值	满分频率	变异系数
危机意识	7.250	0.333	0.229
危机预警能力	7.083	0.25	0.237
危机管理规划能力	6.833	0.167	0.232
危机分析能力	7.250	0.167	0.146
危机响应能力	8.083	0.5	0.134
信息沟通能力	7.583	0.167	0.119
危机处理评估能力	6.500	0.083	0.232
恢复能力	6.917	0.083	0.242
整改能力	6.750	0.083	0.229

表 6-4　**图书馆危机管理能力三级指标专家评分统计(第二轮)**

三级指标	第二轮指标数据统计		
	重要性均值	满分频率	变异系数
具有图书馆应急常识	6.666 7	0.166 7	0.266 3
支持图书馆危机管理工作	6.333 3	0.000 0	0.236 4
图书馆制定相关规章制度，明确危机责任、义务	7.500 0	0.416 7	0.223 8
有完善的危机预警系统进行危机信息收集、分析处理、决策发布、监督反馈	7.666 7	0.416 7	0.224 8
有进行危机预案演练	6.333 3	0.083 3	0.263 6
有完整的危机计划	6.833 3	0.166 7	0.205 4
组建了危机管理小组	6.416 7	0.166 7	0.293 1
有危机经费预算、物资准备	6.750 0	0.166 7	0.268 9
危机情境分析(例如：对周边环境、组织职能、资源技术、危机原因、影响等方面都有一定了解与掌握)	6.916 7	0.166 7	0.226 2

续表

三级指标	第二轮指标数据统计		
	重要性均值	满分频率	变异系数
预估危机程度、损失、危机影响等	6.750 0	0.166 7	0.210 7
领导人或组织能果断及时决策、随机应变	7.666 7	0.250 0	0.160 6
执行危机预案，进行应急疏散，隔离危机灾害	8.083 3	0.500 0	0.153 4
资源配置能力(如人力、资金、物资周转配备，以及时间的合理安排)	7.000 0	0.166 7	0.219 6
与主管单位、政府部门协作沟通	7.583 3	0.250 0	0.142 9
与社会媒体对话	7.250 0	0.333 3	0.204 8
与读者、公众及组织协作沟通	7.250 0	0.250 0	0.204 8
与馆员内部协作沟通	7.166 7	0.333 3	0.236 7
评估危机管理组织架构是否合适	6.083 3	0.000 0	0.247 4
评估危机预警是否有效	6.500 0	0.083 3	0.241 0
评估危机决策是否合理	6.333 3	0.083 3	0.226 7
评估信息沟通是否及时有效	6.666 7	0.000 0	0.173 2
评估资源储备是否充足	6.416 7	0.083 3	0.243 8
公共形象恢复	7.083 3	0.166 7	0.175 1
建筑、馆藏重建与修缮	7.333 3	0.166 7	0.177 6
图书馆服务恢复	7.416 7	0.250 0	0.185 9
人员心理安抚	6.333 3	0.000 0	0.325 2
危机经验总结	6.750 0	0.083 3	0.245 7
专业技能培训(如开展危机讲座、培训)	6.250 0	0.000 0	0.237 6
技术升级与更新(如系统更新、设备更新)	6.250 0	0.000 0	0.227 6
优化管理制度(如设置危机管理小组，制定危机管理计划)	6.083 3	0.000 0	0.215 6

经过调整后的第二轮调查结果显示，在一级和二级指标中重要性均值均大于5，满分频率不低于0，因此，所有指标都是有效的和可信的。但在三级指标中，“人员心理安抚”变异系数大于0.25且满分频率不大于0，这说明专家对该指标分歧较大，故在指标体系中应删除，其他指标具有可靠性，由此可形成最终的图书馆危机管理能力评价指标体系。

因为采用层次分析法计算图书馆危机管理能力评价指标的权重，可以使综合定量指标与定性指标的复杂多因素问题简单化，所以本研究利用层次分析法计算图书馆危机管理能力一级指标、二级指标和三级指标的判断矩阵、最大特征根 λmax、一致性指标 CI 和一致性比例 CR，结果发现所有判断矩阵的一致性比例 CR<0.1，即说明判断矩阵均满足一致性，得出相关指标的权重(见表6-5)具有可靠性和合理性。

表6-5　**图书馆危机管理能力评价指标及其权重**

<table>
<tr><th rowspan="2">目标层</th><th colspan="2">一级指标</th><th colspan="2">二级指标</th><th colspan="2">三级指标</th><th rowspan="2">合成权重W′</th></tr>
<tr><th>指标</th><th>权重</th><th>指标</th><th>权重</th><th>指标</th><th>权重</th></tr>
<tr><td rowspan="8">图书馆危机管理能力(Y)</td><td rowspan="8">图书馆危机预防能力(B_1)</td><td rowspan="8">0.2970</td><td rowspan="3">危机意识(C_1)</td><td rowspan="3">0.4710</td><td>具有图书馆应急常识(C_{11})</td><td>0.170 5</td><td>0.023 9</td></tr>
<tr><td>支持图书馆危机管理工作(C_{12})</td><td>0.144 1</td><td>0.020 2</td></tr>
<tr><td>图书馆制定相关规章制度，明确危机责任、义务(C_{13})</td><td>0.685 4</td><td>0.095 9</td></tr>
<tr><td rowspan="2">危机预警能力(C_2)</td><td rowspan="2">0.3303</td><td>有完善的危机预警系统进行危机信息收集、分析处理、决策发布、监督反馈(C_{21})</td><td>0.833 3</td><td>0.081 7</td></tr>
<tr><td>有进行危机预案演练(C_{22})</td><td>0.166 7</td><td>0.016 4</td></tr>
<tr><td rowspan="3">危机管理规划能力(C_3)</td><td rowspan="3">0.1987</td><td>有完整的危机计划(C_{31})</td><td>0.442 9</td><td>0.026 1</td></tr>
<tr><td>有组建危机管理小组(C_{32})</td><td>0.190 1</td><td>0.011 2</td></tr>
<tr><td>有危机经费预算、物资准备(C_{33})</td><td>0.367 0</td><td>0.021 7</td></tr>
</table>

续表

目标层	一级指标		二级指标		三级指标		合成权重 W′
	指标	权重	指标	权重	指标	权重	
图书馆危机管理能力（Y）	图书馆危机处理能力（B_2）	0.5781	危机分析能力（C_4）	0.1594	危机情境分析(如对周边环境、组织职能、资源技术、危机原因、影响等方面都有一定了解与掌握)（C_{41}）	0.6	0.055 3
					预估危机程度、损失、危机影响等（C_{42}）	0.4	0.036 9
			危机响应能力（C_5）	0.5140	领导人或组织能果断及时决策、随机应变（C_{51}）	0.301 4	0.089 6
					执行危机预案，进行应急疏散，隔离危机灾害（C_{52}）	0.581 3	0.172 7
					资源配置能力(如人力、资金、物资周转配备，以及时间的合理安排)（C_{53}）	0.117 2	0.034 8
			危机沟通能力（C_6）	0.2620	与主管单位、政府部门协作沟通（C_{61}）	0.408 4	0.061 9
					与社会媒体对话（C_{62}）	0.209 7	0.031 8
					与读者、公众及组织协作沟通（C_{63}）	0.209 7	0.026 1
					与馆员内部协作沟通（C_{64}）	0.172 2	0.003 8
			危机处理评估能力（C_7）	0.0647	评估危机管理组织架构是否合适（C_{71}）	0.100 8	0.003 8
					评估危机预警是否有效（C_{72}）	0.229 4	0.008 6
					评估危机决策是否合理（C_{73}）	0.160 1	0.006 0
					评估信息沟通是否及时有效（C_{74}）	0.318 1	0.011 9
					评估资源储备是否充足（C_{75}）	0.191 6	0.007 2
	图书馆危机善后能力（B_3）	0.1250	恢复能力（C_8）	0.6002	公共形象恢复（C_{81}）	0.210 1	0.015 8
					建筑、馆藏重建与修缮（C_{82}）	0.356 9	0.026 8
					图书馆服务恢复（C_{83}）	0.433 0	0.032 5
			整改能力（C_9）	0.3998	危机经验总结（C_{91}）	0.466 4	0.023 3
					专业技能培训（如开展危机讲座、培训）（C_{92}）	0.197 3	0.009 9
					技术升级与更新（如系统更新、设备更新）（C_{93}）	0.197 3	0.009 9
					优化管理制度（如设置危机管理小组，制定危机管理计划）（C_{94}）	0.139 1	0.007 0

三、图书馆危机管理能力的函数表达式

基于上述变量及其权重，可以构建图书馆危机管理能力函数表达式，以便准确计算不同图书馆危机管理能力的大小，从而为比较不同类型或不同单位图书馆的危机管理能力提供参考。图书馆危机管理能力函数表达式如下：

$$Y = 0.0239 * C11 + 0.0202 * C12 + 0.0959 * C13 + 0.0817 * C21 + 0.0164 * C22 + 0.0261 * C31 + 0.0112 * C32 + 0.0217 * C33 + 0.0553 * C41 + 0.0369 * C42 + 0.0896 * C51 + 0.1727 * C52 + 0.0348 * C53 + 0.0619 * C61 + 0.0318 * C62 + 0.0318 * C63 + 0.0261 * C64 + 0.0038 * C71 + 0.0086 * C72 + 0.0060 * C73 + 0.0119 * C74 + 0.0072 * C75 + 0.0158 * C81 + 0.0268 * C82 + 0.0325 * C83 + 0.0233 * C91 + 0.0099 * C92 + 0.0099 * C93 + 0.0070 * C94$$。

在上式中，Y 代表“图书馆危机管理能力”；C11 代表“对图书馆危机概念、类别及影响有一定认识”；C12 代表“支持图书馆危机管理工作”；C13“图书馆制定相关规章制度，明确危机责任、义务”；C21 代表“有完善的危机预警系统进行危机信息收集、分析处理、决策发布、监督反馈”；C22 代表“有进行危机预案演练”；C31 代表“有完整的危机计划”；C32 代表“有组建危机管理小组”；C33 代表“有危机经费预算、物资准备”；C41 代表“危机情境分析(如对周边环境、组织职能、资源技术、危机原因、影响等方面都有一定了解与掌握)”；C42 代表“对危机程度、损失、危机影响等预估”；C51 代表“领导人或组织能果断及时决策、随机应变”；C52 代表“执行危机预案，进行应急疏散，隔离危机灾害”；C53 代表“资源配置能力(如人力、资金、物资周转配备，以及时间的合理安排)”；C61 代表“与主管单位、政府部门协作沟通”；C62 代表“与社会媒体对话”；C63 代表“与读者、公众及组织协作沟通”；C64 代表“与馆员内部协作沟通”；C71 代表“评估危机管理组织架构是否合适”；C72 代表“评估危机预警是否有效”；C73 代表

“评估危机决策是否合理”；C74 代表“评估信息沟通是否及时有效”；C75 代表“评估资源储备是否充足”；C81 代表“公共形象恢复”；C82 代表“建筑、馆藏重建与修缮”；C83 代表“图书馆服务恢复”；C91 代表“危机经验总结”；C92 代表“专业技能培训改进(如开展危机讲座、培训)”；C93 代表“技术加强与更新(如更新防火、监控设备)”；C94 代表“优化管理制度(如设置危机管理小组，制定危机管理计划)”。

第五节　我国图书馆危机管理能力的调查分析

通过调查问卷与数据统计，运用图书馆危机管理能力评价指标评估我国图书馆危机管理能力水平。

一、问卷调查与数据处理

(一)问卷设计与调查

基于上节验证的图书馆危机管理能力评价指标，设计了我国图书馆危机管理能力现状调查问卷(见附录 7)。本次调查主要是通过网上问卷调查(主要是问卷星)和纸质调查问卷、访谈以及邮件调查等方式来收集数据，调查时间从 2016 年 11 月初起至 2017 年 1 月末，历时 3 个月。在正式发放问卷前，先进行了小范围的预调查，共发放 20 份问卷对笔者所在地附近公共图书馆与高校图书馆馆员进行调查，最后回收 20 份。通过回收的问卷与意见对问卷重新修改后，才进行问卷的正式发放。最终共发放问卷 252 份，回收有效问卷 237 份，有效率达 94. 05%。调查对象主要有公共图书馆馆员、高校图书馆馆员、教师、学生、其他人员(见图 6-3)。数据来源地理分布包括有北京、上海、湖南、湖北、甘肃、浙江、福建、安徽、贵州、海南、四川、重庆、云南、江苏、江西、辽宁、广东、河北、河南等多个省份。由于担心作为“其他”身份的答题者不熟悉图书馆危机管理事务，参考价值不大，所以删除这部分数据，最终可供研究的样本数量为 211 份，其中公共图书馆馆员样本数量为 62，高校图书馆馆员为 73，教师为 10，学生为 67。

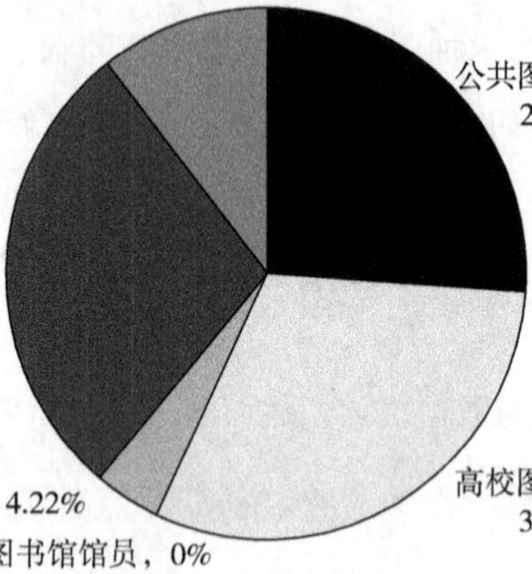

图 6-3　问卷调查对象来源分布图

(二) 数据处理

问卷设计采用李克特的 5 分量表进行评分，分为"非常好"、"一般好"、"难以确定"、"不好"、"非常不好"五个不同评价选项，分别对等于 5、4、3、2、1 进行量化处理，所得数据录入 SPSS Statistics20 软件进行数据处理与分析。

本次调查采用 SPSS 中的相关性系数 Pearson 值来检验量表的效度，用克隆巴赫(Cronbach)α 系数来检验量表的信度。将所有题项相关性系数计算，发现检验结果显示 Q5 项"知道图书馆可能带来的损失或危害"的相关系数在 0.4 以下，其余都在 0.4 以上，因此考虑将 Q5 选项删除。而对 α 系数进行计算，发现删除 Q5 题项后的 α 系数值均在 0.9 以上，整个量表 α 系数为 0.968，且各个题项的 α 系数都不大于 0.968，说明该量表的信度良好，整体不再需要修改，56 个项目均可保留。

二、数据分析

经过 SPSS 软件的处理分析，将剔除题项 Q5 后的 211 份样本数据作为最终的研究数据，并以前文所构建的图书馆危机管理能力评价指标体系为基础，计算出我国图书馆危机管理能力水平，计算步骤如下：

首先计算 211 份样本中的 56 道题项每个题项对应指标的算术平均值，即 5 分制评分值，如 Q1～Q5 和 Q8 都属于指标 C11 的对应题项，则 C11 的算术平均值应为这五道题项的平均值；然后计算出 5 分制折合成百分制所得分；其次按照前面所得权重对各指标进行加权分值计算，最终得到的分数如表 6-6 所示。

由表 6-6 可知，我国图书馆危机管理能力总得分为 78. 69。如果将图书馆危机管理能力水平按“优秀”、“良好”、“中等”“及格”等级划分，我国总体水平处在中等偏上，与“良好”水平仍存在一定距离。

三、结果讨论

下面将基于我国图书馆危机管理能力评分结果，对我国图书馆危机预防能力、图书馆危机处理能力与图书馆危机善后能力做进一步分析。

(一) 中国图书馆危机管理预防能力现状分析

若将表 6-6 中我国图书馆危机预防能力平均得分折合成百分制得分，则为 76. 13，这表明我国图书馆馆员已具备一定的图书馆危机预防意识，能在实际工作中主动遵守图书馆危机管理相关规章制度，或具有积极支持图书馆危机管理相关工作的意愿。且在调查采访过程中，项目组成员发现相较于高校图书馆，公共图书馆馆员对维护图书馆安全自身所应尽的责任与义务具有更明确的意识，且对于本馆相关制度更为了解与熟悉。例如，广州图书馆馆员表示自身有义务主动提醒读者不要破坏应急系统与设施，并且对于处理突发事件时应当执行或遵循怎样的规定也有一定知识与经验。然而，从行业角度来看，我国目前仍缺乏图书馆行业统一的危机管理标准或制度体系。

表 6-6　　　　**我国图书馆危机管理能力评分结果**

三级指标	5分制平均值	折合百分制得分	加权分数	二级指标	加权分数	一级指标	加权分数	总得分
C11	4.22	84.4	2.02	C1	10.92	B1	22.93	78.69
C12	4.34	86.8	1.75					
C13	3.73	74.6	7.15					
C21	4.19	83.8	6.85	C2	8.06			
C22	3.70	74	1.21					
C31	3.36	67.2	1.75	C3	3.95			
C32	3.83	76.6	0.86					
C33	3.08	61.6	1.34					
C41	3.77	75.4	4.17	C4	6.92	B2	45.71	
C42	3.73	74.6	2.75					
C51	3.92	78.4	7.02	C5	23.91			
C52	4.12	82.4	14.23					
C53	3.81	76.2	2.65					
C61	4.27	85.4	5.29	C6	11.99			
C62	3.69	73.8	2.35					
C63	3.67	73.4	2.33					
C64	3.88	77.6	2.03					
C71	3.62	72.4	0.28	C7	2.89			
C72	3.92	78.4	0.67					
C73	3.69	73.8	0.44					
C74	3.89	77.8	0.93					
C75	4.00	80	0.58					
C81	3.75	75	1.19	C8	6.28	B3	10.05	
C82	4.26	85.2	2.28					
C83	4.33	86.6	2.81					
C91	3.69	73.8	1.72	C9	3.77			
C92	3.80	76	0.75					
C93	3.89	77.8	0.77					
C94	3.74	74.8	0.52					

在所体现的图书馆危机预警能力方面，我国也有一定基础，各图书

馆基本配备了图书馆危机预警系统和监控人员，但图书馆的信息安全网络、应急医疗物品储备、危机管理技能培训等方面的实际操作能力要远落后于传统的防火防盗能力。尤其是在读者、馆员安全意识与技能培训方面，相对比较薄弱，得分仅 74.06，低于我国图书馆危机管理能力总体水平，亟待加强建设。

目前，图书馆最为欠缺的预防能力是图书馆的危机管理规划能力。从调查反馈来看，大部分调查对象对是否有危机管理计划、是否有专项拨款进行危机培训等表示“难以确定”，这一方面反映了我国图书馆对危机管理规划不够重视，未从长远发展角度考虑图书馆安全问题；另一方面也说明馆员自身没有主动关注和了解本馆图书馆危机管理规划情况。因此，制定图书馆危机管理计划或加强图书馆危机管理规划是今后我国图书馆界必须重视的一个关键问题。

(二)中国图书馆危机管理处理能力现状分析

作为图书馆危机管理中的核心，我国图书馆危机处理能力平均得分(折合百分制得分)为 77.11，略低于我国图书馆危机管理能力总评分，这说明我国图书馆危机管理核心能力不够强，在如下几方面都存在一些问题。

第一，在图书馆危机分析能力方面，调查统计结果显示，大部分馆员认为自己比较熟悉图书馆周边环境，对馆内组织机构的职能设置、各种设备器材的使用与功能等都有一定的了解，对将产生的或已经产生的危机也能进行一定程度上的分析与评估，但是，对于图书馆是否“能指定图书馆公关负责人”以维护图书馆良好的公共形象，多数馆员持否定意见，认为自身所在图书馆根本没有涉及或提及过危机公关。正因为图书馆缺乏这种公关意识，缺乏危机公关手段与人才，才导致危机事件一旦爆发，不能积极应对，只能任其蔓延。例如，中国国家图书馆“巴金赠书流失事件”被媒体披露后，中国国家图书馆未主动回应此事件，也未及时向公众公开事件调查报告，其形象因此受到一定质疑①，这也是业内许多学者呼吁图书馆要重视利用社交媒体树立良好形象的重要原因。

第二，在图书馆危机响应能力方面，调查结果表明我国图书馆危机响应能力相对较高。当然，这也不排除调查对象有可能过于乐观，实际水平并没这么高。

第三，在图书馆危机沟通能力方面，我国图书馆危机沟通能力平均得分为77.55。这说明无论是图书馆与读者的沟通能力、与社会公众的沟通能力、与上级主管部门的沟通能力，还是图书馆内部的沟通能力，都有待进一步提升。一般情况下，图书馆会主动向上级主管部门汇报危机情况或结果，却缺乏向社会寻求帮助或及时向读者、公众汇报危机进展的主动性与积极性。

第四，在图书馆危机处理评估能力方面，从调查数据发现，图书馆危机处理评估能力是一项容易被忽视的能力，该项能力得分为76.48，低于我国图书馆危机管理能力综合得分。这说明我国图书馆在正确评估图书馆危机损失、评估预警系统是否有效、评估危机沟通是否及时、评估危机处理中的馆员表现、撰写危机处理报告等方面都有不足之处，特别是目前缺少成熟的图书馆危机处理评估系统，因而导致危机处理后不能正确及时地吸取经验教训，影响图书馆的危机善后能力。

(三)中国图书馆危机管理完善能力现状分析

我国图书馆危机管理完善能力平均得分(折合百分制得分)为78.46，在图书馆危机管理三个阶段中，得分最高。这表明我国图书馆注重事后经验教训的积累与吸收(如召开图书馆危机处理经验总结或交流大会)，同时也非常注重在第一时间恢复和维护好读者服务项目，但对于“通过合适的媒体宣传和表扬图书馆危机处理中的先进个人事迹”，

① 燕辉．图书馆危机管理案例分析“巴金赠书流失事件”[J]．图书与情报，2008(1)：79-83.

各图书馆未能很好地执行，以致影响了馆员在危机管理过程中所展现的职业精神的弘扬与传承，且对于“图书馆危机大事件的记录与整理”，图书馆也暴露出缺乏长远目光的弊端，难以为未来图书馆的发展留下宝贵资料。

调查还发现，对于由硬件设备缺陷引发的图书馆危机，我国图书馆能够及时预防与应对，如“更新与调整图书馆危机预警系统”“定期升级图书馆信息管理系统”，但对于由管理或人员造成的图书馆危机，完善处理措施并不得力，比如，一些图书馆没有动力与勇气去“修正图书馆危机管理计划”、“建立健全图书馆危机管理制度”。

第六节　提升我国图书馆危机管理能力的对策

基于问卷调查所发现的我国图书馆危机管理中存在的问题，今后可以从如下六个方面来提升我国图书馆危机管理能力。

(一)强化图书馆危机意识

目前我国图书馆馆员对危机管理缺少系统认识，图书馆馆员的危机意识还比较薄弱，所以图书馆要在日常工作中培养和增强馆员危机防范意识。首先，图书馆领导要重视图书馆危机管理工作，积极强化馆员对危机管理的重要性与必要性的认识，提高馆员的危机识别与危机预警能力，让安全防范成为馆员的自觉行为；其次，积极开展关于图书馆危机管理的教育培训，培养具备危机管理专业技能的人员，加强公共危机防范与应对知识宣传，定期组织危机预案演习或训练，让馆员明确自身责任与义务，强化图书馆危机管理组织氛围；此外，还要转变传统的危机思想观念，将危机管理视为图书馆常态化的工作。目前图书馆危机呈现多样化发展趋势，潜在危机层出不穷，我们对危机不能心存侥幸，认为大形势下的危机仅是小概率事件，甚至不会发生，也不能对危机视而不见，谎报隐瞒危情或推诿责任，对危机的错误认识势必会造成危机蔓延或二次危机发生的严重后果。

(二)建立完善的图书馆危机预防体系

俗话说，凡事预则立，不预则废。对于危机事件的预防，我国图书馆应该从战略高度予以重视，树立全局的、系统的危机管理意识。第一，要将图书馆危机计划纳入整个图书馆管理战略体系中，建立完善的危机预防机制。编写完善的危机预案或突发事件反应手册，确保危机事件发生时各馆员各司其职，并帮助读者了解图书馆危机事件发生时应如何应对，设立专门的危机管理小组或部门，规范危机管理组织体系，制订救灾资源储备计划，从组织保障、制度保障、物资保障上确保图书馆能有条不紊地开展危机管理工作，这样图书馆的危机管理发展也能“有章可循”；第二，建立完备的图书馆危机管理预警系统。实现信息技术、管理技术、决策技术与现代管理思想、方法与手段的有机结合，从而在危机监测、预防、处理、评估恢复与改进反馈的整个工作过程中，图书馆危机管理信息系统都能形成完整的信息流，为图书馆危机管理提供警示与参考意见；第三，完善危机管理相关法律政策。图书馆作为公共文化服务组织，其服务体系的建设实践都是依据政府实施的文化工程或发布的相关文件来推进的，但目前我国图书馆仍缺乏关于图书馆事业的纲领性法律条款。所以积极推进中国图书馆法的颁布与落实，为我国图书馆管理营造良好的法律与政策环境，有利于形成图书馆危机管理有法可依、有章可循的制度框架，为我国图书馆危机管理提供法律保障。

(三)改善图书馆危机沟通

图书馆应积极主动地加强与公关媒体、读者的协作沟通，维护良好的公共形象。首先，要树立真诚坦率的沟通态度。传递真实有效的信息是危机沟通的基本前提，图书馆危机管理负责人在面对媒体或公众询问时要作出客观可靠、有事实依据的回答，不能凭空捏造事实，混淆公众视听或欺上瞒下，要避免与媒体发生不必要的冲突，否则可能会导致事态失控的严重后果；其次，要提升沟通技巧与策略。图书馆要重视沟通渠道的畅通性与公开性，积极帮助公众寻找信息、解决问题，要注重采取多种沟通方式(尤其是非正式性沟通)来加强馆员之间、馆员与读者之间的日常情感交流，如可以利用新媒体融合传统媒体来进一步加强与读者之间的联系，形成公开透明友好的组织沟通氛围；再次，加强图书馆与其他组织的沟通合作。不论是图书馆的内部沟通，还是图书馆的外部协作，图书馆要积极发挥其主体作用，保持与其他组织的经常性合作，引导形成图书馆与公众的良性互动。一旦危机发生，要及时主动向社会发布危机信息，积极寻求多组织多渠道支援，包括图书馆联盟、学校、政府部门、出版商、非营利性团体等机构的援助，带动其他组织参与图书馆危机管理的积极性。

(四)加强图书馆危机管理制度建设

图书馆要提升危机管理的效率与效益，就要对管理机制、组织文化、管理方式、人力资源等进行新的整合与变革，提高应变能力与创新能力。首先，要坚持“以人为本”的危机管理原则。任何制度的建设都是以尊重人性为基本前提，图书馆危机管理也不例外，在危机管理制度制定过程中，要以保护人员的生命财产安全为首要任务，要体现民主性；要在保护图书馆集体利益的基础上，充分满足图书馆馆员与读者的精神与利益需求；其次，要建立合理的激励机制与监督机制，宣传、鼓励危机事件中表现杰出的人和事，形成团结应对危机大事件的组织凝聚力，而完善的危机监督机制有利于提升馆员的责任心。上下一心，慎重决策，勇于承担责任，及时弥补图书馆管理缺陷，这样才能充分优化资源配置，实现奖惩分明，更好地约束与激励馆员；再者，要优化图书馆管理选拔任用制度。我国图书馆主要是馆长负责制，应建立完善的图书馆领导选拔制度，培养更多的危机管理领导专业性人才，如美国图书馆有专门的市场推广人员、媒体公关人员等，而我国基本未设置这些岗位，正因为图书馆缺少这类复合型人才，且人员流失现象严重，在当今信息环境多变的形势下，导致图书馆事业发展式微的恶性循环；最后，要建立有效的危机处理评估制度。标准化的危机处理评估体系与评估依据的构建，有利于图书馆进行危机原因分析和吸取危机经验教训。目前我国学者已有构建图书馆危机评估系统模型①，但具体实践操作效果有待进一步验证。

(五)重视危机经验总结与学习

馆员要善于总结危机事件中的经验与教训，避免危机再次发生，就要做好以下工作：第一，将危机事件记录在案，对其过程、原因、步骤等进行详细剖析，利用案例推理技术不断学习和获得危机管理新知识，改进危机管理旧知识，提出解决策略，确定具体危机情境下的优先解决方式与秩序；第二，做好图书馆危机管理经验的宣传与推广工作，加强图书馆危机管理公众教育，召开危机管理经验交流会议并上报危机应对结果，让馆员与读者深刻了解图书馆危机带来的损失与危害，提升公众对图书馆危机管理的认识；第三，善于抓住机会，促进图书馆危机管理发展。任何事物都具有两面性，虽然图书馆危机的发生会给图书馆带来一定的损失，暴露了图书馆管理中的缺陷，但同时也为图书馆提供了更好地变革与完善自身的绝佳机会，如在省立中山图书馆在“北斋拆迁事件”中不仅成功地解决了问题，还赢得了媒体公众的好评，宣扬了省立中山图书馆的美誉。

(六)充分发挥图书馆行业组织作用

图书馆危机管理能力的提升不是仅靠单个图书馆或馆员就能推动的，而要依靠整个图书馆行业组织力量。所以，一是要建立图书馆灾难

① 周金龙．数字时代图书馆危机管理[M]．北京：海洋出版社，2012：331-334.

联盟机构，通过图书馆行业资源共享，订立互助协议，并加强行业监管力度；二是构建危机管理网络平台，提供危机预案应对模板，通过统一的危机信息接收与发布平台及时获得行业内专业组织的帮助；三是开展专业人员的培训与演练，加强图书馆行业关于危机管理经验交流，并协助各馆做好危机评估工作。

参考文献

英文参考文献

[1]Abdullah N, Yusuf A O, Adam, U A, et al. Disruptive Collection Acquisition: Awareness, Readiness and Adoption Among Malaysian Academic Libraries[EB/OL]. [2019-09-06]. http://library.ifla.org/2256/1/169-abdullah-en.pdf.

[2]Abels E, Jones R, Latham J, et al. Competencies for Information Professionals of the 21st Century Revised Edition[EB/OL].[2019-09-06].http://www.sla.org/about-sla/competencies/.

[3]ACRL Research Planning and Review Committee.2012 top ten trends in academic libraries[J].College & Research Libraries News, 2012, 73(6):311-320.

[4]ALA. ALA's Core competences of librarianship[EB/OL].[2019-09-06]. http://www.ala.org/ala/educationcareers/careers/corecomp/corecompetences/finalcorecompstat09.pdf.

[5]ALA. Standards for Accreditation of Master's Programs in Library and information Studies[EB/OL]. [2019-09-06]. http://www.ala.org/educationcareers/sites/ala.org.educationcareers/files/content/standards/Standards_2019_ALA_Council-adopted_01-28-2019. pdf.

[6]Arndt T S. Getting Started with Demand-driven Acquisitions for E-books:

A LITA Guide[M]. Chicago: ALA TechSource, 2015.

[7]Baker R L. Evaluating Quality and Effectiveness: Regional Accreditation Principles and Practices[J]. The Journal of Academic Librarianship, 2002, 28(1): 3-7.

[8]Belvadi M. DDA and Traditional Monograph Acquisition—The Experience of a Small University Library[J]. Insights, 2016, 29 (1): 64-69.

[9]Byström K, Johansson T, Perols K, et al. Patron-driven acquisition (PDA) as Acquisition Method at Academic Libraries[EB/OL]. [2019-09-06]. http: //www. kb. se/dokument/Bibliotek/projekt/Slutrapporter%202012/PDA%20English. pdf.

[10]Chaudhry A S, Yeen L S. Identification of Competencies for Professional Staff of Public Libraries[J]. Public library quarterly, 2001, 20(1): 17-43.

[11]Clark M L. Developing A Multiformat Demand-driven Acquisition Model [J]. Collection Management, 2010, 35(3/4): 201-207.

[12]Clark M L. Developing A Model for Long-term Management of Demand-driven Acquisitions[J]. Against the Grain, 2011, 23(3): 24-25.

[13]Costello L. Evaluating Demand-driven Acquisitions[M]. Amsterdam: Chandos Publishing, 2017.

[14]Cramer C J. All About Demand-driven Acquisition[J]. The Serials Librarian, 2013, 65(1): 87-97.

[15]Davies T. The Evolution of An E-book Demand-driven Acquisition Programme at Swinburne University of Technology[J]. Insights, 2017, 30(2): 36-43.

[16]Davis K, Jin L, Neely C, et al. Shared Patron-driven Acquisition within A Consortium: the OCUL PDA Pilot[J]. Serials Review, 2012, 38 (3): 183-187.

[17]Denker B. Changing Demand Driven Acquisition Ebook Models: A

History and Preliminary Results at the Colorado Alliance of Research Libraries[J]. Journal of Library Administration, 2018, 58(3): 282-292.

[18] Dewland J C, See A. Patron Driven Acquisitions Determining the Metrics for Success[J]. Library Resources & Technical Services, 2015, 59(1): 13-23.

[19] Dillon D. PDA and Libraries Today and Tomorrow[M]//Swords D A. Patron-driven Acquisitions: History and Best Practices. Boston: De Gruyter Saur, 2011: 191-195.

[20] Dillon D. Texas Demand-driven Acquisitions: Controlling Costs in A Large-scale PDA program[M]// Swords D A. Patron-driven acquisitions: history and best practices. Boston: De Gruyter Saur, 2011: 157-167.

[21] Downney K. Technical Services Workflow for Book Jobber-mediated Demand Driven Ebook Acquisitions[J]. Technical Services Quarterly, 2014, 31(1): 1-12.

[22] Downey K, Zhang Y, Urbano C, et al. A Comparative Study of Print Book and DDA Ebook Acquisition and Use[J]. Technical Services Quarterly, 2014, 31(2): 139-160.

[23] Downey K, Zhang Y, Urbano C, et al. KSUL: An Evaluation of Patron-driven Acquisitions for Ebooks[J]. Computers in Libraries, 2014, 34(1): 10-12.

[24] Draper D C. Managing Patron-driven Acquisitions (PDA) Records in A Multiple Model Environment[J]. Technical Services Quarterly, 2013, 30(2): 153-165.

[25] Dyk G V. Demand-driven Acquisitions for Print Books: How Holds Can Help as much as Interlibrary Loan[J]. Journal of Access Services, 2014, 11(4): 298-308.

[26] Egan N, Yearwood S L, Kendrick C L. Patron-driven Acquisitions at the City University of New York: A Case Study[J]. Technical services quarterly, 2016, 33(2): 131-144.

[27] Egland M M, Anderson R. Demand-driven Acquisition of Print Books: Applying 21st-century Procurement Strategies to A 5th-century Format [EB/OL]. [2019-09-06]. https://doi.org/10.1080/01462679.2018.1564715.

[28] Falloon K A. Rolling with PDA and DDA: How Academic Libraries Can Use Patron-driven and Demand-driven Acquisition Techniques to Build Library Collections with Minimal Management and Budget [EB/OL]. [2019-09-06]. https://docs.lib.purdue.edu/cgi/viewcontent.cgi? referer=&httpsredir=1&article=1865&context=charleston.

[29] Fischer K S, Wright M, Clatanoff K, et al. Give'em What They Want: A One-year Study of Unmediated Patron-driven Acquisition of E-books[J]. College & Research Libraries, 2012, 73(5): 469-492.

[30] Fisher W. Core Competencies For the Acquisitions Librarian [J]. Library Collections, Acquisitions & Technical Services, 2001, 25(2): 179-190.

[31] FLICC. FLICC Competencies for Federal Librarian 2011 [EB/OL]. [2019-09-06]. http://www.loc.gov/flicc/publications/Lib_Compt/2011/2011Competencies.pdf.

[32] Forzetting S, Gallagher E. A Vendor's Perspective on Consortial PDA [J]. Against the Grain, 2012, 24(6): 30, 32.

[33] Foss M. Books-on-demand Pilot Program: An Innovative "Patroncentric" Approach to Enhance the Library Collection [J]. Journal of Access Services, 2008, 5(1-2): 305-315.

[34] Fulton K J. The Rise of Patron-driven Acquisitions: A Literature Review [EB/OL]. [2019-09-06]. https://digitalcommons.kennesaw.edu/

cgi/viewcontent. cgi? article=1770&context=glq.

[35] Garskof J, Morris J, Ballock T, et al. Towards the Collective Collection: Lessons Learned from PALCI's DDA Pilot Projects and Next Steps[J]. Collaborative Librarianship, 2016, 8(2): 84-98.

[36] Gastinger A. Experiences with Patron Driven Acqusition at the NTNU University Library in Trondheim[EB/OL]. [2019-09-06]. https: // www. researchgate. net/publication/265588910_Experiences_with_Patron_Driven_Acquisition_at_the_NTNU_University_Library_in_Trondheim/download.

[37] Giesecke J, Mcneil B. Core Competencies and the Learning Organization [J]. Library Administration & Management, 1999, 13(3): 158-166.

[38] Goans D, Leach G, Vogel T M. Beyond HTML: Developing and Re-imagining Library Web Guides in A Content Management System [J]. Library Hi Tech, 2006, 24(1): 29-53.

[39] Goedeken E A, Lawson K. The Past, Present, and Future of Demand Driven Acquisitions in Academic Libraries [J]. College & Research Libraries, 2015, 76 (2): 205-221.

[40] Greer R C, Grover R J, Fowler S G. Introduction to the Library and Information Professions[M]. Westport: Libraries Unlimited, 2007.

[41] Harloe B, Hults P, Traub A. What's the Use of Use?: Return on Investment Strategies for Consortial DDA Programs [J]. Journal of Library Administration, 2015, 55(3): 249-259.

[42] Hexa Research, Inc. E-book Market Size and Forecast, by Genre (Fiction, Nonfiction & Education, Literature, Children's book, Comics & Graphic Novel), and Trend Analysis, 2014—2024 [EB/OL]. [2019-05-21]. https: //www. hexaresearch. com/research-report/e-book-market.

[43] Horava T. Demand-driven Acquisition and Collection Management[J].

Technicalities, 2017, 37(4): 15-18.

[44] Huckle M. Professional Accreditation of Library and Information Courses in the United Kingdom[J]. Cadernos BAD, 2003(1): 74-86.

[45] Johnston P. Just-in-time: A Case Study of Buying Instead of Borrowing at the University of North Texas Libraries, 2014-2017[J]. Journal of Interlibrary Loan, Document Delivery & Electronic Reserve, 2017, 26(2): 121-125.

[46] Jones D. On-demand Information Delivery: Integration of Patron-driven Acquisition into A Comprehensive Information Delivery System[J]. Journal of Library Administration, 2011, 51(7/8): 764-776.

[47] Kelly G. A Year of Demand Driven Acquisition of Ebooks at the Open Polytechnic Library [EB/OL]. [2019-09-06]. https://repository.openpolytechnic.ac.nz/bitstream/handle/11072/1266/Kelly_2010%20-%20Journal%20Article%20-%20DDA_of_Ebooks_at_Open_Polytechnic_Library_preprint.pdf?sequence=1&isAllowed=y.

[48] Kesselman M A, Wastein S B. Creating Opportunities: Embedded Librarians [J]. Journal of Library Administration, 2009, 49(4): 383-400.

[49] Kwok C S Y, Chan D L H, Cheung A S M, et al. Demand-driven Acquisition at HKUST Library: The New Normal[J]. Interlending & Document Supply, 2014, 42(4): 153-158.

[50] Levine-Clark M. Building A Demand-driven Collection: the University of Denver Experience[M]//Swords D A. Patron-driven acquisitions: history and best practices. Boston: De Gruyter Saur, 2011: 45-60.

[51] Levine-Clark M, Bosch S, Anderson K, et al. Rethinking Monographic Acquisition: Developing A Demand-driven Purchase Model[EB/OL]. [2019-09-06]. https://docs.lib.purdue.edu/cgi/viewcontent.cgi?article=1073&context=charleston.

[52] Line M B. Use of Library Materials: the University of Pittsburgh Study (Book Review) [J]. College & Research Libraries, 1979, 40(6): 557-558.

[53] Longley D H. Demand Driven Acquisition of E-books in A Small Online Academic Library: Growing Pains and Assessing Gains[J]. Journal of Library & Information Services in Distance Learning, 2016, 10(3/4): 320-331.

[54] Lowe R A, Aldana L. Implementation & Management of A Consortial Demand-driven E-books Pilot: the USMAI experience[J]. Journal of Electronic Resources Librarianship, 2015, 27(3): 185-193.

[55] Lu W, Chambers M B. PDA consortium style: the CU MyiLibrary cataloging experience [J]. Library Resources & Technical Services, 2013, 57(3): 164-178.

[56] Lugg R. Collecting for the moment: patron-driven Acquisitions as A Disruptive Technology[M]// Swords D A. Patron-driven Acquisitions: History and Best Practices. Boston: De Gruyter Saur, 2011: 7-22.

[57] Luthans L. The Contingency Theory of Management: A Path Out of the Jungle[M]. NewYork: Business Horizons, 1973.

[58] MAGERT Education Committee. Map, GIS and Cataloging/Metadata Librarian Core Competencies[EB/OL]. [2019-09-06]. http: //www. ala. org/magirt/sites/ala. org. magirt/files/content/publicationsab/MAGERTCoreComp2008_rev2012. pdf

[59] Mahmood K. A Comparison between Needed Competencies of Academic Librarians and LIS Curricula in Pakistan[J]. The Electronic library, 2003, 21(2): 99-109.

[60] Marshall J, Fisher B, Moulton L, et al. Competencies for Special Librarians of the 21st Century[S]. Washington DC: Special Libraries Association, 1996.

[61] Mary W J. Competencies for Public Library Managers: Diversity in Practice[J]. Library Management, 2015(7): 462- 475.

[62] Mitrof I, Pearsonc M. Crisis Management: Diagnostic Guide for Improving your Organization's Crisis-preparedness [M]. New York: Jossey-Bass Inc, 1993.

[63] Möller A M. The Case for Open Access Publishing, with Special Reference to Open Access Journals and Their Prospects in South Africa [D]. Bellville: University of the Western Cape, 2006.

[64] Nixon J M, Freemaan R S, Ward S M. Patron-driven Acquisitions: An Introduction and Literature Review[J]. Collection Management, 2010, 35(3/4): 119-124.

[65] Nixon J M, Saunders E S. A Study of Circulation Statistics of Books on Demand: A Decade of Patron-driven Collection Development, Part 3 [J]. Collection Management, 2010, 35(3-4): 151-161.

[66] Partridge H, Carroll M, Hanisch J, et al. Building the Profession Together: Towards Holistic Library and Information Science Education [EB/OL]. [2019-09-06]. https://eprints.qut.edu.au/50109/1/Partridge_Carroll_Hanisch_Henninger_ALIA_Lib_Tech_2011.pdf.

[67] Perdue J, Van Fleet J A. Borrow or Buy? Cost-effective Delivery of Monographs[J]. Journal of Interlibrary Loan, Document Delivery & Information Supply, 1999, 9(4): 19-28.

[68] Pollanka S, Delquié E. Patron-driven Business Models: History, Today's Landscape, and Opportunities [M] //Swords D A. Patron-driven Acquisitions: History and Best practices. Boston: De Gruyter Saur, 2011: 119-135.

[69] Proquest. Why DDA is Here to Stay: An Analysis of the Demand-driven Acquisition Model for Libraries [R/OL]. [2019-09-03]. https://ipk.nkp.cz/docs/demand-driven-acquisition.pdf/at_download/file.

[70] Ranganathan S R. The five Laws of Library Science[M]. Madras: The Madras Library Association, 1931.

[71] Rogers K. Immediacy vs. Foresight: A Study of Patron Selected and Librarian Purchased Ebooks at the University of Mississippi Libraries [J]. Journal of Electronic Resources Librarianship, 2018, 30(3): 138-146.

[72] Rossmann D, Arlitsch K. From Acquisitions to Access: the Changing Nature of Library Budgeting[J]. Journal of Library Administration, 2015, 55(5): 394-404.

[73] RUSA Task Force on Professional Competencies. Professional Competencies for Reference and User Services Librarians[EB/OL]. [2019-09-06]. http://www.ala.org/rusa/resources/guidelines/professional.

[74] Rutledge L, Lemire S, Hawks M, et al. Competency-based Talent Management: Three Perspectives in An Academic Library[J]. Journal of Library Administration, 2016, 56(3): 235-250.

[75] Sandler M. Collection Development in the Day of Google[J]. Library Resources & Technical Services, 2006, 50(4): 239-243.

[76] Sandr A, Hirsh B. Preparing Future Professionals through Broad Competency Planning[J]. Information Outlook, 2012 (1): 11-12.

[77] Selden W K. Accreditation: A Struggle over Standards in Higher Education[M]. New York: Harper & Brothers, 1960.

[78] Shabir A G. Library & Information Science Profession and Professional Competencies[J]. Total Records and Information Management, 2005 (1): 38-42.

[79] Sharma J. Expectations Versus Reality: A Study of Professional Competencies in College Libraries in India[J]. Journal of Education for Library and Information Science, 2004, 45(4): 352-363.

[80] Shepherd J, Langston M. Shared Patron Driven Acquisition of Ebooks in the California State University Library Consortium [J]. Library Collections, Acquisitions, and Technical Services, 2013, 37(1-2): 34-41.

[81] Sinder J. The Effects of Demand-driven Acquisitions on Law Library Collection Development [J]. Law Library Journal, 2016, 108(2): 155-180.

[82] Spitzform P. Patron-driven Acquisition: Collecting as if Money and Space Mean Something[J]. Against the Grain, 2011, 23(3): 20-24.

[83] Spratt S J, Wiersma G, Glazier R, et al. Exploring the Evidence in Evidence-based Acquisition [J]. The Serials Librarian, 2017, 72(1-4): 183-189.

[84] Thanuskodi S. Professional Competencies and Skills for Library and Information Professionals: A Present-day Scenario. [EB/OL]. [2019-09-06]. http://www.consalxvi.org/sites/default/files/10-S.%20Thanuskodi.pdf.

[85] The NISO DDA Working Group. Demand Driven Acquisition of Monographs [M]. Baltimore: National Information Standards Organization (NISO), 2014.

[86] Trant J. Emerging Convergence? Thoughts on Museums, Archives, Libraries and Professional Training [J]. Museum Management and Curatorship, 2009, 24(4): 369-386.

[87] Trueswell R W. Some Behavioral Patterns of Library Users: the 80/20 Rule[J]. Wilson Library Bulletin, 1969, 43(5): 458-461.

[88] Tynan M, McCarney E. "Click Here to Order This Book": A Case Study of Print and Electronic Patron-driven Acquisition in University College Dublin[J]. New Review of Academic Librarianship, 2014, 20(2): 233-250.

[89] Urbano C, Zhang Y, Downey K, et al. Library Catalog Log Analysis in E-book Patron-driven Acquisitions (PDA): A Case Study[J]. College & Research Libraries, 2015, 76(4): 412-426.

[90] Vermeer W C. Evolving Technical Services Workflows in A Demand-driven Acquisitions Pilot[J]. The Serials Librarian, 2015, 69(3-4): 298-309.

[91] Walker K W, Arthur M A. Judging the Need for and Value of DDA in An Academic Research Library Setting[J]. The journal of Academic Librarianship, 2018, 44(5): 650-662.

[92] Waller J H. Undergrads as Selectors: Assessing Patron-driven Acquisition at A Liberal Arts College[J]. Journal of Interlibrary Loan, Document Delivery & Electronic Reserve, 2013, 23(3): 127-148.

[93] Walters W H. Patron-driven Acquisition and the Educational Mission of the Academic Library[J]. Library Resources & Technical Services, 2012, 56(3): 199-213.

[94] White G W. Building Collections for Accreditation: A Case Study[J]. Collection Building, 1999, 18(2): 49-57.

[95] Way D, Garrison J. Financial Implications of Demand-driven Acquisitions: A Case Study of the Value of Short-term Loans[M]// Swords D A. Patron-driven Acquisitions: History and Best Practices. Boston: De Gruyter Saur, 2011: 137-156.

中文参考文献

[1]白莉娜，苗灵. 研究型图书馆馆员核心能力的技能模型研究[J]. 图书馆学研究，2012(7)：20-24.

[2]程焕文. 图书馆职业道德：21 世纪中国的基本图书馆精神[J]. 图书情报工作，2004，48(12)：5.

[3]程焕文，黄梦琪. 在“纸张崇拜”与“数字拥戴”之间——高校图书馆

信息资源建设的困境与出路[J]. 图书馆论坛，2015(4)：1-8.
[4]程艾军，张兆忠，马路. 从连续三年中美高校图书馆电子资源建设经费统计数据看馆藏电子资源建设发展趋势[J]. 大学图书馆学报，2012，30(1)：55-58.
[5]陈小勉，刘宏锦. 创造读者：图书馆服务理念的提升[J]. 情报理论与实践，2004，27(2)：173-175.
[6]迟伟凡，吴瑾，朱凡. 论高校图书馆激励机制的建立与完善[J]. 图书馆学刊，2006，28(3)：43-45.
[7]楚存坤，孙思琴，韩丰谈. 基于层次分析法的高校图书馆学科服务评价模式[J]. 大学图书馆学报，2014(6)：86-90.
[8]初景利. 我国图书馆学科服务的难点与突破[J]. 中华医学图书情报杂志，2012，21(4)：1-4.
[9]初景利，孔青青，栾冠楠. 嵌入式学科服务研究进展[J]. 图书情报工作，2013，57(22)：11-17.
[10]戴广珠. 知识服务：省级公共图书馆信息资源建设新走向[J]. 图书馆杂志，2016，35(02)：35-41，110.
[11]邓胜利，司莉，苏小波，等. 面向更宽广的信息职业，创新 LIS 教育——第三届中美数字时代图书馆学情报学教育国际研讨会综述[J]. 图书情报知识，2010(6)：98-104.
[12]杜岩，张玉恒，程永运. 基于权变理论的企业公关危机策略研究[J]. 山东经济，2009(3)：64-69.
[13]段宇锋，赵佳慧. 图书情报硕士专业学位(MLIS)教育发展状况调查报告(2016)[J]. 图书情报知识，2017(04)：47-58.
[14]鄂丽君，王启云. 高校图书馆专业馆员职业能力认识与需求调查研究[J]. 图书与情报，2016(5)：97-104.
[15]冯云，杨玉麟. 近十年来中国公共图书馆事业发展的特征及存在问题[J]. 图书与情报，2010(2)：41-44.
[16]耿骞，毛妮娜，王凤暄，等. 公共图书馆馆员胜任力模型构建研究

[J]. 图书情报工作, 2016, 60(4): 25-33.
[17]郭宏伟, 花克勤. 基于SCI三论原理的高校图书馆危机管理过程控制[J]. 图书情报工作, 2010(1): 20-23.
[18]郭际, 吴先华, 李南. 企业危机管理演进的动态分析[J]. 科研管理, 2007(1): 89-96.
[19]韩莉君. 图书馆馆员的职业能力培养探究[J]. 管理观察, 2013(4): 121-123.
[20]洪跃, 付瑶, 杜辉, 等. 国内高校图书馆信息素养教育现状调研分析[J]. 大学图书馆学报, 2016, 34(06): 90-99.
[21]胡秀梅, 何雪梅, 李睦, 等. "211工程"院校图书馆纸质文献资源建设区域性对比研究[J]. 大学图书馆学报, 2013, 31(5): 18-22.
[22]黄俊贵. 21世纪中国图书馆的大事——感评《中国图书馆馆员职业道德准则（试行）》[J]. 图书馆学刊, 2004(1): 1-2.
[23]黄孝群. 转型变革期高校图书馆馆员能力建设策略[J]. 图书情报工作, 2014, 58(09): 51-56.
[24]黄永勤, 姚欣林. 基于招聘数据的我国图书馆去职业化研究[J]. 图书情报工作, 2013, 57(14): 82-86.
[25]黄如花, 温芳芳. 国外主要国家图书馆信息资源建设的特点与启示[J]. 图书与情报, 2018(04): 80-88.
[26]黄宗忠. 权变管理理论与图书馆管理[J]. 图书与情报, 1995(1): 8-14.
[27]蒋岩波, 陈香珠. 国内高等财经院校图书馆数字资源建设问题研究——基于国内45所财经院校图书馆的调查分析[J]. 图书情报工作, 2015, 59(8): 65-71.
[28]金白杨. 开展图书馆馆员自主学习, 提高工作绩效[J]. 图书馆理论与实践, 2010(11): 12-14.
[29]李国新.《中国图书馆馆员职业道德准则》的制定、突破和问题[J]. 大学图书馆学报, 2003, 21(5): 2-7, 13.

[30]李海霞，陆萍. 专家访谈在高校图书馆学科资源建设中的应用研究[J]. 情报理论与实践，2014，37(10)：98-102.
[31]李瑾，盛小平. 我国图书馆职业服务能力研究综述[J]. 图书馆，2017(7)：67-72.
[32]李瑾，盛小平. 组织文化视角下的高校图书馆学科服务能力建设研究[J]. 图书馆，2017(12)：100-106.
[33]李金芳，刘娜，王莲，等. 基于 xMOOC 课程模式的高校图书馆信息素养教育研究[J]. 图书情报工作，2015，59(21)：56-62.
[34]李金芳，刘霞. 高校图书馆信息素养教育协商课程模式建构[J]. 情报资料工作，2014(3)：99-112.
[35]李硕，肖希明. 我国 LIS 专业毕业生就业情况的调查分析[J]. 图书情报知识，2014(01)：26-33.
[36]李铁梅. 高校图书馆外文图书利用分析及对策——以华南农业大学图书馆为例[J]. 图书馆论坛，2011(3)：144-147.
[37]李晓明，姜晓曦. 数字图书馆推广工程数字资源共建共享模式探析[J]. 国家图书馆学刊，2012(5)：20-26.
[38]李伟东. 高校图书馆激励机制调查研究[J]. 河南图书馆学刊，2013(9)：33-35.
[39]LIS 面向更宽广的信息职业行动倡议[J]. 中国图书馆学报，2010(6)：124-125.
[40]刘凤琴，王荣. 论现代图书馆的危机管理[J]. 现代情报，2004(12)：93-94，97.
[41]刘华. 以读者为主导的文献资源建设——美国学术图书馆读者决策采购(PDA)研究[J]. 图书情报工作，2012，56(5)：89-93.
[42]刘磊，付玲玲，林小娟，何琳. 社会网络环境下用户参与图书馆数字资源建设的需求调查——以部分沿海高校为例[J]. 大学图书馆学报，2012，30(05)：94-100.
[43]刘琼. 中美大学学科馆员的初步比较研究[J]. 大学图书馆学报，

2005(4): 13-16.
[44]刘万国，周秀霞，孙波. "双一流"建设视角下高校图书馆信息资源建设热点扫描[J]. 大学图书馆学报，2018(5): 33-38.
[45]刘泳洁，卢明芳. 美国专业图书馆协会能力标准的修订与启示[J]. 图书情报工作，2016, 60(24): 26-31.
[46]刘泳洁，盛小平，曾君君.《中国图书馆馆员职业道德准则（试行)》修订的实证分析[J]. 情报理论与实践，2016, 39(7): 9-13.
[47]刘泳洁，陶倩. 我国图书馆馆员职业能力要素实证分析[J]. 图书情报工作，2017, 61(14): 6-14.
[48]刘晓霞，王宗亮. 学科馆员与学科资源建设的实证研究[J]. 图书馆杂志，2012(8): 43-46, 36.
[49]刘兹恒. 对图书馆信息资源建设的几点看法[J]. 图书馆，2003(4): 3-6.
[50]刘兹恒，潘梅. 图书馆危机管理的基本概念及内容[J]. 图书与情报，2007(2): 32-41.
[51]龙净林，唐海芳. 数据驱动的馆藏资源建设发展趋势及国外经验[J]. 图书馆，2017(4): 87-90.
[52]卢家利. 浅谈美国图书馆的核心竞争力[J]. 学园，2013(5): 187-188.
[53]卢明芳，朱贝. 图书馆危机管理能力评价指标体系的构建[J]. 图书情报工作，2017, 61(14): 15-20.
[54]罗贤春，谢阳群，胡昌平. 图书馆危机管理计划[J]. 中国图书馆学报，2007(4): 32-35.
[55]罗贤春. 图书馆危机管理二维框架及其实现[J]. 中国图书馆学报，2009(2): 59-64.
[56]马费成. 数字时代图书情报专业教育的目标及其实现[J]. 图书馆建设，2001(1): 21-24.
[57]马学良，富平. 数字时代图书馆服务危机管理——基于SWOT分析

及实现[J]. 图书情报工作，2009(23)：22-25，68.

[58]彭斐章，陈传夫. 论数字环境下我国图书馆学情报学研究生教育制度的创新[J]. 津图学刊，2001(1)：1-6.

[59]秦峰，杨小华. 学科馆员核心能力理想模型研究[J]. 图书馆学研究，2013(6)：99-101.

[60]邱葵. 美国高校图书馆的学科馆员与学科服务[J]. 国家图书馆学刊，2016(12)：13-23.

[61]诺曼·R. 奥古斯丁，安诺格·夏尔马，爱德琳·卜克斯纳，等. 危机管理[M]. 北京新华信商业风险管理有限责任公司，译. 北京：人民出版社，2001.

[62]沈敏芳. 读者决策采购(PDA)——图书馆电子资源建设新模式[J]. 图书馆理论与实践，2013，(04)：11-13.

[63]盛小平. 国外图书馆职业能力研究综述[J]. 图书情报工作，2016，60(24)：6-13.

[64]盛小平，陶倩. 美国 7 个图书馆馆员职业能力标准的比较分析[J]. 图书情报工作，2016，60(24)：14-19.

[65]盛小平，喻楠清. 图书馆职业教育能力评价指标体系的构建[J]. 图书情报工作，2017，61(14)：21-28.

[66]施纳. 基于治理体系和治理能力的图书馆信息技术治理[J]. 图书馆工作与研究，2016(12)：25-30.

[67]宋姬芳. 大学图书馆学科知识服务能力框架与提升策略[J]. 大学图书馆学报，2017(2)：47-55.

[68]数字时代中国图书情报与档案学类教育发展方向及行动纲要[J]. 图书情报知识，2007(1)：112-113.

[69]孙成江，马宇明，李冕斌. 我国公共图书馆馆员职业能力建设研究[J]. 图书馆学研究，2017(1)：21-28，42.

[70]孙子清，黄丽霞. 基于 Kano 理论的高校图书馆馆员胜任力体系构建——以哈尔滨地区高校图书馆为例[J]. 图书情报工作，2016，

60(2)：47-52，148.
[71]唐义. 我国图情档教育中学科整合现状的调查分析[J]. 图书馆杂志，2014，33(03)：18-23，51.
[72]唐义，李金芮. 我国 LIS 教育人才培养模式研究[J]. 图书情报知识，2014(01)：11-17，25.
[73]陶倩，盛小平. 美国专业图书馆馆员职业能力标准的内容分析[J]. 图书情报工作，2016，60(24)：20-25.
[74]王革. 基于系统观的公共危机管理体系构建[C]///中国未来研究会. 转型期的中国未来——中国未来研究会 2011 年学术年会论文集. 中国未来研究会，2011.
[75]王建军，昝冬平. 动态能力、危机管理与企业竞争优势关系研究[J]. 科研管理，2015(7)：79-85.
[76]王景文，刘梅申. 我国图书馆危机管理领域研究热点的战略坐标分析[J]. 图书馆工作与研究，2014，(2)：21-25.
[77]王磊，高波. 国外图书馆危机预案制定现状及启示[J]. 大学图书馆学报，2008(3)：79-83.
[78]王平. 基于工作室教学法的图书馆学专业本科教学实践改革[J]. 图书情报工作，2015，59(20)：73-76.
[79]王前. 俄罗斯图书馆学情报学高等专业教育：国家标准与发展方向[J]. 图书情报工作，2012，56(15)：116-121.
[80]王素芳，刘杰，黎娇. 国外图书馆行业组织 LIS 教育认证标准及其质量控制要素研究[J]. 图书情报知识，2014(6)：12-25.
[81]王以俭. 公共图书馆绩效考核工作研究[J]. 图书馆建设，2010(5)：80-83.
[82]王铮. 英国高等教育质量评估体系中的图书馆与情报学教育[J]. 图书情报知识，2014(6)：26-32.
[83]王智博，盛小平. 美国图书馆学与信息科学教育认可制度的变革与启示[J]. 图书情报工作，2013，57(24)：39-43.

[84]魏春梅，盛小平. 美国图书馆职业资格认证标准与实施制度分析[J]. 图书情报工作，2013，57(2)：17-23.

[85]肖希明. 图书馆学教育要以增强学生职业竞争力为导向[J]. 国家图书馆学刊，2007(1)：38-41.

[86]肖希明. 面向职业的图书馆学教育研究[J]. 中国图书馆学报，2008，34(2)：75-76.

[87]肖希明，宋琳琳，水亮，等. 图书馆学专业教育与图书馆馆员职业竞争力——来自图书馆馆员的调查与分析[J]. 图书情报知识，2008(1)：17-21

[88]肖希明，唐义. 图书馆学博物馆学档案学课程体系整合初探[J]. 中国图书馆学报，2014(3)：4-12.

[89]肖希明，田蓉. 我国 LIS 教育中实践教学的调查分析[J]. 图书情报知识，2014(01)：18-25.

[90]肖希明，尹彦力. 服务于"双一流"建设的高校图书馆信息资源建设[J]. 图书馆建设，2018(4)：79-84.

[91]徐畅，孙振领，兰宇琳. 应用技术大学联盟高校图书馆数字资源建设的调查研究[J]. 图书馆学研究，2015(8)：86-91.

[92]徐为民.《中国图书馆馆员职业道德准则》(试行)应更严谨、精炼[J]. 图书情报工作，2004，48(8)：101-102.

[93]徐涌，史聪慧. 美国"拯救图书馆运动"及其对我国图书馆的启示[J]. 图书馆建设，2006(1)：79-81.

[94]薛调，刘云，刘彦庆. 高校图书馆嵌入式教学实施的影响因素研究[J]. 图书情报工作，2013，57(15)：83- 87，107.

[95]许奕锋. 系统论视阈下的危机管理体系探析[J]. 中外企业家，2011(16)：4-5.

[96]杨坚红. CALIS CASHL NSTL 系统文献传递服务比较[J]. 情报科学，2009(1)：83-88.

[97]杨经铭，蒋鸿标. 基于积分制的图书馆绩效考核体系设计与实

现——以广东海洋大学图书馆为例[J]. 图书馆建设, 2011(5): 73-76.
[98]杨清, 洪秋兰. 国内八所高校图书馆学本科课程设置合理性分析[J]. 国家图书馆学刊, 2013, 22(4): 33-43.
[99]杨思洛, 冯雅, 程爱娟. 从招聘信息看图书馆学人才需求与专业教育[J]. 图书情报工作, 2016, 60(5): 58-64.
[100]燕辉. 图书馆危机管理案例分析"巴金赠书流失事件"[J]. 图书与情报, 2008(1): 79-83.
[101]喻楠清, 盛小平, 蔡嘉玲. 英国图书馆学与信息科学教育认可制度及启示[J]. 图书馆论坛, 2015(8); 145-150.
[102]张蓓, 张光辉. 基于系统论的农产品品牌危机管理研究[J]. 科技管理研究, 2009(9): 90-92.
[103]张红琳. 基于职称评审机制的图书馆学科化服务能力探讨[J]. 四川图书馆学报, 2014(6): 81-83.
[104]张靖. 国际图书馆与信息学硕士教育标准指标体系解析与比较[J]. 图书馆杂志, 2012, 31(12): 80-89.
[105]张庆来, 苏云. 基于SECI模型的图书馆客户知识管理研究[J]. 图书与情报, 2013(4): 44-48.
[106]张晓艳. 基于知识管理的高校图书馆学科服务研究[J]. 图书馆论坛, 2011(3): 133-135, 160.
[107]张新鹤, 肖希明. 中国图书馆信息资源共享机制现状调查与分析[J]. 中国图书馆学报, 2011(3): 66-78.
[108]赵光林. 美国图书馆学信息学教育认可制度[J]. 图书馆杂志, 2003(6): 68-71.
[109]赵琨. 图书馆人力资源培训存在的问题及对策[J]. 图书馆论坛, 2015(10): 68-73.
[110]朱明, 胥伟岚. 2003—2012年国外图书馆管理系统研究述评[J]. 图书情报工作, 2013, 57(9): 129-134.

[111]彼得·圣吉. 第五项修炼：学习型组织的艺术与实践[M]. 张成林，译. 北京：中信出版社，2009：421-427.

[112]蔡丽静，鄂丽君. 基于中美大学图书馆比较分析的 LDSA 创新体系研究[M]. 北京：海洋出版社，2016.

[113]国务院学位委员会办公室，教育部研究生工作办公室. 授予博士、硕士学位和培养研究生的学科专业简介[M]. 北京：高等教育出版社，1999.

[114]黄宗忠. 图书馆学导论[M]. 武汉：武汉大学出版社，1988.

[115]教育部高等学校教学指导委员会. 普通高等学校本科专业类教学质量国家标准[M]. 北京：高等教育出版社，2018.

[116]林呈潢. 图书馆专业人员认证研究[M]. 台北：台湾图书馆，2011：13.

[117]刘兹恒. 图书馆危机管理手册[M]. 北京：国家图书馆出版社，2010.

[118]罗伯特·希斯. 危机管理[M]. 王成，宋炳辉，金瑛，译. 北京：中信出版社，2004.

[119]廉立军. 高校图书馆学科化服务机制研究[M]. 北京：国家图书馆出版社，2015

[120]盛小平. 图书馆职业发展与制度建设[M]. 北京：科学出版社，2016.

[121]盛小平. 社会网络视域下的开放获取机制[M]. 广州：中山大学出版社，2017

[122]魏延军. 权变管理——随机应变的艺术[M]. 北京：企业管理出版社，2000.

[123]肖鹏英. 危机管理[M]. 广州：华南理工大学出版社，2008.

[124]许世建，张翌鸣，陶军明，等. 职业教育预测与规划[M]. 成都：巴蜀书社，2010.

[125]《应急救援系列丛书》编委会. 应急救援基础知识[M]. 北京：中

国石化出版社，2007.
[126]中国社会科学院语言研究所词典编辑室. 现代汉语词典[M]. 6th. 北京：商务印书馆，2012.
[127]中国图书馆学会，国家图书馆. 中国图书馆年鉴2015[M]. 北京：国家图书馆出版社，2016.
[128]中国图书馆学会，国家图书馆. 中国图书馆年鉴2016[M]. 北京：国家图书馆出版社，2017.
[129]中国图书馆学会，国家图书馆. 中国图书馆年鉴2017[M]. 北京：国家图书馆出版社，2018.
[130]中华人民共和国教育部高等教育司. 普通高等学校本科专业目录和专业介绍[M]. 北京：高等教育出版社，2012.
[131]周金龙. 数字时代图书馆危机管理[M]. 北京：海洋出版社，2012.
[132]程焕文，潘燕桃，张靖. 图书馆权利研究[M]. 北京：学习出版社，2011.
[133]韩丽. 高校图书馆学科化服务的实践发展[M]. 昆明：云南大学出版社，2014.
[134]霍绍周. 系统论[M]. 北京：科学技术文献出版社，1988.
[135]刘刚. 危机管理[M]. 北京：中国人民大学出版社，2013.
[136]何京玲. 高校图书馆人力资源激励机制完善研究[D]. 湘潭：湘潭大学，2010.
[137]徐淑慧. 高校图书馆安全危机管理能力评价研究[D]. 哈尔滨：哈尔滨工程大学，2010.
[138]王庆宇. 论中国公共危机决策机制的建构[D]. 上海：华东师范大学，2005.

附录1：我国图书馆馆员职业能力调查问卷

尊敬的图书馆馆员/学者：

您好！

图书馆馆员职业能力是目前图书馆界的研究焦点，它指图书馆馆员从事图书馆工作所需的各种能力的综合，主要包括基础能力、服务能力、管理能力与技术能力四类。为了解国内对图书馆馆员职业能力的认识以及国内图书馆馆员职业能力现状，特设计了此调查问卷，恳请得到您的支持和帮助，您只需花8分钟左右时间。此次调查数据完全用来进行学术研究，且我们将对您填写的内容和信息完全保密。您的反馈意见对我们研究工作极为重要，十分感谢您的帮助。

联系人：略；　　邮箱：略；　　通信地址：略

一、术语解释：

①职业素养：图书馆职业内在的规范和要求，是图书馆馆员在职业过程中表现出来的综合品质。

②组织管理能力：图书馆馆员对图书馆这个组织机构进行计划、组织、领导、协调与控制的能力。

③知识管理能力：个人或组织管理与运营知识来实现其目标的能力。

④知识转化：显性知识与隐性知识在个体或团体之间的转化。

二、调查问题

1　您的身份是

学生(　)　教师(　)　图书馆从业人员(　)　其他__________

请您根据五分制(1 非常不同意、2 不同意、3 不置可否、4 同意、5 非常同意)对是否同意调查问题做出回答，且按照五分制(1 非常不好、2 不好、3 一般、4 较好、5 非常好)对现状水平进行评分，请在相应位置打“✓”。

2　您认为图书馆馆员职业能力要素有哪些？

图书馆馆员职业能力要素	同意程度评分					我国水平评分				
	1	2	3	4	5	1	2	3	4	5
职业素养										
交流能力										
学习能力										
合作能力										
传统文献服务能力										
现代信息服务能力										
教学培训能力										
组织管理能力										
馆藏管理能力										
资金管理能力										
设备管理能力										
知识管理能力										
技术能力										

3　您认为图书馆馆员职业素养应该包括哪些内容？

图书馆馆员职业素养内容	同意程度评分					我国水平评分				
	1	2	3	4	5	1	2	3	4	5
具有图书馆职业道德										
知晓图书馆使命和任务										
信守承诺										
能够进行职业发展规划										
拥有图书馆学与信息科学专业知识										
了解专业馆藏涉及的学科知识										
至少掌握一门外语										
思维敏捷										
具有主动性										
具有适应性										
具有灵活性										
具有创造力										
具有责任感										
工作热情										
追求卓越										
尊重多样性										
自信										
能进行自我管理										
能进行有效的时间管理										
拥有学士以上学位										

4 您认为图书馆馆员交流能力应该包括哪些内容？

图书馆馆员交流能力内容	同意程度评分					我国水平评分				
	1	2	3	4	5	1	2	3	4	5
能够聆听他人建议										
准确进行口头表达										
准确进行书面表达										
能够阅读专业文献										
能够进行专业论文写作										
能够进行有效的交流										
能够应用多种交流技巧										
能够参加专业组织										
能够参与学术交流										

5 您认为图书馆馆员学习能力应该包括哪些内容？

图书馆馆员学习能力内容	同意程度评分					我国水平评分				
	1	2	3	4	5	1	2	3	4	5
能够进行自主学习										
能够及时更新知识										
能够应用好的学习方法										
具备好的学习效率										
具有终身学习意识										
能够进行辩证思维										
能够进行创新思维										
能够进行学习规划										
具备坚强的学习意志										
具备学习动力										
具备好奇心										

6　您认为图书馆馆员合作能力应该包括哪些内容？

图书馆馆员合作能力内容	同意程度评分					我国水平评分				
	1	2	3	4	5	1	2	3	4	5
具备团队意识										
积极参与项目团队										
为团队献计献策										
进行有效谈判促成合作										
在合作中解决冲突										
积极承担团队责任										
有效讨论										
尊重团队成员										
鼓励他人提出多样化观点										
客观评价观点										
分析团队各要素关联										
推动团队任务进展										

7　您认为图书馆馆员传统文献服务能力应该包括哪些内容？

图书馆馆员传统文献服务能力内容	同意程度评分					我国水平评分				
	1	2	3	4	5	1	2	3	4	5
文献借阅										
文献答疑										
阅读推广										
文献复制										
文献翻译										
文献传递										
文献检索										

8　您认为图书馆馆员现代信息服务能力应该包括哪些内容？

图书馆馆员现代信息服务能力内容	同意程度评分					我国水平评分				
	1	2	3	4	5	1	2	3	4	5
发现用户需求										
分析用户需求										
解决用户问题										
进行信息分析										
提供信息共享										
开展参考咨询										
进行科学研究										
开展专业教学										
进行用户培训										
进行服务营销										
开展学科知识服务										
提供战略决策支持										

9　您认为图书馆馆员教学培训能力应该包括哪些内容？

图书馆馆员教学培训能力内容	同意程度评分					我国水平评分				
	1	2	3	4	5	1	2	3	4	5
进行教学培训规划										
进行教学培训评估										
运用教学技巧										
教学互动与反馈										
反馈教学培训效果										
实施时间控制										
实施现场控制										

10　您认为图书馆馆员组织管理能力应该包括哪些内容？

图书馆馆员组织管理能力内容	同意程度评分					我国水平评分				
	1	2	3	4	5	1	2	3	4	5
规划图书馆发展目标										
领导图书馆业务										
进行图书馆组织结构设计										
进行人力资源管理										
组织并优化业务流程										
协调图书馆业务										
控制图书馆任务进展										
对图书馆进行全面评估										

11　您认为图书馆馆员馆藏管理能力应该包括哪些内容？

图书馆馆员馆藏管理能力内容	同意程度评分					我国水平评分				
	1	2	3	4	5	1	2	3	4	5
馆藏采购(获取)										
馆藏组织(分类、著录标引等)										
馆藏维护										
馆藏评估										
馆藏更新										
馆藏剔旧										
馆藏数字化										

12　您认为图书馆馆员资金管理能力应该包括哪些内容？

图书馆馆员资金管理能力内容	同意程度评分					我国水平评分				
	1	2	3	4	5	1	2	3	4	5
进行图书馆预算										
进行成本收益分析										
合理配置资金										
进行融资										
监督财务状况										
进行财务风险控制										

13　您认为图书馆馆员设备管理能力应该包括哪些内容？

图书馆馆员设备管理能力内容	同意程度评分					我国水平评分				
	1	2	3	4	5	1	2	3	4	5
设备配置规划										
设备购置										
设备故障排查										
设备维护与维修										
设备更新										

14　您认为图书馆馆员知识管理能力应该包括哪些内容？

图书馆馆员知识管理能力内容	同意程度评分					我国水平评分				
	1	2	3	4	5	1	2	3	4	5
知识获取										
知识共享										
知识转化										
知识保护										
知识应用										
知识创新										

15　您认为图书馆馆员技术能力应该包括哪些内容？

图书馆馆员技术能力内容	同意程度评分					我国水平评分				
	1	2	3	4	5	1	2	3	4	5
熟练计算机硬件										
熟练计算机软件										
熟练通信技术										
熟练数字化技术										
熟练多媒体技术										
熟练移动技术										
熟练辅助技术										
熟练信息安全技术										
熟练自动化技术										
熟练存储技术										
熟练图书保护与修复技术										

16　您认为我国图书馆馆员职业能力及其建设现存的问题是什么？

图书馆馆员职业能力现存问题	同意程度评分				
	1	2	3	4	5
图书馆馆员社会地位不高					
图书馆学与信息科学专业人员比例不高					
缺乏图书馆学与信息科学专业知识					
缺乏图书馆馆员职业能力标准					
缺乏图书馆职业精神					
缺乏协作意识					
缺乏竞争意识					
缺乏创新精神					
缺乏工作积极性					

17　您认为提升图书馆馆员职业能力的措施有哪些？

图书馆馆员职业能力提升措施	同意程度评分				
	1	2	3	4	5
加强图书馆馆员专业教育					
加强图书馆馆员继续教育/职业培训					
鼓励图书馆馆员自主学习					
加强行业内交流合作					
加强国际交流合作					
建立图书馆馆员职业能力标准					
健全图书馆馆员职业能力考核方式					
健全图书馆激励机制					

再次感谢您的帮助与支持！

附录 2：图书馆职业教育能力指标体系调查问卷(第一轮)

尊敬的老师：

您好！

图书馆职业教育作为培养图书情报学专业人才，协助图书情报专业人才进行专业知识的更新，以及帮助广大社会青年了解图书情报学知识的关键，一直是图书情报行业关注的重点。然而，目前国内外对图书馆职业教育能力的定义还处在探讨阶段，也尚未建立健全的图书馆职业教育能力评价体系，为促进我国图书馆职业教育及其能力的发展，有必要探讨我国图书馆职业教育应具备的能力要素。因此，我们诚挚地邀请您参与此次图书馆职业教育能力指标体系的问卷调查，烦请您在百忙之中抽空进行填写。

此次调查采取不记名方式进行，问卷主要分为两部分，我们将对问卷填写的个人信息和内容进行严格的保密，所获数据仅用于学术研究。感谢您的支持与帮助！我们深表谢意！

如您对此次调研感兴趣，请留下您宝贵的联系方式______________

我们将在第一时间将调研结果反馈给您，再次感谢您的帮助，祝您工作顺利！

联系人：略；　　　　　　联系电话：略

一、学术解释

表1 学术解释

名词术语	具体释义
图书馆职业教育能力	面向图书馆职业需求，通过各种形式的职业教育活动培养或训练图书馆从业人员专业知识、技能和道德的能力
院校设置能力	设置能够提供LIS教育与人才培养的学校或院系的能力
培养模式能力	LIS院校或相关组织开展LIS专业教育、函授教育、继续教育、短期培训等方面的能力
教学方法能力	LIS院校为实现教学目标和提高教学质量，采用多种科学实用的教学方法或方式的能力
远程教学能力	LIS学校能够借助校外教学基地或网络教学平台，为校外学生提供远程的课堂学习和指导以及信息交流，帮助学生完成学业以获得LIS专业学位或证书的能力
师资力量	开展LIS教育的师资规模、结构与学识水平，通常可以LIS师资数量、教授人数占师资总人数之比、副教授人数占师资总人数之比、获博士学位老师占师资总人数之比等指标来衡量
专业设置能力	LIS院校为实现培养目标和教学目的，科学设置专业类型和制定相关培养计划的能力
学位授予能力(和设置博士后的能力)	LIS院校在获得主管机构的授权后具备为完成LIS学业的学生授予相应等级学位或学历证书的能力
课程设置能力	LIS院校依据培养目标、专业方向和职业需求，科学设置专业课程及其教学计划的能力
教育认可(或评估)能力	LIS教育的主管机构或行业组织对LIS院校是否具备某一学科教学资格，或对某种专业教学质量是否达到合格要求而进行评估的能力
就业能力	接受LIS教育的学生获得工作机会和职业发展的能力

二、调查指标

填表说明：(1)请您根据实际情况作重要性判断并在对应的框中打“✓”。

(2)计分说明：采用0~9分刻度表，“0”表示“不需要”，即该能力评价标准中不包含该指标释义，“9”表示极端重要，分值越大，越重要。

(3)图书馆职业教育能力二级指标权重调查

表2　**图书馆职业教育能力指权重调查表(二级指标)**

一级指标	二级指标	重要性判断									
		0	1	2	3	4	5	6	7	8	9
图书馆职业教育能力	院校设置能力										
	培养模式能力										
	教学方法能力										
	远程教学能力										
	师资力量										
	专业设置能力										
	学位授予能力(和设置博士后的能力)										
	课程设置能力										
	教育认可(或评估)能力										
	学生就业能力										

(4)图书馆职业教育能力三级指标权重调查

表3　**图书馆职业教育能力指权重调查表(三级指标)**

二级指标	三级指标	重要性判断									
		0	1	2	3	4	5	6	7	8	9
院校设置能力	LIS专科学校										
	LIS本科院校										
	LIS研究生院校										

续表

二级指标	三级指标	重要性判断									
		0	1	2	3	4	5	6	7	8	9
培养模式能力	专业教育										
	短期培训班										
	继续教育										
	函授教育										
	业余学习										
教学方法能力	讨论法										
	讲授法										
	案例分析法										
	情景分析法										
	体验式教学法(包括独立设置的社会调查与实践课程、实习、参观和课题调研等)										
	写作法(包括年级论文、学年论文和毕业论文的写作)										
远程教学能力	提供校外基地教学										
	提供以在线课程为主和面授课程为辅的教育										
	提供以面授课程为主和在线课程为辅的教育										
	实施完全的在线教育										
	采用卫视或电视教学方法										
师资力量	LIS师资数量										
	教授人数占师资总人数之比										
	副教授人数占师资总人数之比										
	获博士学位老师占师资总人数之比										

续表

二级指标	三级指标	重要性判断									
		0	1	2	3	4	5	6	7	8	9
专业设置能力	图书馆学										
	情报学										
	图书馆学与情报学										
	档案学										
	图书情报与档案管理										
	出版发行学										
	信息资源管理										
	信息管理										
	生物医学与卫生信息学										
学位授予能力(和设置博士后的能力)	中专学历										
	大专学历										
	本科学历/学士学位										
	双学士学位										
	研究生学历/硕士学位										
	双硕士学位										
	硕士后证书										
	研究生学历/博士学位										
	博士后										
课程设置能力	设置了必要的公共基础课										
	设置了必要的专业基础课										
	设置了必要的专业必修课										
	设置了必要的专业选修课										
	设置了必要的公共选修课										
教育认可(或评估)能力	建立有效的评估主体										
	建立 LIS 教学质量评估标准										
	建立了 LIS 院校评估标准										
	建立了 LIS 培养计划评估标准										
	建立了 LIS 课程体系评估标准										
	建立完备的教学质量评估程序										

续表

二级指标	三级指标	重要性判断									
		0	1	2	3	4	5	6	7	8	9
学生就业能力	就业率										
	本专业的就业率										
	深造比率										
	就业领域										

再次感谢您对此次调查的配合与支持！谢谢！

附录3：图书馆职业教育能力指标体系调查问卷(第二轮)

尊敬的专家：

您好！

首先非常感谢您接受上次的专家调查。综合您和其他专家的答卷与建议，对第一轮问卷做了如下4方面修改：①删除“远程教学能力”，将相关指标纳入教学方法能力中；②删除“院校设置能力”中的“LIS专科学校”；③把“培养模式能力”的三级指标做了调整；④删除“学位授予能力(和设置博士后的能力)”中的“双硕士学位”和“硕士后证书”指标；⑤删除“专业设置能力”中的“信息管理”指标，从而形成第二轮调查问卷。

此次调查将是最后一轮专家调查，烦请您继续赐教和帮助，我们深表谢意！如您对此次调研感兴趣____________(请您在横线________上打“✓”)，我们将在第一时间将调研结果反馈给您，祝您工作顺利，生活愉快！

联系人：略；　　邮箱：略；　　通信地址：略

一、填表说明

采用0~9分刻度表，“0”表示“不需要”，即该能力评价标准中不包含该指标释义，“9”表示极端重要，分值越大，越重要。请您在相应位置打“✓”。

二、调查问题

1 由于删除了“远程教学能力”，所以请您对图书馆职业教育能力二级指标权重重新赋值。

表1 图书馆职业教育能力指权重调查表(二级指标)

一级指标	二级指标	重要性判断									
		0	1	2	3	4	5	6	7	8	9
图书馆职业教育能力	院校设置能力										
	培养模式能力										
	教学方法能力										
	师资力量										
	专业设置能力										
	学位授予能力(和设置博士后的能力)										
	课程设置能力										
	教育认可(或评估)能力										
	学生就业能力										

2 由于删除了“LIS专科院校”、“中专学历”、“大专学历”、“双硕士学位”、“硕士后证书”和“信息管理”，并添加了“高等教育自学考试”、“电大”、“面向非图书情报专业学生开设的在校课程”、“完全在线的形式的远程教学法”和“在线学习与课堂教学并存的远程教学法”等三级指标，所以请您对图书馆职业教育能力三级指标权重重新赋值。

表2 图书馆职业教育能力指权重调查表(三级指标)

二级指标	三级指标	重要性判断									
		0	1	2	3	4	5	6	7	8	9
院校设置能力	LIS本科院校										
	LIS研究生院校(或硕士点、博士点)										

续表

二级指标	三级指标	重要性判断									
		0	1	2	3	4	5	6	7	8	9
培养模式能力	专业教育										
	继续教育										
	函授教育										
	高等教育自学考试										
	电大										
	面向非图书情报专业学生开设的在校课程										
教学方法能力	讨论法										
	讲授法										
	案例分析法										
	情景分析法										
	体验式教学法(包括独立设置的社会调查与实践课程、实习、参观和课题调研等)										
	写作法(包括年级论文、学年论文和毕业论文的写作)										
	实施完全的在线教育										
	实施在线教育与课堂教育并存的远程教学法										
师资力量	LIS 师资数量										
	教授人数占师资总人数之比										
	副教授人数占师资总人数之比										
	获博士学位老师占师资总人数之比										

续表

二级指标	三级指标	重要性判断									
		0	1	2	3	4	5	6	7	8	9
专业设置能力	图书馆学										
	情报学										
	图书馆学与信息科学										
	档案学										
	出版发行学										
	信息资源管理										
	医学信息学										
学位授予能力(和设置博士后的能力)	本科学历/学士学位										
	双学士学位										
	研究生学历/硕士学位										
	研究生学历/博士学位										
	博士后										
课程设置能力	设置了必要的公共基础课										
	设置了必要的专业基础课										
	设置了必要的专业必修课										
	设置了必要的专业选修课										
	设置了必要的公共选修课										
教育认可(或评估)能力	建立有效的评估主体										
	建立 LIS 教学质量评估标准										
	建立了 LIS 院校评估标准										
	建立了 LIS 培养计划评估标准										
	建立了 LIS 课程体系评估标准										
	建立完备的教学质量评估程序										
学生就业能力	就业率										
	本专业的就业率										
	深造比率										
	就业领域										

再次感谢您的支持与帮助!!

附录4：高校图书馆学科服务能力要素调查问卷

尊敬的女士/先生：

您好！我是×××的硕士研究生，正在进行一项关于高校图书馆学科服务能力要素的研究。当前，学科服务已经发展成为高校图书馆的一项重要服务，对高校师生的教学和科研活动起到了重要的支持和促进作用。您的参与将有助于我们了解高校图书馆学科服务能力的组成要素，为后续构建和完善高校图书馆学科服务能力的指标体系奠定坚实的基础。

本调查采用无记名问卷形式，仅占用您8分钟时间。我们会对您所填内容绝对保密，仅用于学术研究，请您据实回答。十分感谢您的大力支持！

如果您对本次调查感兴趣，请留下您的联系邮箱：____________

调查联系人：略；联系邮箱：略

一、术语解释

术语	具体含义
学科服务	高校图书馆针对高校师生的学习、教学和科研活动的一项服务，用于辅助高校师生顺利完成学习、教学和科研工作，满足高校师生在学习、教学和科研过程中的信息和知识需求

续表

术语	具体含义
学科服务能力	高校图书馆为顺利完成学科服务活动而应具备的各种条件和要求
学科服务人员能力	参与学科服务活动的高校图书馆馆员所应具备的基本素质、知识经验和业务技能
学科服务资源能力	高校图书馆科学合理地开发、组织、存储、传递、利用和评价学科资源的能力
学科服务技术能力	高校图书馆拥有、管理和利用各种硬件技术和软件技术开展学科服务的能力
学科服务管理能力	高校图书馆对学科服务活动进行科学高效的计划、组织、指挥、协调和控制的能力

二、您的身份是

☐ 高校图书馆馆员

☐ 高校教师

☐ 高校学生

☐ 其他________________

三、调查问题

注意：请在每道题的相应空格处打“✓”(每道题均为单选题)

编码	1. 学科服务能力的组成要素	很不同意	不太同意	不确定	基本同意	非常同意
1	高校图书馆应具备较强的学科服务人员能力					
2	高校图书馆应具备较强的学科服务资源能力					
3	高校图书馆应具备较强的学科服务技术能力					
4	高校图书馆应具备较强的学科服务管理能力					

续表

编码	2. 学科服务人员能力的组成要素	很不同意	不太同意	不确定	基本同意	非常同意
5	学科服务人员应具备较强的学习能力					
6	学科服务人员应具备较强的外语应用能力					
7	学科服务人员应具备良好的沟通交流能力					
8	学科服务人员应具备较强的团队合作能力					
9	学科服务人员应掌握扎实的学科专业知识					
10	学科服务人员应具备较高的信息素养					
11	学科服务人员应树立以用户为中心的服务理念					
12	学科服务人员应具备积极良好的服务态度					
13	学科服务人员应能及时准确地识别用户的需求					
14	学科服务人员应具备较强的教学能力					
15	学科服务人员应具备较强的科研能力					
16	学科服务人员应能提供用户所需的各种信息或知识					
编码	3. 学科服务资源能力的组成要素	很不同意	不太同意	不确定	基本同意	非常同意
17	高校图书馆应制定明确的学科资源建设规划					
18	高校图书馆应拥有较为丰富和高质量的学科资源					
19	高校图书馆应及时发现图书馆内外的学科资源					
20	高校图书馆应能高效获取图书馆内外的学科资源					
21	高校图书馆应能有效组织图书馆内部的学科资源					

续表

编码	3. 学科服务资源能力的组成要素	很不同意	不太同意	不确定	基本同意	非常同意
22	高校图书馆应能有效整合图书馆外部的学科资源					
23	高校图书馆应能有效存储和长期保存各种学科资源					
24	高校图书馆应能有效进行学科资源的传递和共享					
25	高校图书馆应定期对学科资源做出科学合理地评价					
26	高校图书馆应充分挖掘学科资源的利用价值					
编码	4. 学科服务技术能力的组成要素	很不同意	不太同意	不确定	基本同意	非常同意
27	高校图书馆应拥有多种支撑学科服务的软硬件技术					
28	高校图书馆应能有效引进各种支撑学科服务的软硬件技术					
29	高校图书馆应能有效吸收与融合各种支撑学科服务的新技术					
30	高校图书馆应能利用自身或外部力量开发各种支撑学科服务的新技术					
31	高校图书馆应能利用先进的硬件设备开展学科服务					
32	高校图书馆应能利用先进的软件技术开展学科服务					
33	高校图书馆应能利用先进的网络技术开展学科服务					

续表

编码	4. 学科服务技术能力的组成要素	很不同意	不太同意	不确定	基本同意	非常同意
34	高校图书馆应能维护和保养各种支撑学科服务的软硬件技术					
35	高校图书馆应能定期评估各种支撑学科服务的软硬件技术					
36	高校图书馆应能淘汰在学科服务方面比较落后的软硬件技术					
编码	5. 学科服务管理能力的组成要素	很不同意	不太同意	不确定	基本同意	非常同意
37	高校图书馆应具有明确的学科服务发展目标					
38	高校图书馆应制定合理的学科服务发展计划					
39	高校图书馆应设计科学高效的学科服务流程					
40	高校图书馆应组建专业化的学科服务团队					
41	高校图书馆应拥有足够数量的学科服务人员					
42	高校图书馆应组织学科服务人员的培训学习					
43	高校图书馆应对学科服务工作进行明确的分工					
44	高校图书馆应不断创新和丰富学科服务的内容					
45	高校图书馆应不断拓展学科服务的方式和途径					
46	高校图书馆应建立和维护与用户的良好互动关系					
47	高校图书馆应加强学科服务的宣传推广工作					
48	高校图书馆应及时发现学科服务过程中的问题和不足					

续表

编码	5. 学科服务管理能力的组成要素	很不同意	不太同意	不确定	基本同意	非常同意
49	高校图书馆应及时解决学科服务过程中的问题					
50	高校图书馆应为学科服务提供必要的资金保障					
51	高校图书馆领导应重视和支持学科服务的开展					
52	高校图书馆各部门应协助和配合学科服务的开展					
53	高校图书馆应建立完善的学科服务人员绩效考核制度					
54	高校图书馆应建立科学合理的学科服务质量评价制度					

再次感谢您的大力支持！

附录 5：我国高校图书馆学科服务能力现状调查问卷

尊敬的女士/先生：

您好！我是×××的硕士研究生，正在进行一项关于高校图书馆学科服务能力的研究。当前，学科服务已经发展成为高校图书馆的一项重要服务，对高校师生的教学和科研活动起到了重要的支持和促进作用。您的参与将有助于我们了解我国高校图书馆学科服务能力的实际发展水平，为后续发现我国高校图书馆学科服务能力建设中的问题并提出相应建设策略奠定坚实的基础。

本调查采用无记名问卷形式，仅占用您 8 分钟时间。我们会对您所填内容绝对保密，仅用于学术研究，请您据实回答。十分感谢您的大力支持！

如果您对本次调查感兴趣，请留下您的联系邮箱：__________

调查联系人：略；联系邮箱：略

一、术语解释

术语	具体含义
学科服务	高校图书馆针对高校师生的学习、教学和科研活动的一项服务，用于辅助高校师生顺利完成学习、教学和科研工作，满足高校师生在学习、教学和科研过程中的信息和知识需求

续表

术语	具体含义
学科服务能力	高校图书馆为顺利完成学科服务活动而应具备的各种条件和要求
学科服务人员能力	参与学科服务活动的高校图书馆馆员所应具备的基本素质、知识经验和业务技能
学科服务资源能力	高校图书馆科学合理地开发、组织、存储、传递、利用和评价学科资源的能力
学科服务技术能力	高校图书馆拥有、管理和利用各种硬件技术和软件技术开展学科服务的能力
学科服务管理能力	高校图书馆对学科服务活动进行科学高效的计划、组织、指挥、协调和控制的能力

二、您的身份是

□ 高校图书馆馆员

□ 高校教师

□ 高校学生

□ 其他____________________

三、调查问题

注意：请在每道题的相应空格处打“✓”(每道题均为单选题)

编码	1. 请您评价学科服务能力的现状	很差	较差	一般	较好	很好
1	高校图书馆的学科服务人员能力					
2	高校图书馆的学科服务资源能力					
3	高校图书馆的学科服务技术能力					
4	高校图书馆的学科服务管理能力					

续表

编码	2. 请您评价学科服务人员能力的现状	很差	较差	一般	较好	很好
5	学科服务人员的学习能力					
6	学科服务人员的外语应用能力					
7	学科服务人员的沟通交流能力					
8	学科服务人员的团队合作能力					
9	学科服务人员掌握的学科专业知识					
10	学科服务人员的信息素养					
11	学科服务人员的服务理念					
12	学科服务人员的服务态度					
13	学科服务人员识别用户需求的能力					
14	学科服务人员的教学能力					
15	学科服务人员的科研能力					
16	学科服务人员提供用户所需信息或知识的能力					
编码	3. 请您评价学科服务资源能力的现状	很差	较差	一般	较好	很好
17	高校图书馆的学科资源建设规划					
18	高校图书馆拥有学科资源的数量和质量					
19	高校图书馆发现学科资源的能力					
20	高校图书馆获取学科资源的能力					
21	高校图书馆组织馆内学科资源的能力					
22	高校图书馆整合馆外学科资源的能力					
23	高校图书馆存储学科资源的能力					
24	高校图书馆传递和共享学科资源的能力					
25	高校图书馆评价学科资源的能力					
26	高校图书馆利用学科资源的能力					

续表

编码	4. 请您评价学科服务技术能力的现状	很差	较差	一般	较好	很好
27	高校图书馆拥有支撑学科服务的技术数量					
28	高校图书馆对支撑学科服务的技术的引进					
29	高校图书馆对支撑学科服务的新技术的吸收与融合					
30	高校图书馆对支撑学科服务的新技术的开发					
31	高校图书馆利用硬件设备开展学科服务的能力					
32	高校图书馆利用软件技术开展学科服务的能力					
33	高校图书馆利用网络技术开展学科服务的能力					
34	高校图书馆对支撑学科服务的技术的维护保养					
35	高校图书馆对支撑学科服务的技术的评价					
36	高校图书馆对支撑学科服务的技术的更新					
编码	5. 请您评价学科服务管理能力的现状	很差	较差	一般	较好	很好
37	高校图书馆的学科服务发展目标					
38	高校图书馆的学科服务发展计划					
39	高校图书馆的学科服务流程					
40	高校图书馆的学科服务团队建设					
41	高校图书馆的学科服务人员数量					
42	高校图书馆对学科服务人员的培训					
43	高校图书馆对学科服务工作的分工					
44	高校图书馆对学科服务内容的丰富					
45	高校图书馆对学科服务方式的创新					
46	高校图书馆与用户互动关系的建立与维护					

续表

编码	5请您评价学科服务管理能力的现状	很差	较差	一般	较好	很好
47	高校图书馆对学科服务的宣传推广					
48	高校图书馆发现学科服务问题的能力					
49	高校图书馆解决学科服务问题的能力					
50	高校图书馆对学科服务的资金保障					
51	高校图书馆领导对学科服务的重视和支持力度					
52	高校图书馆各部门对学科服务的协助与配合					
53	高校图书馆的学科服务人员绩效考核制度					
54	高校图书馆的学科服务质量评价制度					

再次感谢您的大力支持！

附录6：图书馆危机管理能力指标体系调查问卷

尊敬的老师：

您好！

图书馆作为社会公共服务组织，近年来在网络技术不断更新、经济发展放缓与公共服务均等化诉求的影响下，已经危机四伏。图书馆危机管理是促进图书馆事业发展不可忽视的一部分，然而，我国至今尚未建立成熟的图书馆危机管理能力评价体系，因此有必要探讨我国图书馆馆员应具备的图书馆危机管理能力，以进一步促进我国图书馆职业能力的全面发展。为此，诚邀您参与此次图书馆危机管理能力指标体系的问卷调查。

此问卷为第一轮调查，问卷内容分为两部分，采取无记名方式，我们保证对您的信息进行严格保密，且所获数据仅用于学术研究。非常感谢您对本次调研的大力支持与帮助！如果您对本次调研感兴趣，请留下您的联系方式＿＿＿＿＿＿＿＿＿＿＿＿＿＿＿＿＿＿＿＿

联系人：略；　　邮箱：略；　　通信地址：略

一、术语解释

名词术语	具体释义
图书馆危机预防能力	对潜在的危机作出较准确预警，并采取措施以有效避免危机发生的能力，包括危机意识、危机预警能力以及危机管理规划能力

续表

名词术语	具体释义
图书馆危机预警能力	及时掌握信息，分析危机动向，有效识别危机，并提前采取防御策略的能力
图书馆危机管理规划能力	立足于图书馆内外部环境，制定危机管理长远发展目标并付诸实施的能力
图书馆危机处理能力	在图书馆针对危机事件爆发时采取有效措施，作出妥善处理，维护图书馆良好形象的能力
图书馆危机分析能力	对危机事件进行情境分析，评估危机影响的能力
图书馆危机响应能力	危机发生时随图书馆动态环境变化，快速决策、果断采取措施、调动资源有效控制危机局势的能力
决策能力	在一定的环境约束与有限的资源下采取非常规性决策，完成危机应对措施的能力
组织执行力	图书馆为完成危机管理目标、战略、计划、任务等体现的系统能力
图书馆沟通能力	图书馆内部或图书馆与其他组织间通过信息交流共享，协调行动以帮助化解或避免危机的能力
图书馆危机处理评估能力	在图书馆工作者按照危机管理计划迅速开展危机响应后，对响应结果与影响进行评价的能力
危机管理组织架构	危机管理的流程运转、部门设置、职能规划
图书馆危机善后能力	危机事件得到有效控制后，图书馆恢复正常状态与秩序并对图书馆系统进行整改与完善的能力
图书馆整改能力	对危机事件进行经验总结，将各类问题分析归类，提出整改措施并逐步落实的执行能力

二、调查问题

填表说明：(1)请根据实际情况在对应的重要程度项中打“✓”；

(2)计分说明：采用0~9分刻度表，“0”表示“不需要”，即该能力评价标准中不包含该指标释义，“9”表示极端重要，分值越大，越重要。

表1　　评分标准

重要性分值	释义
0	不需要
1	需要但不重要
3	一般重要
5	比较重要
7	非常重要
9	极端重要
2，4，6，8	相邻重要性程度的中间值

(3)图书馆危机管理一级指标权重调查

一级指标	重要性判断									
	0	1	2	3	4	5	6	7	8	9
危机预防能力										
危机处理能力										
危机善后能力										

(4)图书馆危机管理能力二级指标权重调查

一级指标	二级指标	重要性判断									
		0	1	2	3	4	5	6	7	8	9
危机预防能力	危机意识										
	危机预警能力										
	危机管理规划能力										

续表

一级指标	二级指标	重要性判断									
		0	1	2	3	4	5	6	7	8	9
危机处理能力	危机分析能力										
	危机响应能力										
	信息沟通能力										
	危机处理评估能力										
危机善后能力	恢复能力										
	整改能力										

(5)图书馆危机管理能力指标描述判断

二级指标	指标描述	重要性判断									
		0	1	2	3	4	5	6	7	8	9
危机意识	·有一定的图书馆危机应急常识										
	·支持图书馆危机管理工作										
	·图书馆制定相关规章制度，明确危机责任、义务										
危机预警能力	·有完善的危机预警系统进行危机信息收集、分析处理、决策发布、监督反馈										
	·有进行危机预案演练										
危机管理规划能力	·有完整的危机计划										
	·有组建危机管理小组										
	·有危机经费预算、物资准备										
危机分析能力	·危机情境分析(例如，对周边环境、组织职能、资源技术、危机原因、影响方面等都有一定了解与掌握)										
	·对危机程度、损失、危机影响等预估										

续表

二级指标	指标描述	重要性判断									
		0	1	2	3	4	5	6	7	8	9
危机响应能力	·领导人或组织能果断及时决策、随机应变										
	·执行危机预案，进行应急疏散，隔离危机灾害										
	·资源配置能力（如人力、资金、物资周转配备，以及时间的合理安排）										
沟通能力	·与主管单位、政府部门协作沟通										
	·与社会媒体对话										
	·与读者、公众及组织协作沟通										
	·与馆员内部协作沟通										
危机处理评估能力	·评估危机管理组织架构是否合适										
	·评估危机预警是否有效										
	·评估危机决策是否合理										
	·评估信息沟通是否及时有效										
	·评估资源储备是否充足										
恢复能力	·公共形象恢复										
	·建筑、馆藏重建与修缮										
	·图书馆服务恢复										
	·人员心理安抚										
整改能力	·危机经验总结										
	·专业技能培训改进（如开展危机讲座、培训）										
	·技术加强与更新（如更新防火、监控设备）										
	·优化管理制度（如设置危机管理小组，制定危机管理）										

再次感谢您对此次调查的配合与支持！谢谢！

附录7：我国图书馆危机管理能力现状调查问卷

尊敬的先生/女士：

您好！我是×××的硕士研究生，正在进行我国图书馆危机管理能力现状调查研究，希望通过您的参与来切实了解我国图书馆危机管理能力发展水平，以便发现和改进我国图书馆危机管理方面的不足，为有关部门提供意见，让图书馆更好地服务读者。请您根据您工作或学习所在地的图书馆的实际情况来填表，我们将对您的个人信息严格保密，调查数据仅用于学术研究。对您的支持与帮助，我们深表谢意！

如果您对本次调研感兴趣，请留下您的联系方式________________

联系人：略；　　邮箱：略；　　通信地址：略

一、术语解释：

①图书馆危机管理：图书馆运作中出现的危机因子与危机事件从产生到消亡过程的全程全面监控、处理的管理理论与管理实践。

②图书馆危机预防能力：指对潜在危机作出较准确预警，采取措施有效避免危机发生的能力，包括危机意识、危机预警能力以及危机管理规划能力。

③图书馆危机处理能力：指在图书馆针对危机事件爆发时采取有效措施，作出妥善处理，维护图书馆良好形象的能力。

④图书馆危机善后能力：指在图书馆危机事件得到有效控制后，图

书馆开始恢复正常状态与秩序，提出整改措施并逐步落实与完善的能力。

⑤危机决策：指决策者在有限的时间、资源等约束条件下，确定应对危机的具体行动方案的过程。

二、基本情况调查：

您的身份是：□公共图书馆馆员　□高校图书馆馆员　□专业图书馆馆员　□教师　□学生　□其他人员

三、现状调查：请您根据实际情况在选项处打"✓"

(1)请您对图书馆危机意识现状问题进行判断

序号	图书馆危机意识现状调查问题	非常符合	一般符合	难以确定	不符合	非常不符合
1	意识到图书馆危机是客观存在的					
2	具有安全意识，认识到图书馆可能存在火灾、水灾、虫灾、霉变等危机					
3	具有风险意识，认识到图书馆可能存在暴力事件、公共关系恶化、设施与设备损坏、人才与技术缺失等方面的风险					
4	具有图书馆危机预防意识					
5	知道图书馆危机可能带来的损失或危害					
6	了解图书馆危机管理的相关规章制度					
7	遵守图书馆危机管理规章制度					
8	具有图书馆危机自救意识					

(2)请您对图书馆危机预防能力现状进行判断

序号	图书馆危机预防能力现状调查问题	非常好	一般好	难以确定	不好	非常不好
9	图书馆内设有灭火报警系统					
10	图书馆内设有应急广播系统					
11	图书馆设有应急照明系统					
12	图书馆内设有电子监控设备					
13	图书馆内设有信息网络安全防护					
14	图书馆设有安保人员监控场所与公共安全					
15	图书馆设有专业馆员监控系统与设备安全					
16	图书馆有应急医疗药品或装备					
17	图书馆有畅通(无杂物堆积堵塞)的应急疏散通道					
18	图书馆开展了消防演习或紧急逃生等危机演练					
19	图书馆开展了读者安全知识教育与宣传					
20	图书馆开展了馆员危机管理技能培训					
21	图书馆有成文的危机管理计划或方案					
22	图书馆设有救灾或安全培训专款					

(3)请您对图书馆危机处理能力现状进行判断

序号	图书馆危机处理能力现状调查问题	非常好	一般好	难以确定	不好	非常不好
23	能发现与辨识危机征兆					
24	能及时成立危机处理小组					
25	能指定图书馆危机公关负责人(或发言人)					
26	能熟练使用图书馆消防安全设施					
27	能使用图书馆安全监测仪器					

续表

序号	图书馆危机处理能力现状调查问题	非常好	一般好	难以确定	不好	非常不好
28	能正确判断危机灾害等级					
29	能正确估计危机是否超出馆内范围					
30	能正确估计危机将产生的损失					
31	能对已经产生的图书馆危机迅速做出科学决策					
32	能快速响应危机，进入紧急工作状态					
33	能随机应变地做好现场管控工作					
34	能及时做好读者疏散与安置工作					
35	能及时提供救援物资与应急设备					
36	能迅速动员各部门人员应对危机					
37	及时向上级主管部门汇报危机情况					
38	主动向社会沟通危机处理进展					
39	主动向社会组织或团体寻求援助					
40	定期检测电子监控设备等预警系统是否处于正常状态					
41	对在危机管理方面有贡献的员工进行奖励					
42	对造成图书馆危机或事故的员工进行惩罚					
43	定期检测广播系统等信息沟通设备是否处于正常状态					
44	能够对危机或事故造成的图书馆损失进行准确评估					
45	能够提交客观的图书馆危机处理报告					

(4)请您对图书馆危机善后能力现状进行判断

序号	图书馆危机善后能力现状调查问题	非常好	一般好	难以确定	不好	非常不好
46	通过合适媒体通告图书馆危机处理结果					

续表

序号	图书馆危机善后能力现状调查问题	非常好	一般好	难以确定	不好	非常不好
47	通过合适媒体宣传和表扬图书馆危机处理中的先进个人与事迹					
48	对图书馆损坏的建筑进行修缮					
49	对图书馆毁坏的馆藏进行修补					
50	尽快重新开馆					
51	召开图书馆危机处理经验总结与交流大会					
52	加强馆员危机管理知识的培训					
53	修正图书馆危机管理计划					
54	整理与记录图书馆危机大事记					
55	更新与调整图书馆危机预警系统					
56	定期升级图书馆信息管理系统					
57	建立健全图书馆危机管理制度					

再次感谢您的支持与帮助！

致　谢

在此书出版之际，十分感谢全国哲学社会科学工作办公室对“中美图书馆职业能力比较研究”课题的立项资助；十分感谢武汉大学出版社编辑的鼎力支持与帮助；十分感谢课题研究小组中其他成员(陶倩、喻楠清、朱贝、李瑾、苏红霞、卢明芳)的参与和帮助；非常感谢本书所引用的文献作者及其对笔者观点的启发与借鉴。

盛小平　刘泳洁

2019年9月9日